SONNARTBOOKS
edited by Germano Celant

Jacket by
Giulio Paolini

This volume is published in collaboration
with Galleria Notizie, Turin.

Printed in Italy by Tipostampa, Turin
Translated by Malcolm Skey
Cover photograph by Anna Piva
Photographs by Franco Aschieri, Giancarlo Baghetti,
Paolo Bressano, Bruno Del Monaco, Fotopress,
Ugo Mulas, Paolo Mussat Sartor, Anna Piva
Designed by Franco Mello
Volume published on the occasion
of an exhibition of works by Giulio Paolini
at the Sonnabend Gallery,
New York, November 1972.
First Edition

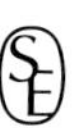

Reprint
Silvana Editoriale S.p.A.
via dei Lavoratori, 78
20092 Cinisello Balsamo, Milano
tel. 02 453 951 01 - fax 02 453 951 51
www.silvanaeditoriale.it

Reproductions, printing and binding in Italy
Printed by Papergraf S.r.l.,
Piazzola sul Brenta (Pd)
June 2019

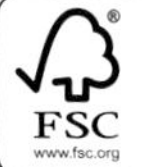

MISTO
Carta da fonti gestite
in maniera responsabile
FSC® C004694

Germano Celant

Giulio Paolini

SilvanaEditoriale

Premessa

Agli inizi degli anni sessanta, il pensiero artistico, dopo tutti i tentativi utopistici, intesi ad allargare l'orizzonte della realtà soggettiva, ritorna al punto di partenza, le "strutture" dell'arte. La dilatata attenzione alle strutture, materiali e teoriche, che formano il contesto "arte", dipende dal raggiunto limite di inutilizzazione del linguaggio artistico. Un limite dovuto all'uso indiscriminato e mistico degli elementi linguistici, che erano stati piegati, ad opera degli espressionisti astratti, ad una serie di esperimenti alla ricerca dell'inconscio e del sublime e alla riduzione delle "strutture" dell'arte a "campo" di emanazioni rituali e mistiche. Si opera ora per liberare il linguaggio dagli usi arbitrari e univoci di cui si è ricoperto per riportarlo ad uno stadio di disponibilità, capace di esaltarne la potenzialità strutturale. Il rifiuto delle incrostazioni metafisiche aspira a mettere al bando i valori esterni (umani, subumani e superumani) all'arte per privilegiare le strutture elementari.

In questo senso l'arte degli anni sessanta rappresenta il grado zero dell'arte. Un'arte del grado zero che demistifica i temi dell'inconscio, la partecipazione ai ritmi cosmici, le difese degli assiomi della pittura, le soluzioni utilitaristico-antropocentriche e produce un atteggiamento di analisi contraria alla tradizione dell'agire "umano". Grado zero significa così operare in una zona in cui non è ancora intervenuta l'opera falsificante e mistificante della formalizzazione ed in un momento in cui sulle strutture non è stata ancora condotta un'operazione espressiva.

L'arte viene trattata a sè, fuori del rapporto con le circostanze individuali che l'accompagnano, per sviluppare sino in fondo le "sue" ragioni, ideologiche e filosofiche.

L'arte subisce un "abbassamento" linguistico e l'intento è di toccare tutta la gamma degli stati effettivi dell'arte, compresi quelli indefiniti e anonimi, e di privilegiare i meccanismi che ordinano le funzioni dell'arte. Con la scoperta del fatto che la funzione comunicativo-poetica ha impedito e vanificato ogni funzione ideologico-filosofica, in nome dell'arbitrarietà rituale, giustificata dai principi sublimanti della pittura, si pone in crisi la corrispondenza "sacrale" e la concezione

Premise

At the beginning of the Sixties artistic thought, after the plethora of Utopian attempts to widen the horizon of subjective reality, turned back to its true starting point: the "structures" of art. This increased attention to the structures (material and theoretical) which form the context known as "art", was the result of a simple fact: artistic language had become pratically unusable. This was due to the indiscriminate and mystical use of linguistic elements, which the abstract expressionists had exploited for a series of experiments searching for the subconscious and the sublime and reducing the "structures" of art to a "field" of ritual and mystical emanations.

The new tendency was towards the liberation of language from such arbitrary uses, in order to make it more "open", free and able to stress the potentialities of available structures. This rejection of metaphysical incrustations was an attempt to outlaw values (human, subhuman, and superhuman) which are external to art, in order to give due emphasis to elementary structures. Viewed in this light, the new art of the Sixties may be considered as the very "zero level", stripping art of its mystical subconscious themes, its participation in cosmic rites, and all utilitarian and essentially man-centred solutions, in order to arrive at an analytical attitude in sharp contrast to the "human" tradition of action.

Here then, "zero level" means acting in an area in which there has been no formalization, no falsifying and mystifying, and in which no "expressive" operation has contaminated the structures.

Thus art is treated in an isolated fashion, leaving on one side its relation to individual circumstances: for only thus can it develop its "own" ideological and philosophical reasons to the full.

This amounts to a return to basic, essential elements, the idea being to take in the entire range of possible artistic expression and action (including those "styles" which are anonymous and unpersonal).

Naturally, with their discovery of the fact that the communicative and "poetical" functions (in the name of a mere ritual arbitrariness, justified only by the accepted, su-

"romantica" dell'arte. La ricerca artistica realizza la libera attuazione delle "strutture" e "sostanze" dell'arte per rendere possibile la scelta di valori non univoci, ma aperti. Naturalmente l'eliminazione dei segni arbitrari, fondati in maniera artificiale per decisione unilaterale, avviene soltanto con il rifiuto di progettare nuovi significati e con l'analisi ed il recupero di quelle strutture, ormai logore, che regolano gli insiemi linguistici dell'arte.

Evidentemente l'interesse verso il linguaggio sublimante della pittura, determinato dall'emozione e dalla ritualità, non si dissolve immediatamente a vantaggio del linguaggio empirico e analitico, della rivelazione degli schemi dell'arte. La visione mistica ed idealistica, insieme all'accettazione del tutto incommensurabile dell'arte, di Rothko e Newman si perpetua sia in Klein e Ryman, che raggiungono una dimensione indefinibile e cosmica della pittura, sia in Stella e Louis, in cui l'immateriale pittorico si formalizza in ricerche definite e semplici. La loro metodologia si fonda infatti sull'affermazione della pittura come sensibilità materializzata, un dogma che fa del lavoro una dimostrazione fuori del tempo, basata solo sull'alchimia del colore. Una condizione di vacanza dell'arte che la estrae dalla realtà e dal suo esserci, come arte e come oggetto.

Arte come oggetto e arte come arte

L'idea dell'arte come oggetto si giustifica con l'identificare l'azione artistica con la realtà, per passare dal "dentro" al "fuori" del mondo, che viene sintetizzato ed inglobato nell'arte. La strada prescelta è quella dell'appropriazione degli elementi materiali e vitali e dello sconfinamento nella vita quotidiana. L'orientamento è di tipo inclusivo e spinge artisti come Johns, Rauchenberg e Manzoni, Beuys a "spalancare" il proprio mondo ed ad inglobare nell'opera la maggior quantità di dati, con un atteggiamento spregiudicato e volgare.

La proposta è di ingoiare il mondo fino ad identificarsi con esso tramite gli oggetti ed il corpo. Il senso è quello di offrire all'opera d'arte la possibilità di tenere a disposizione tutti i casi possibili di comunicazione e di accettare la tensione del reale; di qui il gettarsi nel mondo per assumerne la condi-

blimating principles of painting) the new artists of the Sixties threw the "romantic" conception of art into a crisis. Their artistic research was directed at the free realization of the structures and substance of art, in order to make possible a free choice of "open" values. It was clear that the this elimination of arbitrariness could be achieved only if the artist refused to plan out yet more new meanings, and analysed and salvaged the threadbare structures which regulate the linguistic interrelationships of art. Obviously however, the devotion to a sublimatory language determined by emotion and by ritual instincts, did not whither away overnight and leave the field clear for an empirical, analytical language and for a revelation of the designs within art. The mystical, idealistic vision (together with the acceptance of the immeasurableness of art) of Rothko and Newman, was perpetuated in Klein and Ryman (who reach an indefinable cosmic dimension) and also in Stella and Louis, in whom the immaterialness of painting becomes formalized in simple, well-defined research). Their methodology is founded on the affirmation of painting as a materialized sensibility, a dogma which makes their work a demonstration outside of time, based only on the alchemy of colour. This condition of vacancy somehow separates art from reality and from its own being (both as art and as object).

Art-as-object and art-as-art

The idea of art-as-object finds its justification in the identification of art with reality, moving outside the world, to synthesize and encompass it in art. Art is life: and its basic materials are the vital materials of life itself. This all-inclusive approach forced artists such as Johns, Rauchenberg, Manzoni, and Beuys, to throw open the windows of their own little world and to enclose in their works the greatest possible quantity of data, with an attitude which is both "vulgar" and free of prejudice.

The idea was to swallow the world like a pill, absorbing it until one actually became one with it, through objects and through one's own body. This made available to the work of art limitless possibilities for communicating, accepting the essential ten-

zione brutale, l'ambiguità ed il fallimento e per verificarne la logica dei fatti.

A questa operazione si può ascrivere l'obiettivo di dilatare l'estetico alla vita, per cui il toccare, il sentire, il vedere, l'udire, il muoversi o qualsiasi entità che si riferisca all'estetico varca il limite del confine artistico e si installa all'interno del contesto vita come arte. Un immenso flusso di reale e di elementi sensibili ed espressionistici che l'arte come arte (da Reinhardt all'arte concettuale) rifiuta per evitare la situazione di "non-valore" che l'oggetto conduce con sè.

Entrando infatti in crisi l'istituto linguistico, a causa delle contaminazioni emotive ed oggettuali, si pone il problema di tentarne un recupero, riguardante la funzione strumentale e filosofica. Artisti come Reinhardt rinunciano così al loro ruolo tradizionale di protagonisti dell'opera e si pongono la questione dell'opera e del contesto "arte" in generale, dall'esterno.

È palese che la rinnovata attenzione alle "convenzioni" dell'arte non significa soppressione della presenza umana, poichè è sempre alla conoscenza dell'uomo che queste vengono svelandosi, come pure non significa assumere un atteggiamento aideologico, anche se subentra il rifiuto di conseguire la conoscenza con la mediazione di una ricetta espressiva ed ideologica, dettata a priori.

La spinta è invece data dalla necessità di porre il linguaggio artistico al servizio del giudizio sull'arte e non sul reale. Un reale che ha reso il linguaggio dell'arte analogico ed imitativo, incapace di dimostrare giudizi, di dire sì o no, atto ad esprimersi solo tramite metafore, nè vere nè false, impossibilitato quindi a trasmettere enunciati, seppur minimi.

L'arte come arte porta al contrario in primo piano le convenzioni linguistiche che informano, a priori, tutti gli aspetti del concetto "arte", come prassi e teoria, e rimette in discussione le ipotesi di valutazione dei binomi esteticità/artisticità e espressione/concetto, che vengono separati per separarne le entità singole.

L'arte come arte cerca in questo modo un linguaggio proposizionale, consistente di enunciati sui predicati del contesto "arte". Soltanto un linguaggio proposizionale, di giudizio e di risoluzione, è un linguaggio nel

sion of reality. Thus the artists mentioned threw themselves into the world with a vengeance, in order to take on themselves its brutality, its ambiguity, and its basic failure, and to verify the logic of its facts.

In this way the aesthetic vision came to include life itself, so that touching, feeling, seeing, hearing, and moving, and any other relevant experience, were all enabled to cross the artistic frontier and take up a position inside the context of life-as-art. This meant an immense inflow of "real", and sensible, expressionistic elements, which art-as-art (from Reinhardt to conceptual art) was to reject in order to avoid the situation of "non-value" which the object carries with it.

Given that the linguistic structure had collasped because of the emotional and objectual contamination referred to earlier, the new artists were faced with the problem of how to salvage it. Thus artists such as Reinhardt gave up their traditional roles as protagonists of their works and began to look at the problem of the works and of art in general, *from the outside*.

It goes without saying that the renewed emphasis on the "conventions" of art did not and does not imply a suppression of the human element, for only man can be aware of these conventions; in the same way, no taking up of ideological positions is implied — apart from the obvious refusal to achieve awareness by means of an expressive formula dictated *a priori*.

The stimulus towards salvaging language arose from the need to put artistic language at the service of judgments on *art*, rather than on *reality*. (For art-as-object's stress on reality had made artistic language analogical and imitative, unable to show any capacity for judgment, to say yes or no, capable of expressing itself only by means of metaphors — which are neither true nor false, and incapable, *qua* objects, of communicating even the least significant of propositions.)

Quite the opposite is the case with art-as-art. For it places firmly in the foreground those linguistic conventions which inform *a priori* all the aspects of the concept "art", both as theory and as practice; and brings back into the forum the hypotheses for evaluation of the twin concepts "aestheticism/

quale può essere trasmessa l'informazione e quindi generata l'informazione sull'arte.

Risulta chiaro che l'appercezione lirica e la produzione restano indietro, poichè l'argomento dell'arte come arte è la teoria testuale del linguaggio artistico, cioè l'indagine e l'analisi di tutti i segni linguistici stabiliti come arte.

È facile intuire che il principale iniziatore dell'arte come arte sia Ad Reinhardt. La sua pittura, "senza simboli, senza oggetti, senza associazioni, senza illusioni, senza immagini", e la sua definizione dell'assoluto della pittura pura, sono la messa al bando di tutti i valori esterni al concetto e alla definizione di arte. I suoi "Black paintings" sono enunciati che respingono le interpretazioni riposte sui nessi casuali ed introspettivi, per risultare solo "descrizioni" del contesto pittura. La descrizione non ha evidentemente un senso riduttivo, essa al contrario costituisce la via d'accesso ad una ricognizione molto prossima allo stato ontologico. Uno stato che, dal 1966 al 1971, ad opera di artisti come Kosuth e Art-Language, ha assunto una maggiore e più soddisfacente fisionomia filosofica, ma che già tra gli anni tra il 1960 e il 1966 può trovare nelle operazioni di Giulio Paolini ed Henry Flynt, due artisti che anche la critica più concettualista ha, forse volutamente, ignorato (1), degli antecedenti di ricognizione, che le teorie semantico-grammaticali dei concettualisti puri e le ipotesi di dematerializzazione dei non-visuali, avrebbero in seguito portato ad estreme conseguenze.

Come per Reinhardt anche per Paolini e Flynt, su opposte posizioni dialettiche, il compito dell'arte diventa quello di liberare il linguaggio dall'automatismo e dalla meccanicità della comunicazione. L'arte si definisce nei lavori come un sistema di segni, che trasmette la coscienza del funzionamento del linguaggio. La loro operazione artistica, iniziata per entrambi nel 1960, disaliena la lingua riducendo i significati delle essenze del fare e del concepire in arte al loro statuto strutturale, ossia assumendole come valori interni del contesto "arte".

Così da una parte, con Paolini, tela, colore, segno, squadratura non sono più sintomi od effetti di fatti psichici, che si debbono ricostruire per congettura, ma sono essi stessi

artistic nature" and "expression/concept" splitting them into their components.

What art-as-art aims at in this process is a language capable of enunciating propositions on the subject of the artistic context. For it is only through the use of such a language that can one transmit information, and thus generate information on art.

Clearly both lyrical perception and awareness, and production itself, get left behind in the process, since the "message" of art-as-art is the textual theory of artistic language; that is, the analysis of all the linguistic signs fixed as "art".

It is not difficult to see that the main initiator of art-as-art is Ad Reinhardt. His painting "without symbols, without objects, without associations, without allusions, without images" and his definition of the absolute in pure painting, amount to an outlawing of all values external to the concept and to the definition of art. "Black paintings" are propositions which reject interpretations based on incidental, introspective links or connections: they are no more and no less than "descriptions" of the pictorial context. In this case, evidently, description in no way diminishes or reduces awareness and direct participation: on the contrary, it opens up access to an awareness which is not very far from the awareness of *being*. This ontological awareness was to become more and more satisfactory in philosophical terms during the years from 1966 to 1971, in the works of Kosuth and the Art-Language group: but it was already there in the years 1960 to 1966 in the works of Giulio Paolini and Henry Flynt — two artists which even the most conceptually-oriented criticism has tended to leave out of its considerations, quite possibly by design (1). It was there, naturally, in an early form, merely to the first stirrings of awareness, which the later semantic and grammatical theories of the pure conceptualists, and the hypothesis of dematerialisation evinced by the non-visualists, were to take to extreme levels.

For Paolini and Flynt (as for Reinhardt, but from opposite dialectical positions) the job of art becomes that of freeing language of its automatic and mechanical qualities. Art is defined in their works as a system of

l'intero evento, nell'integrità del loro significato, dall'altra, con Flynt, i concetti avulsi dalla loro condizione di relazione, diventano essenze dell'arte, concept art.

In questo senso la loro coscienza teoretica del linguaggio, in genere, esige che gli schemi grammaticali e semantici vengano chiariti ed esaminati ed organizzati in modo unitario, per cui sia Paolini che Flynt, ambedue casualmente (2) insieme a Reinhardt, intorno agli anni sessanta, insistono autonomamente sugli enunciati dell'arte.

È naturale che la loro operazione, più recente rispetto a quella di Reinhardt, senta il bisogno di "rompere"con l'usura delle forze imperanti, per cui il loro operare tende verso un effetto di estraniazione, assumendo le entità base nell'accezione di cose, per estraniarne il significato dal loro contesto linguistico e per congelarle in entità.

Un tentativo che alla luce delle più recenti teorie concettuali può risultare troppo "oggettuale" ma è da considerarsi come il primo che istituisca un processo di maggiore aderenza all'arte come arte.

Certamente in Flynt compare un presupposto platonico, come in Paolini uno empirico, esorcizzati in seguito dai concettualisti puri; però in Flynt il concetto rappresenta il valore primario, egli infatti è il primo a dichiarare il linguaggio scritto come lavoro d'arte, "L'arte concettuale è innanzi tutto un'arte che ha per materiale il concetto... Poichè il concetto è strettamente connesso al linguaggio, l'arte concettuale è un tipo d'arte che ha per materiale il linguaggio" (3).

Se la sua è un'operazione intuitiva (ricerca ancora un'enjoyment of concepts) si sviluppa però in un ambito decisamente linguistico, analogo ai più recenti Kozlov, Darboven, Barry e Piper, perchè inizia a lavorare sull'analisi strutturale, filosofica e matematica del linguaggio. Pone il problema di separare nel linguaggio un uso sostantivante e un uso assertivo, "La filosofia del linguaggio ci dice che il concetto può anche essere considerato come il pensiero della parola: questo è dunque il rapporto che intercorre tra concetto e linguaggio" (4), e fa riferimento, nei suoi lavori-saggi "Philosophy Proper" e "Primary Paradox" alle possibili "descrizioni" del nome, che comprende tutti gli usi della parola.

signs transmitting the awareness of the workings of language. In the case of both Paolini and Flynt, who each began production in 1960, their work de-alienates language by reducing its meanings to the fundamental essence of doing and conceiving in art (in structural terms), using these two types of activity as values which are internal to the context of art. Thus on the one hand, with Paolini, canvas, colour, signs and ruling, no longer constitute psychological symptoms or effects, which have to be conjecturally reconstructed, but they are themselves the entire event; on the other hand, with Flynt, the concepts are stripped of their condition as relationships, to became the very essence of art, *concept art.*

It should not therefore surprise us that these artists' theoretical awareness of language required that grammatical and semantic designs be clarified and examined, and organized in a unified manner: thus during the Sixties both Paolini and Flynt quite by chance (2), together with Reinhardt, began to insist upon the propositions of art.

It is natural that Paolini and Flynt, operating more recently than Reinhardt, feel the need to break with the dominating forces: hence the trend of their work towards an estranging effect, extrapolating the meaning of things from the linguistic context and "deep-freezing" them as entities.

In the light of the most recent conceptual theories this departure may well seem too "objectual": but one must keep in mind that it was a first attempt, which started off a process of alignment to art-as-art.

It is true that in Flynt there is a platonic element, just as in Paolini there is an empirical one (both elements were later exorcised by the pure conceptualists); but in Flynt the concept is the prime — and primary — value. Indeed, Flynt is the first to declare the value, as art, of written language: "Concept art is first of all an art of which the material is concept... Since concepts are closely bound up with language, concept art is a kind of art of which the material is language" (3)

Although Flynt's work involves an essentially intuitive operation (he searches for an "enjoyment of concepts") it develops within a decidedly linguistic context, analogous to

Allo scomparso oggetto d'arte si sostituisce in Flynt un'arte che coincide con la musica, la matematica, la teoria filosofica, un'artisticità superiore (5) che si identifica con tutte le scienze, che sono arte dell'arte stessa, come nei suoi lavori "Structure art and pure Mathematics" o "Studies in Logic and Mathematics". Se Flynt opera sul concetto e sulla relazione linguistica, Paolini dal 1960 comincia a distinguere tra mezzo ed effetto del segno linguistico, per determinare la materia dell'oggetto ed individuare gli schemi linguistici, che presiedono al suo uso e quindi lo costituiscono come segno.

Egli affronta lo stadio del segno indifferente, in cui il materiale dell'arte (carta, tela, matita, colore, artista, storia dell'arte, titolo) vale per il suo significato e quel significato è il più astratto dei significati.

Cosciente che il segno è dato dall'unione di significante e significato, quest'ultimo analizzato recentemente dai concettualisti puri, Paolini assume il segno per il solo significante e lo pone sotto indagine per verificare i comuni denominatori concreti del linguaggio artistico. In questa maniera, al contrario dell'analisi filosofico-grammaticale che opera nell'universo astratto del discorso dell'arte, Paolini evita il pericolo in cui l'idea cessa di essere in rapporto diretto con la praxis, per diventare gioco di parole, finendo così di perdere coscienza delle "reali" condizioni del fare artistico.

L'intento è, quindi, quello di rimettere in questione ogni "tentativo" ed ogni "strumento" dell'arte prima che sia deliberato, per allineare gli elementi del linguaggio ed avvicinarsi alle "fonti" che sono fondamentali come le leggi dell'arte.

L'accettazione dei limiti stabiliti dell'arte, l'esigenza di conoscere che cosa sia arte e l'attenzione alle regole del fare artistico, unite ad una lucida visione teorica del proprio operare, avvicinano Giulio Paolini ad Ad Reinhardt.

L'accostamento del loro fare e pensare può rivelare chiare analogie se verificato mediante la comparazione dialettica delle loro dichiarazioni e scelte operative, anche se sarà necessario tener presente che nelle loro teorizzazioni, Reinhardt vuole arrivare ad un risultato pittorico e Paolini ad uno analitico. Reinhardt infatti, nel voler radicalizzare le

the more recent work of Kozlov, Darboven, Barry and Piper, in that the starting-point is a structural, philosophical, and mathematical analysis of language.

He raises the problem of how to separate out a substantive and an assertive use of language. "From the philosophy of language we learn that the concept may as well be thought of as the intention of a name: this is the relation between concepts and language" (4); and he refers, in his essays "Philosophy Proper" and "Primary Paradox", to the possible "descriptions" of the name, which includes all uses of the word.

Instead of "art objects", Flynt substitutes an activity which coincides with music, mathematics, philosophical theory: a superior degree of artistic being (5) which is identified with all branches of knowledge, amounting to art-in-art itelf, as in his works "Structure Art and Pure Mathematics" and "Studies in Logic and Mathematics". While Flynt works on concepts and on linguistic relations, Paolini begins (from 1960 on) to distinguish between the means and the effect of the linguistic sign, in order to determine the material of the object and to identify its linguistic designs (which since they dominate the use which is made of it, also make it into a sign).

Paolini tackles the problem of the indifferent sign, in which the material of art (colour, canvas, pencil, paper, artist, the history of art, the title) has worth only in so far as it means something. It must be noted that this meaning is the most abstract of possible meanings.

Paolini is aware that the sign is born of the union of the thing meant and the meaning itself (the latter having been recently analysed by the pure conceptualists). He takes the sign as *thing meant* only, and places it under the microscope in order to verify the concrete common denominators of artistic language. In this manner, unlike the philosophical and grammatical approach to the abstract universe of the artistic discourse, Paolini contrives to avoid the danger of the idea itself ceasing to be in a direct relationship to actual practice (for if this happens the exercise becomes a mere playing with words, with a consequent loss of awareness of the "real" conditions of the artistic act).

immagini e le forme che la tela sopporta, è ancora un pittore e Paolini, nel suo rimanere fermo alla tecnica e ai materiali conosciuti, come ad un certo sistema di lavoro, senza dar vita a "nuovi" insiemi pittorici, gira intorno all'immagine del pittore. Innanzi tutto l'avvicinarsi al contesto arte per studiarne le sue "tradizioni", spinge sia Reinhardt che Paolini a considerare come fuoco del loro pensare l'artista, "L'arte come arte è nata insieme all'arte e all'artista. Gli artisti come artisti hanno sempre praticato, anche se non sempre professato, segretamente o apertamente, l'arte come arte. Gli artisti come artisti hanno sempre lavorato allo stesso modo e hanno sempre fatto le stesse cose" (6), un dogma che Paolini accetta perchè "all'uso di materiali tradizionali corrisponde anche il ricadere, quando sia il caso di procurare una immagine al quadro, sul pittore che sta cercando quale immagine dargli" (7).

Una tecnica standard in Reinhardt che ammette "niente materia, niente casualità o automatismi, niente schizzi nè disegni, niente forme, niente 'design', niente colori, niente luce, niente spazio, niente tempo, niente misure o proporzioni, niente movimento, niente oggetti" (8), un operare sull'assenza come in Paolini, "ho sempre scelto il modo più invisibile, meno corporeo di dare evidenza a quello che volevo realizzare" (9).

Due iconoclasti che accettano la condizione dell'arte e dei suoi standard più radicali per non dar vita a nuovi insiemi che siano fuori del contesto arte, "dal momento che non dò vita a insiemi ottici, estetici, che ambiscano a diventare proposte formali, allora anche il supporto più degno di questa idea sia così, come è sempre stato" (10), un'esclusione di ragioni esterne che corrisponde a "L'arte pura ha... la propria ragione, la propria disciplina. Ha la sua integrità, e non l'integrazione di qualcunaltro con qualcosaltro" (11). Così tutto avviene nel contesto arte. Tutto è preesistente ed oggettivo, nulla personale. "Niente segno o calligrafia. La scrittura e la gestualità sono personali e di dubbio gusto. Niente firme o marchi di fabbrica" (12), una dichiarazione che si può affiancare a quella di Paolini riguardante il suo primo lavoro, "La squadratura della tela è un dato di fatto, un'immagine preesistente, anonima e neutra" (13).

The intention is to lay open to question every "attempt" and every "instrument" of art before any concrete decision is taken, so as to align the elements of language and approach the "sources" which are as fundamental as the laws of art.

Giulio Paolini and Ad Reinhardt are linked by an acceptance of the limits imposed by art, a strong desire to know what art actually is, and by the attention they pay to the rules which govern artistic activity, together with a lucid theoretical vision of their own activity.

The close similarity between their ways of acting and thinking becomes clear when one examines dialectically the declarations and the chosen fields of operation of the two artists. Obviously, however, it is necessary to bear in mind that Reinhardt is aiming at a pictorial result and Paolini at an analytical one.

Indeed, Reinhardt, in his attempts to radicalize the images and forms for which the canvas is a support, is still clearly a painter; while Paolini, sticking to known techniques and materials, without giving life to "new" pictorial ensembles, hovers round the image of the painter.

The approach to the context "art", in order to study its "traditions", forces both Reinhardt and Paolini to consider the artist as focus of their thinking. "Art-as-art is as old as Art and Artist. Artists have always practised if not always professed, secretly or openly, Art-as-Art as Artists. Artists-as-Artists have always worked the same way, and have always made the same things" (6) Paolini accepts this dogma because "when one needs to get an image for the picture, the return to the artist who is searching for it corresponds to the use of traditional materials" (7).

This technique is standard with Reinhardt who admits "no texture, no accidents, no automatism, no sketching or drawing, no forms, no design, no colors, no light, no space, no time, no size or scale, no movement, no object" (8), which amounts to working on absence, just like Paolini: "I have always chosen the most invisible, least corporeal way of showing up what I wanted to achieve" (9).

We can only define these two artists as

Tutto è fuori del tempo. "Niente tempo. Il tempo dell'orologio, o dell'uomo, è trascurabile. In arte non c'è nè antico nè moderno, nè passato nè futuro. Un'opera d'arte è sempre del presente. Il presente è il futuro del passato, non il passato del futuro" (14) e "Mi sembra che le mie opere non abbiano nessun futuro, che si esauriscano nello stesso momento in cui nascono, nel senso che sono testimonianza, naturalmente descrittiva e quindi aperta,ma in certo modo già esaurita, di quello che è stato l'itinerario dell'opera" (15). L'oggetto è inutile ed insignificante. "Niente oggetti, niente soggetti, niente contenuti. Niente simboli, immagini o segni. Nè piacere nè dolore. Niente attività o non-attività prive di intelligenza" (16), per cui, "Non credo assolutamente che si possa arrivare a coprire degli spazi mentali o fisici che siano, a coprirli in modo effettivo, concreto, cioè con oggetti, con proposte formali o di qualsiasi tipo. Piuttosto è possibile evocarli, alluderli o prospettarli attraverso un modello, con mezzi che non abbiano la pretesa di essere significanti" (17).

La tecnica non deve prevaricare l'idea. "Se dobbiamo passare dallo spazio nostro quotidiano allo spazio dell'opera d'arte, dico proprio spazio fisico, dobbiamo attraversare il diaframma assimilando una tecnica che ci permetta di fare questo balzo. La tecnica non deve risultare in quanto è, ma soltanto servirci, esserci utile come diaframma invisibile, innocuo, per passare dalla parte opposta. È cioè al tempo stesso della massima e della minima importanza. Della massima importanza astrattamente, come problema, e della minima, possibilmente di nessuna importanza, come entità" (18), come a dire " 'Il meno è più'... Più un dipinto ammette usi, rapporti e 'aggiunte', meno puro è. Più l'opera d'arte è densa e congestionata, peggio è. 'Il più è meno' " (19). Un'irritazione per tutte le entità inutili e gratuite in Reinhardt, che diventa insofferenza in Paolini , "quando la semplice realtà di un'operazione appare appesantita da un meccanicismo della realizzazione" (20).

Per cui, se è vera l'affermazione di Reinhardt "Meno un artista pensa in termini non artistici e meno si attiene al facile e al comune, più è un artista. Meno un artista si intromette nella propria pittura e più puri

two iconoclasts who accept the condition of art and of its most radical standards so as not to give life to new elements which ould exist outside the context "art": "given that I do not wish to create optical or aesthetic ensembles intended to become formal proposals, then let the most worthy support for this idea be exactly as it has always been" (10) — an exclusion of the claims of the outside word which finds an echo in "Fine art has... its own reason, its own discipline. It has its own integrity and not someone else's inspiration with something else" (11).

Thus everything happens within the artistic context. Everything has always existed and is objective, nothing is personal. "No brushwork or calligraphy. Handwriting, hard working and hand jerking are personal and in poor taste. No signature or trademarking" (12): a declaration which one can place alongside what Paolini has to say on the subject of his first work, "The ruling off of the canvas is an accepted given, a pre-existing image, anonymous and neutral" (13).

All is outside of time. "No time. Clock time or man's time is inconsequential. There is no ancient or modern, no past or future in art. A work of art is always present. The present is the future of the past, not the past of the future" (14) may be placed alongside Paolini's "It seems to me that my works have no future, that they are exhausted at the very moment of creation, in that they are a witness — naturally descriptive and open — of the itinerary followed by the work" (15).

The object is useless and quite insignificant. "No object, no subject, no matter. No symbols, no images or signs. Neither pleasure nor pain. No mindless working or mindless non-working" (16) — which amounts to saying that "I do not believe for a moment that one can cover spaces — whether they are mental or physical — in any effective, concrete way, using objects that is, with formal or indeed with any other kind of proposals. Perhaps it is possible rather to evoke them, to allude to them, to project them by means of a model, with methods and instruments which do not claim to be meaningful" (17).

Technique must not violate the idea. "If we

e chiari sono i suoi intenti", la si può adattare all'atteggiamento di Paolini nei confronti della ricerca artistica. Un pensare artistico puro e chiaro che si è sviluppato ininterrottamente sugli assiomi di un'arte come arte, dal 1960 ad oggi, senza tentennamenti e indecisioni, capaci di includerlo in questa o quella corrente, rendendolo, come Reinhardt, un profeta solitario.

La polarità

Il linguaggio dell'arte è un insieme di norme e di abitudini, un orizzonte infinito e un limen aperto ad ogni esplorazione, e racchiude in sè ogni possibile entità artistica. È lo spazio virtuale in cui l'artista si trova ad agire, un'area potenziale, aperta ad ogni scelta ed a ogni rifiuto, azione o contestazione.

Prima di essere manifestazione artistica il linguaggio è un "campo" con cui l'artista deve familiarizzare, per utilizzare in seguito le sue componenti che vengono differenziandosi attraverso l'uso e l'intenzione: per cui la sua strumentalizzazione diventa il periodare dell'artista.

Inizialmente è un insieme senza scopo, una struttura piatta e silenziosa, un'ente allo stato neutro che attende di essere direzionato. La direzionalità gli deriva dall'utilizzazione dell'individuo che media la sua conoscenza attraverso la scelta delle sue componenti, organizzate in discorso. Il linguaggio dell'arte, pur avulsa la metafora dell'artista, rimane sempre carico di continua differibilità e significanza, che ne esclude così il consumo.

Questa energia del linguaggio dell'arte ancora allo stato potenziale è l'orizzonte di Paolini, interessato non tanto a creare allegorie o metafore, quanto a focalizzare l'istante in cui l'autore entra in rapporto con l'insieme linguistico ed i suoi segni, privi ancora di vettorialità.

Il suo impegno è quindi indirizzato a decifrare il linguaggio dell'arte come "limite iniziale del possibile" (Barthes).

Ne deriva un panorama di indicazioni-enunciati che sollecitano la riflessione sui segni e strumenti del linguaggio e sulla condizione, ambigua e parimenti aperta, con cui si attua il rapporto tra artista e entità linguistiche. Un "sospendere il giudizio", che porta in

are to pass from the space of our daily round into the space of a work of art (and I really do mean the actual physical space), then we must pass through the barrier by using a suitable technique. Technique has no importance in itself, it is important only in so far as it is of use to us in crossing to the other side. It is at one and the same time of the greatest and not of the slightest importance. Of the greatest importance in an abstract sense, as a problem; but not of the slightest importance as an entity" (18): which is the same thing as saying "Less is more. The more uses, relations, and 'additions' a painting has, the less pure it is. The more stuff in it — the busier the work of art — the worse it is. More is less" (19). Reinhardt's irritation at all gratuitous and useless entities becomes total intolerance with Paolini, "when the simple reality of an operation appears burdened and weighed down by the mechanical nature of its putting into effect" (20).

Thus, if Reinhardt's affirmation "The less an artist thinks in non-artistic terms and the less he exploits the easy, common skills, the more of an artist he is. The less an artist obtrudes himself in his painting, the purer and clearer his aims" is true, it can also be applied to Paolini in connection with artistic research. A pure, clear artistic thought which has developed uninterruptedly along the lines of art-as-art, from 1960 to the present, without any signs of the wavering or indecision which might have thrust him into one or other of the existing currents. Like Reinhardt, he is a solitary prophet.

Polarity

The language of art is a group of norms and habits, an infinite horizon, a frontier which remains perpetually open to all manner of exploration and which encloses all possible artistic entities. It is the virtual space in which the artist has to act — a potential area open to all choices and all conceivable kinds of rejection, refusal, action, or contestation. Before becoming an artistic phenomenon, language is a "field" with which the artist must familiarize himself so that he may later use its various components — components which are gradually and progressively differentiated by use and intention: the exploi-

primo piano le fonti linguistico-strumentali a cui attinge negli anni sessanta l'artista, quali la tela, il telaio, la tela intelaiata, l'utilizzazione spaziale della stessa, l'aleatorietà della tecnica, la "figura" dell'artista, e i suoi atteggiamenti e pensieri, storici e contingenti, la complementarietà tra artista e strumenti e la situazione socio-linguistica in cui viene ad estrinsecare il suo discorso.

Si badi bene non una tabula rasa e un rifiuto di impegno su argomenti mondani (new dada o body art) o un rimanere "fuori" dei problemi (arte del sublime e del mistico), ma il primo capitolo di un codice ancora da studiare, che per il suo uso accademico esige un'oggettivazione delle sue entità standard, un rispecchiarsi nell'arte come arte, "Le forme d'arte sono sempre preconcette, non estemporanee. Il processo creativo è una routine accademica, una prassi immutabile. Tutto è prescritto e proscritto. Solo in questo modo si evita di aggrapparsi o di aderire a qualcosa. Solo una forma standard può essere senza immagini, solo un'immagine stereotipa può essere senza forma, solo un'arte canonica può essere senza formule" (21) per verificarne il significato come proposizione artistica sull'arte.

L'analisi di questa oggettivazione del codice dell'arte può assumere due direzioni, considerare l'elemento oggettività come entità estetica o come entità artistica. Così nell'insieme "quadro" sarà possibile distinguere il materiale "tela" come supporto, quindi come "cosa" fisica esistente e messa tra parentesi prima che il lavoro dell'artista le abbia offerto un significato, oppure come segno di una comunicazione complessa che astrae, idealmente, da quel tipo di tela per condurre un discorso, in generale, sulla pittura.

La tela come le strutture fisico-concrete del linguaggio arte (linea, colore, spazio, immagine, squadratura), è un'entità linguistica capace di due polarità, una estetica ed una artistica, la prima riferentesi al significante e la seconda al significato.

Il dualismo tra le polarità dell'estetico e dell'artisticità viene affrontato da Paolini nella sua indagine sulla classe degli elementi "asseriti" come arte. Egli si sofferma inizialmente sulle entità che, usate come strutture, attendono di essere definite in quanto soggetto precisato e circostanziato del linguag-

tation of the language is the *style* of the artist. To start with, the language has no fixed aim: it is a flat, dull, silent structure, waiting neutrally for someone to give it a push in a particular direction. It is thus full of potential meaningfulness whose exploitation can be postponed indefinitely. It is precisely this potential energy of the language of art which makes up Paolini's horizon; for our artist is interested not so much in creating allegories or metaphors as in focusing on the instant in which the author enters into a relationship with the "language" and its component signs (which are still multi-directional). His commitment is thus towards the decipherment of the language of art as "initial limit of the possible" (Barthes).

What emerges from this is a complex of indications and propositions which encourage one to reflect upon the signs and instruments of language and on the ambiguous, "open" conditions of the relation between artist and linguistic entity.

This manner of "reserving judgment" brings into the foreground the linguistic and instrumental sources of Paolini's works dating from the Sixties — the frame, the canvas, the canvas stretched upon its frame, the spatial exploitation of it, the apparently chancy nature of the technique, the "figure" of the artist himself and his attitudes and thoughts (historical and contingent), the complementary nature of the artist and his instruments and the socio-linguistic situation in which the artist develops his arguments.

It is as well to bear in mind that this is not a "tabula rasa" or a refusal to commit oneself on worldly problems (new dada to body art) or a desire to remain outside the problem (art of the mystical and the sublime), but rather the first chapter of a rulebook which has yet to be studied, which if it is to be used academically calls for an objectivation of its standard entities, a mirroring in art-as-art, in order to verify its significance. ("The forms of art are always pre-formed and premeditated. The creative process is always an academic routine and a sacred procedure. Everything is prescribed and proscribed. Only in this way is there no grasping or clinging to anything. Only a standard form can be imageless, only a ste-

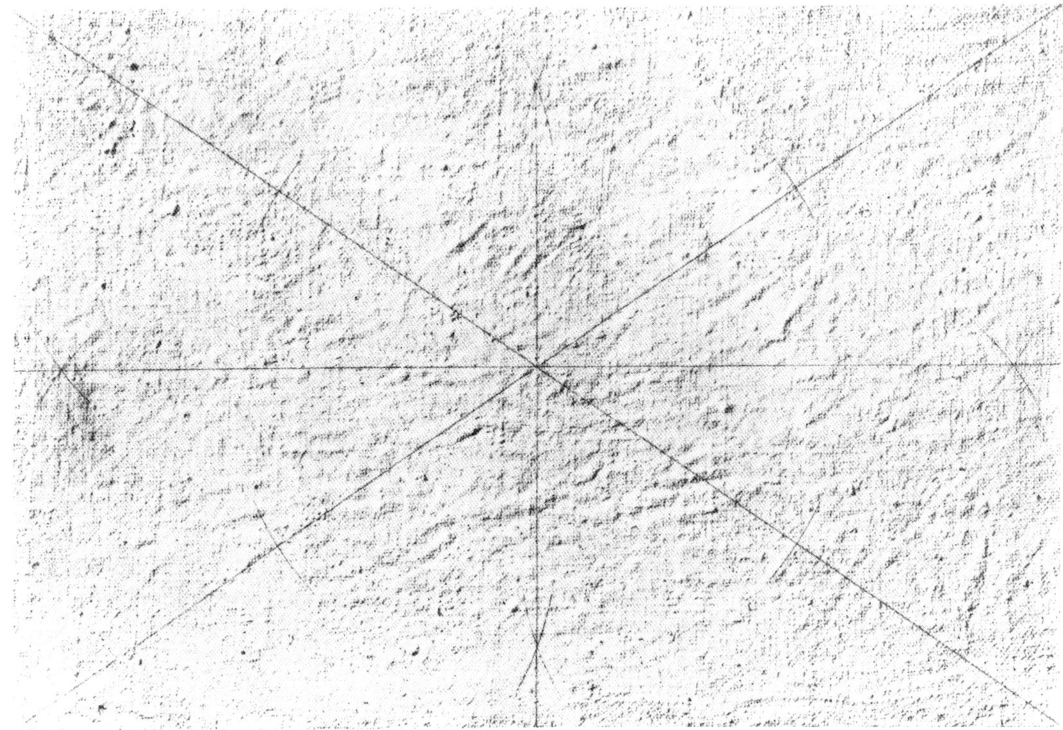

1 *Disegno geometrico* 1960

gio dell'arte. Lavora così all'interno del contesto "arte", portando la propria ricerca sulle entità che sono da considerare, nella loro elementarità, strutture significanti.

L'avvicinamento alla "categoria" arte, come insieme concreto di segni che, isolati "fuori dei loro rapporti e dei loro tempi, si fanno percepire per la prima volta carichi di interrogativi" (22), rivela il progetto di valutare, artisticamente, in quanto elemento strutturale, ciò che è vincolato all'arte come struttura, per cui "la ricerca è, nel 1960, tesa verso un'immagine assoluta, inerente alla natura stessa della tela e all'impiego di una tecnica elementare" (23).

Un lavoro che inizia con "Disegno geometrico" (ill. 1), in cui Paolini investe di valore una procedura segnica che non l'ha, ma lo possiede per tradizione, la squadratura dello spazio.

"Disegno geometrico" consiste nella "scelta di copiare su una tela, nella giusta proporzione, il disegno preliminare di qualsiasi disegno, cioè la squadratura geometrica della superficie" (24).

reotyped image can be formless, only a formularized art can be formula-less": 21).

The analysis of this objectivated rulebook of art can proceed in two directions: it can consider the objectivity element as an aesthetic entity or as an artistic one. Thus in the item "picture" one can consider the material "canvas" in one of two ways: as a support — and thus as a physical object which existed and which was put "between brackets" before the artist's intervention lent it a meaning — or as a sign forming part of a complex communication which departs from the canvas itself in order to make a disquisition on painting, in general terms.

The canvas considered as the concrete physical structure of the language of art (line, colour, space, image, ruling off...) is a linguistic entity with two possible polarities, the aesthetic and the artistic, the first of which refers to the thing meant and the second to the meaning.

This bi-polarity is tackled by Paolini in his inquiry into the categories of elements "asserted" as art. To begin with he deals

La messa in parentesi di questo segnare è dovuta all'idea che "la squadratura della tela non si ponesse come soggetto del supporto su cui la tracciavo, ma fosse un modo per qualificare il supporto su cui agivo. Qualificarlo come presenza assoluta ed indeterminata, non come veicolo di una immagine data per sempre" (25).

Pur essendo nel 1960 siamo distanti, per considerare l'ambito italiano, totalmente dall'azione di Manzoni di fare "tabula rasa" con i suoi achromes delle sue proiezioni e delle sue attenzioni sul reale, per approdare ad un'area di libertà, capace di sopportare tutti i successivi gesti oggettuali e biografici o, per affrontare la situazione americana, dagli olii di Ryman del 1959-60, opere in cui l'attenzione all'impasto pittorico sembra continuare, in un senso però estremamente riduttivo, la tradizione della pittura, significante solo tramite l'alchimia del colore.

Paolini infatti si ferma tra segno neutro ed intenzione dell'artista, non prende in considerazione le opinioni o le proposte, in negativo o in positivo, sulla pittura ma lavora analiticamente all'interno di fatti non relazionati.

La trasposizione oggettiva pone solo come costante il procedimento linguistico, che già possiede un valore di struttura esemplare ed universale dell'arte mentre la tecnica di esecuzione è quella convenzionale, dovuta all'uso di tiralinee, compasso ed inchiostro di china, dato che "avendo assunto quel tipo di disegno come falsariga universale dello spazio della tela, ho scelto di realizzarlo con la tecnica più appropriata" (26).

Naturalmente il fine di Paolini, all'epoca, non è strettamente analitico, non tende già a scoprire le regole di formazione delle proposizioni valutative del contesto arte, ma ricognitivo, poichè operante in termini tradizionali, non alternativi, come quelli più tardi del linguaggio scritto.

Egli conduce l'indagine sul contesto arte con gli stumenti linguistici dominanti nel 1960, per cui la sua proposizione artistica sull'arte verifica non il linguaggio sostitutivo, la teoria dell'arte, ma il linguaggio empirico, con le sue difinizioni fatte di procedimenti concreti. Accetta le conseguenze e i limiti di un contesto commensurabile per determinare la struttura della proposizione pittorica, in

mainly with those entities which — used as structures — are awaiting definition as precise and circumstantiated subjects of the language of art. Thus Paolini works inside the context "art", and brings his searching eye to bear on those entities which are to be considered, by their elementary nature, as meaningful structures.

The approach to the category "art", as a complex of signs which— isolated "outside of their relationships and their time, make themselves felt for the first time, loaded with interrogatives" (22) shows the basic intention: to achieve an artistic evaluation of what is bound to art, as structure. Thus "in 1960, my research aims at an absolute image, inherent in the very nature of the canvas and in the use of an elementary technique" (23).

This work begins with "Disegno geometrico" (ill. 1) in which Paolini packs with meaning a graphic procedure which basically has no meaning except through tradition — the ruling-off of a space.

"Disegno geometrico" amounts to "the decision to copy onto a canvas, in the correct proportion, the preliminary design of *any* design, that is, the geometric squaring of the surface" (24).

The incapsulation of this procedure is due to Paolini's idea that "the squaring of the canvas was not to be considered as the "subject" of the support on which I traced it, but rather as a way of qualifying the support I was operating on. Qualifying it as an absolute and indeterminate presence, not as a vehicle for an image which had been produced once and for all" (25).

Note the date: 1960. We are still very far, to consider only the Italian art world, from Manzoni's decision to make a "tabula rasa" (with his "achromes") of all his projections on and attention to reality, so as to arrive at a completely free area capable of supporting all sucessive objectual and biographical gestures. Equally we are worlds away (to take the American situation) from Ryman oils of 1959-60, in which the attention devoted to the pictorial medium seems to continue (though in an ever-diminishing manner) the tradition of painting, meaningful only through the alchemy of colour.

In "Disegno geometrico" we are face to

generale, e per individuare gli schemi che presiedono, in generale, al suo uso e dunque la costituiscono come entità significante.

La presentazione del materiale grezzo, non lavorato e sublimato, quale la tela neutra, di formato convenzionale, rientra in quella ricerca di oggettività e di elusione della soggettività.

Il materiale dell'arte esiste oggettivamente e non ha bisogno di essere ridefinito.

La squadratura della tela serve a non scavalcare quella oggettività, a fare dell'autore non un protagonista ma uno spettatore, semmai a "segnare, tra autore ed opera, delle coincidenze temporali, che non costituiscono una identificazione diretta, di tramite, ma di pura testimonianza, di rapporto quasi immateriale" (27). Rivela la cura di non abbandonare il procedere ad un gesto, ma di configurare un'operazione precisa e rigorosa, portata come affermazione compiuta e razionale, che può trovare un'analogia, di segno opposto, nel lavoro della linea, di varia lunghezza, e del tempo, settembre 1959, di Manzoni, per il lucido controllo concettuale.

Il principio avalutativo dell'oggetto d'analisi circoscrive immediatamente l'ambito di intervento di Paolini che delimita, mediante un discorso metodologico svolto in termini convenzionali, l'uso di definizioni "verbali" che riguardano i concetti costitutivi della teoria dell'arte, ed esalta invece l'utilizzazione delle definizioni cosiddette "reali", in quanto rivolte alla descrizione di attributi inerenti all'oggetto d'arte.

Le conseguenze di questa impostazione, che si presenta come schema di riduzione razionale dei dati empirici riguardanti il contesto arte, sono i lavori successivi, dello stesso anno, "Disegno di una lettera" (ill. 2) e "Senza titolo" (ill. 3).

Due formulazioni secondo le quali il processo astrattivo dell'arte è in grado di produrre un piano di relazioni che mediante le entità base organizzano unità linguistiche "altre" (A), o un piano di non relazione in cui le entità base si riducono a segni tautologici (tela).

L'entità linguistica "centrata" e "delimitata" dalla squadratura ha due possibilità di rimanere in circuito, diventare un dato investito di un segno esterno comunicativo (parola o segno alfabetico) oppure offrirsi come dato

face with a far "cooler" situation, far from the still emotional proposals of Manzoni or Ryman. Paolini comes to a halt at a point between the neutral sign and the artist's intention: he does not take into consideration opinions on painting or suggestions regarding it — be they negative or positive — but merely works which are analytically *inside* non-related facts.

The only constant factor in this objective transposition is the linguistic procedure (already possessed of a meaning as an exemplary and universal artistic structure); while the actual technique is strictly conventional, using a ruler, compasses, and Indian ink, given that "having accepted that type of design as a universal set of guidelines for the space occupied by a canvas, I decided to execute it with the most appropriate means" (26).

Naturally Paolini's goal was not at this stage strictly analytical: he was not as yet moving towards the discovery of the rules for the formation of the evaluating propositions of the artistic context. For the moment the aim was to "reconnoitre", operating in traditional terms (not alternative ones, as those of written language, used later on).

In fact, Paolini was simply carrying out his inquiry into the context "art" with the linguistic instruments dominant in 1960: this is why his artistic proposition on art does not evaluate substitutional language (the theory of art) but empirical language, with his definitions consisting of actual concrete procedures.

He accepts the consequences and the limitations of a measurable context in setting out to establish the structure of the pictorial proposition (in general) and in identifying the designs which (in general) precede its use and therefore determine its makeup as a meaningful entity.

The presentation of the raw material as it is, unworked and un-sublimated — a piece of canvas of conventional dimensions — naturally has its place in this search for objectivity and the complementary flight from subjectivity.

The material of art exists objectively and has no need of redefinition. The ruling-off of the canvas is useful in that it avoids one's

assoluto (tela/supporto).

"Disegno di una lettera" è lo sviluppo, in senso interpretativo, della struttura reperita in "Disegno geometrico": su una superficie tipicamente pittorica (28) si posa una lettera, tracciata a china con il tiralinee. Il campione lessicale immesso nello spazio d'analisi sottolinea l'accezione d'uso che si può fare dell'entità.

Un uso, la cui latitudine operativa è molto ampia, se agli inizi degli anni sessanta artisti come Johns, Manzoni, Twombly e Kounellis, propendono, seppur antiteticamente, per la matrice scritta e fonico-visuale dell'alfabeto.

Anche se apparentemente si possono stabilire delle analogie iconografiche, "Disegno di una lettera" rivela ulteriormente l'attenzione di Paolini, non ai valori emotivi e ai valori cognitivi che costituiscono il tessuto del linguaggio comune, ma alle formulazioni che concernono il linguaggio dell'arte, che astrae dalla scelta della comunicazione, precisa ed univoca, del significato A, per determinare un ambito operativo che può sfociare nel linguaggio scritto. Il suo è un lavoro di sviluppo della consapevolezza del nesso che si può istituire tra significante (forma fisica, tela/supporto) e significato (sostanza comunicativa, alfabeto). Si tratta di un'opera che nella sua fredda esposizione (29) si contrappone, senza alcuna possibilità di dialogo, alla scrittura constatativa di Kounellis, al periodare delirante e poetico di Twombly e alle fagocitazioni dei sistemi segnici di Johns.

Il contrasto è evidente. Kounellis (30) si muove all'interno del linguaggio come entità pubblica e privata al tempo stesso. Le sue lettere e numeri si pongono come elementi mediani tra la scrittura pragmatica e pubblica. Egli si muove dentro il linguaggio, più che le immagini inconsce o i sistemi banali, cari a Twombly e Johns, lo attirano i segni linguistici come riferimenti ad una storia privata ed insieme pubblica. I suoi lavori, gli Alfabeti, 1958-60, sono insiemi aperti che possiedono scansioni interne, capaci di farli diventare scritture orientali ed immagini iconiche evocative. Twombly, al contrario, costruisce un mondo segnico personale, fatto di appunti e parole originati da gesti e pensieri fortuiti. Il suo grafismo è poesia e delirio e nasce da una scrittura automatica. La fun-

riding rough-shod over this objectivity: it makes the artist not a protagonist but a spectator, and perhaps "marks out, between the artist and the works, certain coincidences in time, which do not amount to a direct identification, but are merely witnesses of an almost immaterial relationship" (27). This shows plainly the care with which Paolini does not abandon himself to gestures, but rather strives for a precise, rigorous, and rational type of operation for which an analogy may be found (though from an opposite standpoint) in the lucid conceptual control of Manzoni's work on lines of varying lengths, dating from September 1959.

This rigorous approach to the subject of analysis naturally limits the extent and the range of Paolini's work. It limits, in fact, by means of conventional methodology, the use of "verbal" definitions concerning the concepts which go to make up the theory of art; and it encourages the use of so-called "real" definitions ("real" in that they are intended to describe inherent attributes of the object).

This type of approach — which is a method of rationally limiting the available empirical data concerning the context "art" — leads us logically enough to two other works, from the same year, "Disegno di una lettera" (ill. 2) and "Senza titolo" (ill. 3).

These show us that such an abstractive process can set up relations and connections which, using basic entities, organize "other" linguistic units (the letter A) — or else non-relationships in which basic entities are reduced to tautological signs (the canvas).

The linguistic entity thus "centred" and "limited" by the ruling-off process has two ways open to it if it is to remain in circulation: it can either become a datum to which force is given by an external communicative sign (word or letter of the alphabet) or else it can stand on its own as an absolute datum (canvas/support).

"Disegno di una lettera" is, interpretatively speaking, the development of the structure which was identified and revealed in "Disegno geometrico": On a typically pictorial surface (28) we have the letter A, drawn with Indian ink and ruler. The letter, the "lexical sample" thus introduced into the

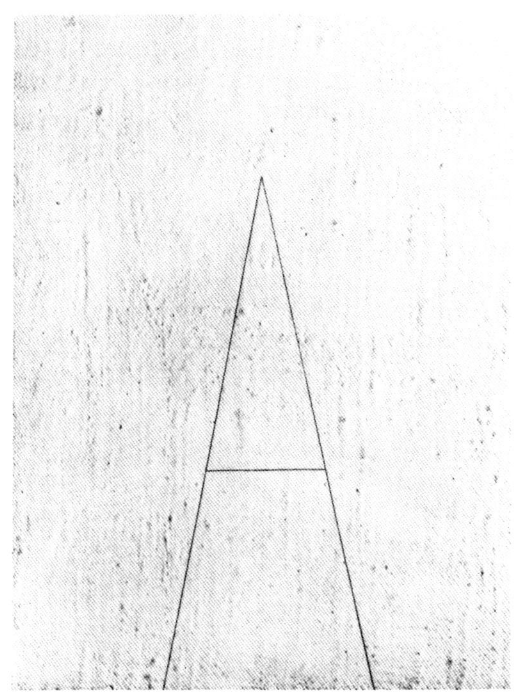

2 *Disegno di una lettera* 1960

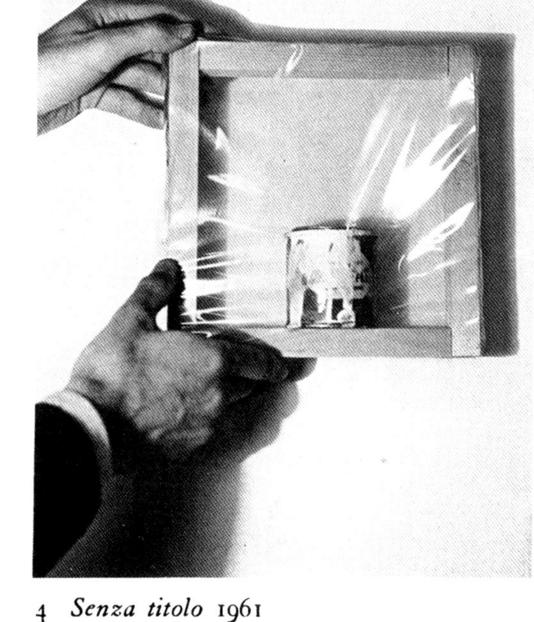

4 *Senza titolo* 1961

3 *Senza titolo* 1960

zione dei segni e delle parole è narrativa e suggerisce l'inconscio. Johns assume invece un atteggiamento impersonale rispetto al linguaggio. Considera il sistema dei segni, numeri e lettere, come un oggetto comune, accetta la loro forma prefissata perchè numeri e lettere sono secondari rispetto al tessuto cromatico. Non pone il problema di una preferenza soggettiva, ma assume la forma prefissata, da "O through 9" e da "A to Z", dato che gli interessa la dimensione e l'occupazione pittorica dell'intera superficie.

Al contrario di queste scritture "caratterizzate", Paolini costruisce un segno, elementare e neutro, su cui non agisce, ma che gli serve per verificare un possibile uso del veicolo tradizionale dell'arte.

Nel tracciare, con strumenti di precisione, la lettera A, simbolo di linguaggio scritto, assume un atteggiamento nuovamente constatativo, come per "Disegno geometrico", cioè "come dire che nella tela non trovano spazio soltanto elementi intrinseci, ma infinite figure di un altro linguaggio, la cui immagine primaria, emblematica, è la lettera A" (31).

Il linguaggio concreto e il linguaggio teorico dell'arte sono dunque i poli su cui verte ai suoi inizi, la ricognizione di Paolini. Le due polarità, seppur convergenti sull'analisi del linguaggio dell'arte, sono antitetiche (la prima approdando al "positivismo" del linguaggio concreto, la seconda all' "illuminismo" del linguaggio scritto), per cui la scelta di Paolini verterà su una delle due, quella concreta.

Se la scelta verte sul linguaggio concreto dell'arte, ne consegue che il modello d'indagine deve riferirsi alle strutture empiriche e prima di tutte al supporto neutro, la tela su cui non si è condotto alcun intervento. "Senza titolo", 1960 (ill. 3) si offre tautologicamente come proposizione isolata e come materiale linguistico obbiettivamente osservabile, presentandosi quindi come definitiva indicazione della direzione linguistica che Paolini assumerà negli anni seguenti.

L'analisi

Se i lavori del 1960 miravano a fornire l'orientamento preliminare, le opere del 1961 approfondiscono la riflessione critica di Paolini intorno alla conoscenza artistica, sono

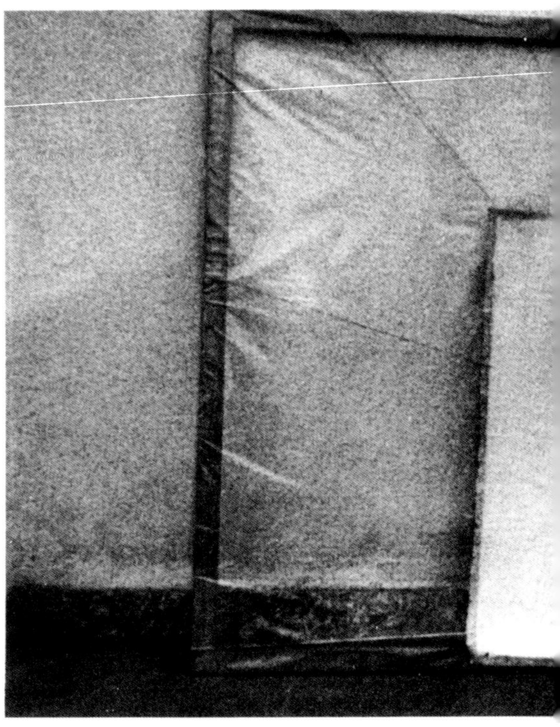

5 *Senza titolo* 1961

analytical space, itself stresses the sort of use which can be made of the entity.

That there is an extremely wide range of operational possibilities is obvious, considering that at the beginning of the Sixties artists like Johns, Manzoni, Twombly and Kounellis all leaned, in their different ways, towards the alphabet.

In spite of these possible analogies "Disegno di una lettera" is a further proof of how Paolini's attention is focused not on the cognitive and emotional values which make up the fibre of ordinary language, but on the formulations concerning *the language of art:* thus the artist stands aside from the precise and definite communication quality of the letter A, but fixes a theoretical operational sphere which could lead us to written language rather than painting. Paolini's work is intended to develop the awareness of the link which can be built up between the meaningful (physical form, canvas, support) and the meaning (communicative substance, alphabet). The "coldness" of this work places it firmly and decisively (29) in opposition to Kounellis' writing

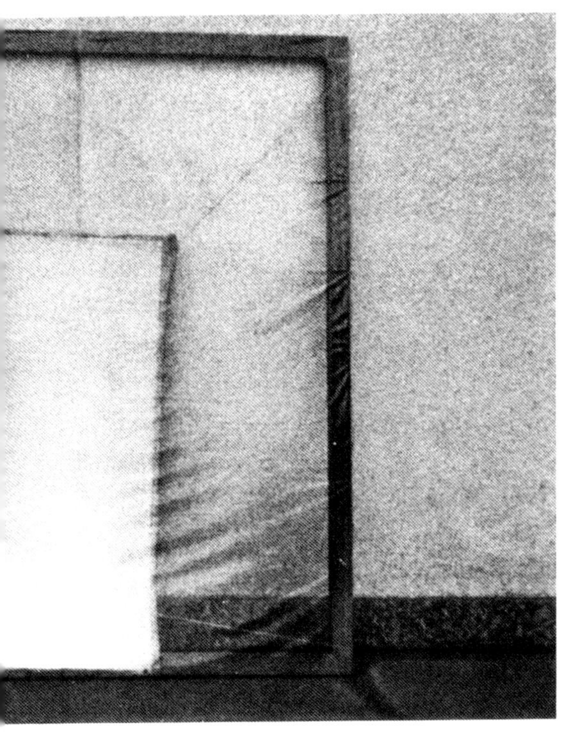

cioè delle definizioni critiche dei fondamenti concreti del linguaggio dell'arte.

La sua riflessione critica intorno alla conoscenza artistica si impone per il suo rilievo in "Senza titolo, 1961 (ill. 5), presentato al XII Premio Lissone, una manifestazione che, negli anni sessanta, ha avuto, in Italia, una funzione determinante di informazione sulle avanguardie artistiche internazionali.

L'opera consiste in "un telaio vuoto, di legno, che per convenzione circoscrive uno spazio. La tela è sostituita dalla plastica trasparente, ma una tela, di dimensioni inferiori, è sospesa con dei fili nel vuoto del telaio come 'soggetto' del 'quadro' " (32).

L'idea è di "eliminare addirittura il supporto rigido come punto di partenza dato e inevitabile, per presentare in una *sorta di vuoto* gli stessi elementi usati normalmente come supporto" (33).

L'esigenza di una maggior consapevolezza conduce Paolini ad "epochizzare" la fonte linguistica, sospendendola in un vuoto che, presentando il telaio e la tela, chiarisce la sua aspirazione a descrivere, tautologicamente, le sue stesse componenti.

(which essentially *ascertains*), Twombly's delirious poetic compositions, and Johns' use of sign systems.

The contrast, indeed, is not hard to see. Kounellis (30) moves *inside* language, public and private, at one and the same time. His letters and numbers are halfway between pragmatic and public writing. He moves inside language: he is attracted not so much by the unconscious images and banal signs dear to Twombly and Johns, as to linguistic signs viewed as references to a history which is both private and public at one and the same time. His works, the Alphabets, (1958-60), are "open" complexes which contain internal rhythms and an internal order which can turn them on occasion into something akin to oriental writing or evocative icon-like images.

Twombly, on the other hand, builds up a sign world of his own, made of scribbled notes and words which have their origin in perfectly fortuitous thoughts and movements. With him the graphic element is poetic and delirious and stems from automatic writing. The signs and words have a narrative function and show the part played by the unconscious. Lastly, Johns takes an impersonal attitude with regard to language. He views the systems of signs, numbers and letters as a "given", and thus accepts their established form, in that for him they are secondary compared to the chromatic texture. He does not deal with the question of subjective preference, but takes over the form already fixed, from "O through 9" and from "A to Z", since what really interests him is the dimension and the pictorial occupation of the entire surface.

Paolini, for his part, is not concerned with these "characterized" types of writing; he constructs a sign, elementary and neutral, and does not work on it but uses it to verify a possible use of the traditional instruments of art.

In tracing (with precision instruments) the letter **A**, a symbol of written language, Paolini assumes a newly verificatory attitude, just as with "Disegno geometrico": that is, "it was like saying that the canvas lent space not just to intrinsic elements, but to infinite figures from another lan-

Sembra superfluo sottolineare il valore gnoseologico di questo lavoro che evita i contemporanei eccessi psicologici e visivi che dominano il campo artistico internazionale e determina una messa in parentesi, analitica e descrittiva, del termine dalla cui accettazione, convenzionale e pragmatica, dipendono tutte le successive definizioni artistiche.

Che questa precisa consapevolezza del significato dell'analisi delle fonti concrete non sia di fatto un'indagine occasionale è dimostrato dai lavori del 1961-1962, sul colore (ill. 4, 6, 11) e sui tracciati lineari (ill. 7, 9, 10). Il tema successivo al telaio-tela è il colore. Il colore è un'entità significante che focalizza l'attenzione successiva di Paolini. Il senso della specificità è così acuto in lui che il limite del vuoto viene ora isolando il colore in tutti i suoi stadi d'esistenza.

Prima come categoria è rappresentato dal suo contenitore, il barattolo (ill. 4), poi come croma, dai tubetti di diverso colore, croma designato dalle tacche sovrapposte alla plastica, sotto cui sono presentati i tubetti (ill. 6), ed infine come inventario (ill. 11). L'unione di analisi ed autovalore dei termini pittorici, in questi lavori, assume un significato concreto, ma sempre neutro. Paolini si rifiuta di presentare proposte o giudizi, ostenta solo i termini come è possibile reperirli normalmente. Sono presentati come sono, in un vuoto epochizzante.

A volerli collocare linguisticamente in rapporto ad altre analoghe ricerche nel campo dell'arte, si possono porre in posizione mediana tra alcuni lavori, posteriori di alcuni anni, di Dine e Kosuth. Questi, su posizioni antitetiche, chiamano in causa la funzione linguistica quando cercano di raggiungere l'oggetto e di classificarlo distinguendolo pittoricamente da altri (Dine) e fissandone i tre diversi stadi, iconico, fisico e concettuale (Kosuth) (32).

Però in Dine la nominazione dell'oggetto si accompagna ad una facoltà pratica e in Kosuth ad un'esigenza riduttiva, capace di farlo passare alla sua astrazione concettuale, mentre in Paolini rimane quello che è, messo tra parentesi per essere oggetto d'analisi.

Ribadita così l'impostazione linguistica destinata a contraddistinguere tutto il lavoro di Paolini resta da precisare che procedendo in base ad essa non si implica minimamente che

guage, whose primary emblematic image is the letter A" (31).

Thus the two poles around which Paolini's interest revolved at the outset were the concrete language and the theoretical language of art. These two polarities, in spite of the fact that they both converge upon the analysis of the language of art, are diametrically opposed: the first leads to the positivism of concrete language, the second to the "illuminism" of written language. Thus Paolini had to make a choice; and the choice fell upon concrete language.

Now if the preference is for the concrete language of art, it must follow that the type of enquiry must concern itself with the empirical structures and first of all with the neutral support— the canvas, uncontaminated by any action on the part of the artist. "Senza titolo" (ill. 3) is tautologically offered us as an isolated proposition and as objectively observable linguistic material: it thus appears as a definitive indication of the linguistic path which Paolini was to take in the years following.

Analysis

Granted that the works executed in 1960 were all striving towards a preliminary choice of direction, those of the next year marked a deepening of critical reflection on the subject of artistic awareness: they amount to critical definitions of the concrete foundations of the language of art. This is particularly apparent in "Senza titolo" 1961 (ill. 5), a work which was presented at the XIIth Lissone Prize Exhibition — which had a decisive function in informing the Italian art world of the Sixties about the international avant-garde.

"Senza titolo" consists of "an empty wooden frame, which encloses a space. The canvas has been replaced by a sheet of transparent plastic; but there is a small canvas hung by two threads in the empty frame, making the 'subject' of the picture" (32). The intention here is to "eliminate the rigid support as the inevitable given starting point, so as to offer in a *kind of vacuum* the very elements which are normally used as a support" (33).

The need for a still greater awareness leads Paolini to place the linguistic source in time,

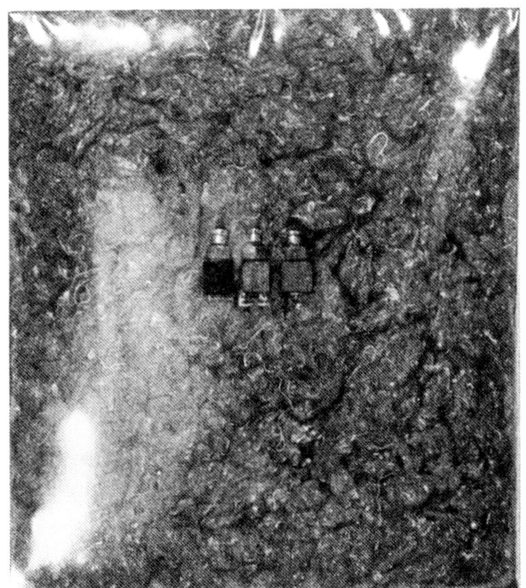

6 *Senza titolo* 1961

7 *Senza titolo* 1961

la sua operazione si costituisca, in seguito, soltanto come analisi pragmatica, ma possa sfociare anche in quella sintattica e semantica. Una chiara "illustrazione" della prospettiva sopra delineata può venire fornita considerando "Senza titolo", 1961 (ill. 7), "un disegno che consiste nell'aver tracciato, su una carta quadrettata, delle righe nei due sensi, in modo da delineare una quadrettatura inscritta e alternata a quella già esistente" (35). La scelta, in tale contesto, è di un'indagine segnica, costituente fine a se stante, ma avente anche implicito valore preliminare in vista dell'esame critico del linguaggio dei segni. L'intento è di attenersi totalmente al supporto scelto e da esso dedurre l'intervento, "la carta quadrettata attendeva questo tipo d'intervento, non potevo che adattarmi al 'suo' disegno" (36).

Il procedimento muove da una struttura elementare di base, da cui deriva il corrispondente segnico. L'operazione, per usare una descrizione operativa di Sol Le Witt, ricalca questa sequenza, "L'artista deve scegliere le regole e le formule essenziali per arrivare alla soluzione del suo problema; dopo di che meno decisioni prende durante la realizzazione del lavoro e meglio è. Questo metodo serve a eliminare quanto più possibile gli elementi arbitrari, aleatori e personali" (37).

suspending it in a vacuum which — in presenting the frame and the canvas — makes clear its tautological aim of describing its own components.

It would be superfluous to stress the gnoseological value of this work, which succeeds in avoiding the psychological and visual excesses which dominate the international artistic field: it fixes in a kind of parenthesis, analytical and descriptive, the terms on whose acceptance (conventional) all successive artistic definitions depend.

This precise awareness of the significance of an analysis of the concrete sources of artistic language is far from occasional or incidental — a fact which is amply borne out by a number of works dating from 1961-1962: on *colour* (ills. 4, 6, 11) and on *line* (ills. 7, 9, 10).

The first theme after the frame-and-canvas is *colour,* a meaningful entity which focuses Paolini's attention: his sharp sense of "specificity" causes him to isolate colour in the various stages of its existence as paint. First of all, as a *category,* represented by the paint tin (ill. 4); then as *pigment,* represented by three tubes, each fixed under a sample square affixed to the plastic (ill. 6): finally, as a set of *samples* (ill. 11). In these works the union of analysis and

In questo senso la riflessione è circoscritta
al modo in cui i segni si costituiscono sulla
base di componenti elementari del linguaggio concreto dell'arte (per esempio la struttura preesistente del foglio quadrettato), senza
preoccupazione alcuna per i fattori extralin-
guistici.
Il riferimento all'opera e alla poetica di Ad
Reinhardt e Sol Le Witt è inevitabile. Le
partiture cieche di Reinhardt sono formulazioni procedenti da un razionalismo purista
che non ammette arbitrio e caos, come le
successive strutture tridimensionali di Le
Witt. Paolini, trovandosi storicamente tra i
due, ha, anche in questo caso, una posizione
dialettica; rispetto a Reinhardt evita la pittura e a Le Witt il concettualismo intuitivo,
come sempre si attiene ai dati del linguaggio
empirico dell'arte.
In Reinhardt la struttura è creata dalla pittura, in Le Witt è dimenticata per realizzare
entità strutturali e concettuali che non sono
evidenti, ma che possiedono un significato
autonomo, in Paolini è tratta e dedotta oggettivamente dal foglio quadrettato, presen-
tandola così com'è designata dal dato elementare.
La struttura non è dunque una particolare
proposizione aggiuntiva, ma la conseguenza
logica deducibile dal foglio quadrettato. La
caratteristica struttura del foglio viene ana-
lizzata in maniera differente, sempre nel
1962, in "Senza titolo" (ill. 9) e in "Senza
titolo" (ill. 10).
Anche in queste opere si tiene conto della
quadrettatura di base, ma invece di rivelarla
solo graficamente, la si fa agire, producendo
un insieme di entità elementari autonome.
I riquadri si dispongono così sulla superficie
di masonite con i margini ottenuti dal taglio
del foglio secondo le righe della quadrettatura; in un caso (ill. 9) il taglio è vincolato
alla struttura segnica della linea che, tracciata
con inchiostro di china, riquadra il foglio,
nel secondo i tagli seguono sempre la quadrettatura, ma producono entità, la cui autonomia è significata dal riquadro interno a
inchiostro.
In questi ultimi lavori appare un "soggetto"
evidente, la superficie portante, in masonite,
che si dichiara come elemento visibile, al contrario del vuoto che sottendeva i colori;
infatti "la ragione di queste opere è proprio

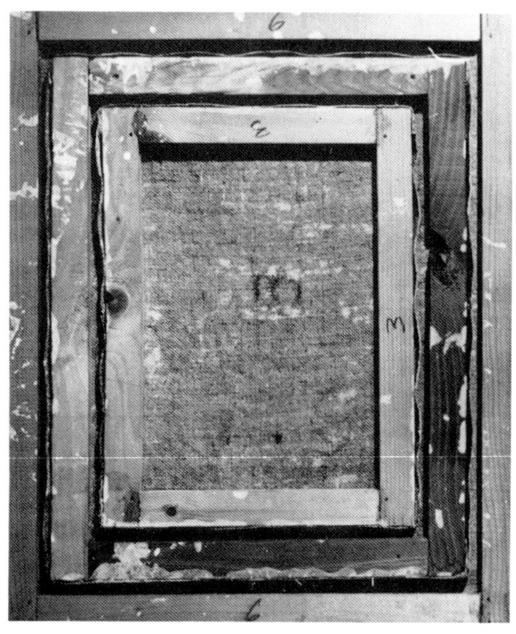

8 *Senza titolo* 1962

inherent value of pictorial terms or materials takes on a concrete meaning; but always a neutral one, for Paolini eschews suggestions or judgments, and presents the elements only insofar as they are found naturally, in the studio. They are thus presented
as they are, in the absolute.
If one wishes to see where these experiments fit into a scheme of analogous researches in the field of art, one can place
them midway between the work of Dine
and that of Kosuth (dating from several
years later). Both Dine and Kosuth, whose
positions are antithetical, bring linguistic
functions into open court in trying to reach
the object and to classify it by distinguishing
it pictorially from other objects (Dine) or
by fixing its three different states, iconic,
physical, and conceptual (Kosuth) (34).
In Dine, however, the presentation of the
object is accompanied by a need to paint
it in concrete terms, and in Kosuth by
a need to reduce it to its essence, which
pushes him to conceptual abstraction: in
Paolini, on the other hand, it remains unchanged — placed between brackets as an
object for analysis.

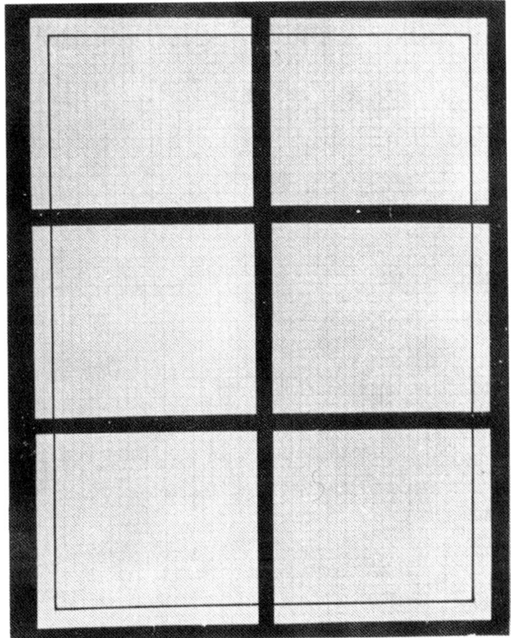

9 *Senza titolo* 1962

il modo corretto con cui i materiali che le costituiscono si presentano all'occhio, nel senso che i riquadri si dispongono in modo da rivelare, attraverso i margini, la superficie sulla quale appunto si presentano" (38).
Una conquista graduale e corretta del supporto come entità fisica e segnica che in "Senza titolo" (ill. 12) e "Senza titolo" (ill. 13), ancora nel 1962, viene a costituirsi come materia d'analisi.
Nel primo la· tela grezza è avvicinata, secondo un ordine consequenziale, a quella dipinta. ambedue su un supporto di masonite rivelatore dell'indagine, quasi a presentare i due aspetti costitutivi del quadro; nel secondo la facciata del quadro, cioè tela tesa su un telaio, è affiancata al retro di un altro, "il soggetto tela è visibile nel suo doppio" (39). Ambedue, fronte e retro, sono in seguito "ripresi" mediante un riquadro bianco, così da risultare "i fuochi delle due superfici. È come verificare la superficie, appropriarsene e ripetere la stessa operazione con il retro della tela, come se i supporti su cui i due riquadri si posano fossero la stessa cosa" (40).
Una volta precisato il problema dei supporti,

Now that we have established the type of linguistic approach which distinguishes all of Paolini's work, we must in all fairness state that his activity is in no way restricted to *pragmatic* analysis; but that it can and does blend into syntactical and semantic analysis as well.
A clear demonstration of this is afforded by "Senza titolo" (1961) (ill. 7) "a piece of graph paper with a network of lines drawn over the existing ones at regular but wider intervals" (35).
The intention in this context is that of an enquiry into the sign. — which is an end in itself, but which has an implicit preliminary value in view of a critical examination of the language of this and similar signs. The artist's idea is to stick totally to the chosen support (the paper) and to deduce the artistic activity from it: "the squared paper was waiting for this type of operation to be carried out upon it, and all I could do was to adapt myself to its 'own' design" (36).
This procedure starts off with the support, a basic elementary structure, from which it actually derives the sign which corresponds to it. The operation, in Sol Le Witt's words, goes as follows: "The artist would select the basic form and rules that would govern the solution of the problem. After that the fewer decisions made in the course of completing the work, the better. This eliminates the arbitrary, the capricious, and the subjective as much as possible. That is the reason of using this method" (37).
Hence the reflection and concentration on the way in which signs are composed on the basis of elementary components of artistic language (as, for instance, the pre-existing structure of the squared graph paper) and the complete lack of any preoccupation with extra-linguistic factors.
Here one cannot avoid mentioning Ad Reinhardt and Sol Le Witt.
Reinhardt's "blind" musical scores are formulations stemming from a purist rationalism which does not admit of any arbitrariness or chaos — like Le Witt's later three-dimensional structures. Paolini, historically betwixt the two, has a dialectical position in this case, too: compared to Reinhardt, he avoids *painting,* and compared to

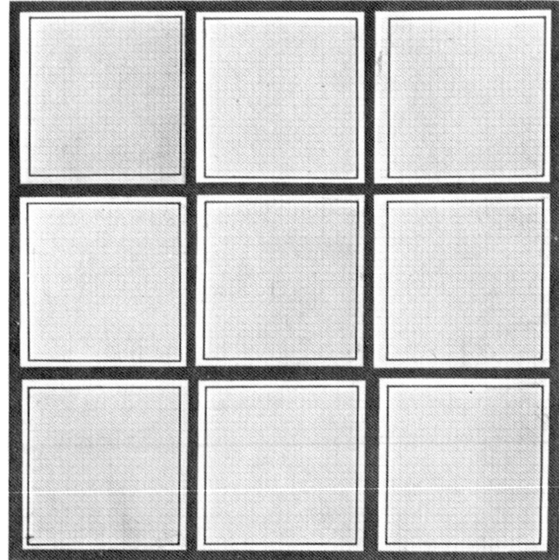

10 *Senza titolo* 1962

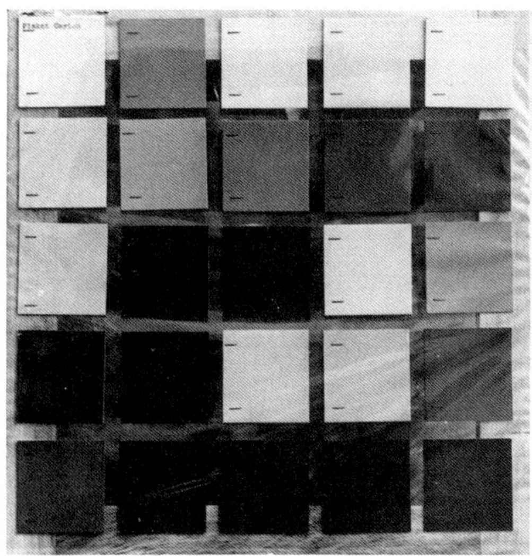

11 *Senza titolo (Plakat Carton)* 1962

12 *Senza titolo* 1962

neutri ed indifferenziati, e la ricerca di chiarimenti analitici su di essi, ed una volta prospettata nella attuazione dei primi lavori lo sviluppo organico di riflessioni sulle entità costitutive del linguaggio concreto dell'arte, Paolini intraprende l'esame dell'attività linguistica, da parte dell'autore e dello spettatore, il che ulteriormente implica una previa considerazione del linguaggio esistente e delle sue tracce.

Questo ulteriore passo lo porta a "descrivere" i caratteri e le peculiarità del linguaggio artistico esistente, contrapponendolo, sotto

Le Witt, he steers clear of *intuitive conceptualism*. As always, in fact, he sticks to the data of the empirical language of art.
With Reinhardt the structure is created by the picture. With Le Witt it is forgotten, in order to create structural and conceptual entities which are not evident but which have an autonomous meaning of their own. And with Paolini it is taken by objective deduction from the ruled sheet of paper, presenting it as it comes.
Structure, then, is not a special additional proposition; but the logical consequence

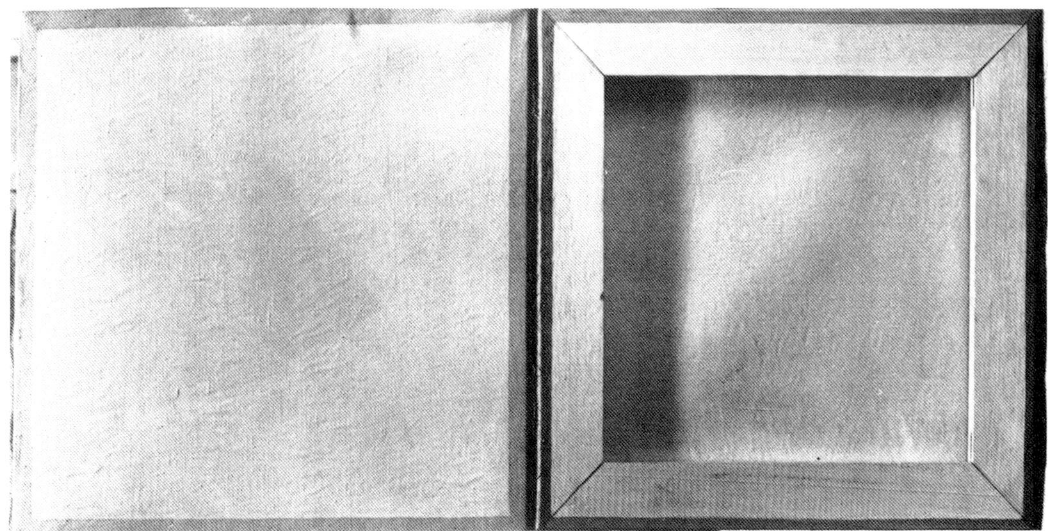

13 *Senza titolo* 1962

14 *M. Tullio Ciccrone* 1962-63

15 *Senza titolo* 1962

diversi aspetti, alla struttura verificante, reperita precedentemente. Così in "Senza titolo" (ill. 15) e "Senza titolo" (ill. 16) del 1962, viene presentato, con un "taglio" scevro da specifiche argomentazioni ed ipotesi esplicative, il linguaggio già costituito, e quindi già esistente in riproduzione, di Schifano, Novelli e Perilli.

La "descrizione" avviene secondo la metodologia già confermata, "allo stesso modo con cui sceglievo carta colorata e carta quadrettata, ho scelto anche delle riproduzioni di opere d'arte. In 'Senza titolo' (ill. 15),

which can be deduced from the ruled sheet. The characteristic structure of the sheet is analysed somewhat differently, later in the same year, in "Senza titolo" (ill. 9) and "Senza titolo" (ill. 10), which both consist of a sheet cut along the lines into a number of equal parts. Thus, in these works, Paolini again takes into account the ruled structure of the paper; but instead of merely stressing it in graphic terms he *sets it to work,* producing a complex of automonous elementary entities.

The squares are arranged on a masonite

ho disposto su una superficie bianca suddivisa in piccoli riquadri in rilievo dei frammenti di riproduzioni ritagliati e disposti separatamente l'uno dall'atro.

In questo senso la riproduzione era assunta come potenziale di elementi da ridisporre, non per una volontà di intervento su quell'opera in particolare, ma come campione da collocare su una superficie modulare. Diversamente in 'Senza titolo' (ill. 16), la riproduzione è tagliata in modo che il disegno non segue la sua scansione originale, ma subisce una scansione che è il quadro ad imporgli, in modo che, ad esempio, gli 'a capi' dell'immagine non coincidono con gli 'a capi' del quadro originale" (41).

Questi asserti fattuali del linguaggio, costituenti le spiegazioni empiriche di Paolini, sono chiaramente lontani dalle definizioni dei concetti teorici e delle teorie, perchè all'epoca, la conferma di queste aveva carattere indiretto, in quanto l'indagine si fondava induttivamente sul controllo dei particolari linguistici.

Le asserzioni, che non negano come dalla prassi le teorie siano eventualmente formate e stabilite in modo da non infirmare l'empiricità dell'analisi, proseguono secondo le coordinate concrete, per cui Paolini affronta successivamente il problema di presentare, sempre in modo "corretto", le costituenti del rapporto segno e supporto. Il risultato è una serie di lavori che "definirei senza identità, nel senso che si dissolvono nel linguaggio con cui si costituiscono, non sono cioè partecipi dell'immagine che pur danno di se stessi" (42).

I materiali e i segni sono assunti come costitutivi categoriali dei concetti fondamentali di materiale, colore, spazio, icone e produzione estetica (ill. 17, 18, 19, 20, 21).

Tali "enunciati descrittivi" fissano esplicitamente la presenza di un "rapporto d'uso" tra entità segnica e veicolo artistico, rappresentato dal supporto/telaio.

Un lavoro (ill. 17) consiste in un pezzo di masonite, la cui adesione al supporto è sottolineata dalle viti in vista, a cui visibilmente sono stati sagomati gli angoli, ortogonalmente, per rivelare il telaio, ai vertici e ai bordi. Il materiale così conferma la sua presenza autonoma rispetto all'autonomia del supporto. Come "La B" (ill. 22), che presenta

surface: in one case (ill. 9) the cut is dictated by the structure of the line which (drawn with Indian ink) squares off the sheet; in the other (ill. 10) the cuts follow the ruling but produce entities whose autonomy is defined by the inner inked square.

In these two works there is an obvious visible object, the basic carrying structure or support in masonite, which is very clearly visible — the exact opposite to the vacuum which surrounded the paints. "The reason for this is to ensure that the materials meet the eye in the proper manner; the squares must be so placed as to reveal, through their margins, the surface on which they are presented" (38).

This gradual and careful identification of the support as a fixed entity, a sign in itself, becomes more and more evident in "Senza titolo" (ill. 12) and "Senza titolo" (ill. 13) again from 1962.

In the first of these, the bare canvas is placed next to the painted canvas, both being fixed on a masonite support which reveals the nature of the enquiry, practically presenting the two aspects of the picture; in the second the "façade" of the picture (the canvas stretched on the frame) is placed face-to-face with the back of another: "the subject 'canvas' is visible in its *double*" (39).

Both elements, the front and the back, are made to stand out by being placed on a white square, so that they become "the focusing points of the two surfaces. It is as if one were verifying the surface, appropriating it and repeating the process with the back of the picture. Or as if the supports on which the two squares rest were one and the same" (40).

So far, then, Paolini has defined the problem of neutral and undifferentiated supports and the need to search for analytical clarification them; and (in his earliest works) he has outlined the organic development of his reflections on the entities which go to make up the concrete language of art. Now he goes on to examine linguistic activity (from the points of view of both author and spectator — which naturally means further considerations on existing language and on the actual traces it leaves. This further step takes Paolini on to "de-

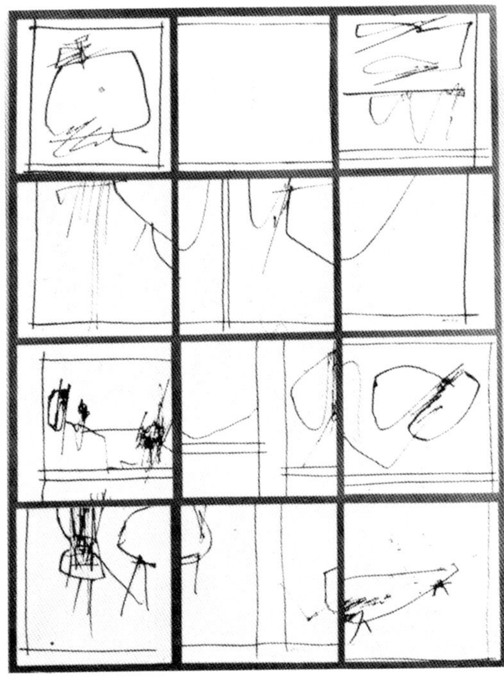

16 *Senza titolo* 1962

17 *Senza titolo* 1963

un tessuto colorato ripiegato e fissato sul retro in modo da non toccare il supporto fron-
tale, pur avvolgendolo. In questo caso sono
gli spigoli del supporto a subire un intervento
sugli angoli, l'idea è di sottolineare l'esistenza
di un ulteriore spazio o entità sottesa, il muro. Infine in "Note di un pittore" (ill. 19), un
foglio di carta millimetrata è appuntato su
un lato del supporto e lasciato cadere libero
sull'altro, in maniera da non coinvolgere in
un tutto unico la carta e il telaio, che si in-
travvedono sotto il foglio.

L'aspetto costitutivo del rapporto d'uso è
chiarito sistematicamente in diversi contesti
ricorrendo a diverse destinazioni, indicate
però in modi non composti e definitivi, del
supporto come veicolo materico, cromatico e
spaziale e del segno come codificazione del
supporto.

La codificazione medesima si adegua, immediatamente dopo, alla definizione esplicativa,
quando una riproduzione di "Eleonora di
Toledo", un ritratto del Bronzino (ill. 20)
viene posta su un telaio da cui si stacca leg-
germente per non diventare parte integrante
di esso, o una tela dipinta da Paolini, copia

scribe" the characteristics and the peculiarities of existing artistic language (placing
it, from a number of points of view, in
opposition to the "verificatory" structure
he had identified previously). Thus in "Senza titolo" (ill. 16), both from 1962, he ex-
pounds by means of a "cut" (completely
devoid of specific arguments and explanatory hypatheses) the language of Schifano,
Novelli, and Perilli, three Italian artists of
the Sixties.

The "description" is done according to the
canons already established: "just as I selected coloured paper and ruled graph paper,
so I now chose reproductions of works of
art". In "Senza titolo" (ill. 15) I placed
some fragments of reproductions separately
on a white surface divided up into a number of small squares in relief. Thus the
reproduction became a *potential force* of
elements which could be recomposed — not
out of any desire to operate on that picture
in particular, but as a sample to place on
a modular surface. On the other hand, in
"Senza titolo" (ill. 16), the reproduction
is cut in such a way that it is no longer

18 *Lido d'Albaro* 1963

19 *Note di un pittore* 1963

della tavola di un atlante, subisce lo stesso processo (ill. 21).

Il criterio di scelta degli argomenti non è iconografico, "l'iconografia è occasionale, quasi involontaria. L'immagine, quando compare, è come l'immagine dell'immagine, quasi a giustificare l'esistenza stessa del quadro" (43). Altri lavori (ill. 24, 25) possono illustrare, nella stessa misura, la natura e gli scopi di questo procedimento, che nella storia del lavoro di Paolini assume un'altra connotazione, assente nei precedenti, il titolo.

Il titolo subisce un'identificazione parallela al rapporto d'uso del segno e supporto, "mi succede spesso di attribuire lo stesso peso all'opera e al titolo. Non c'è differenza qualitativa tra eseguire l'opera e darle un titolo. La differenza, semmai, sta ..... nell'intento di trovare un punto di contatto, molto ambiguo, forse, ma avvertibile, tra la parola e il quadro" (44).

"Il titolo era sempre del tutto incongruo rispetto alla superficie del quadro. Così come in superficie si alternavano elementi diversi, ma sempre 'ciechi', nel senso che non tendevano a fornire un'immagine, ma erano lì

"scanned" according to its own original rhythm, but is "scanned" by the picture itself — the "paragraphs" of the image, for instance, no longer following the "paragraphs" of the original (41).

These empirical explanations are clearly a long way from the definitions of theoretical concepts or from theories themselves: any confirmation of the latter was at this time indirect, the enquiry being directed towards the checking of linguistic details.

The assertions we have cited in no way deny that theories may not be formed from practice, in such a way as not to invalidate the empirical nature of the analysis: they proceed according to concrete coordinates, Paolini tackling successively the problem of presenting (in the "proper" way) the constituent parts of the relationship between sign and support. The result is a series of works which "I would define as being without identity, in so far as they dissolve in the language in whose medium they come to be: that is, they do not participate in the image which they give of themselves" (42).

The materials and the signs are taken as

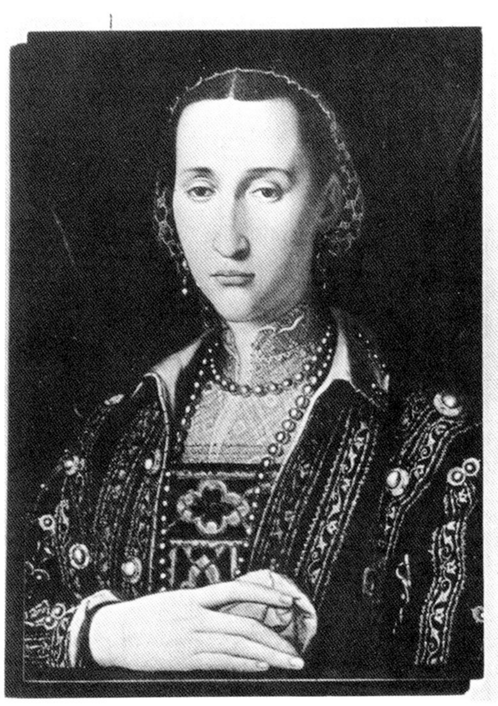

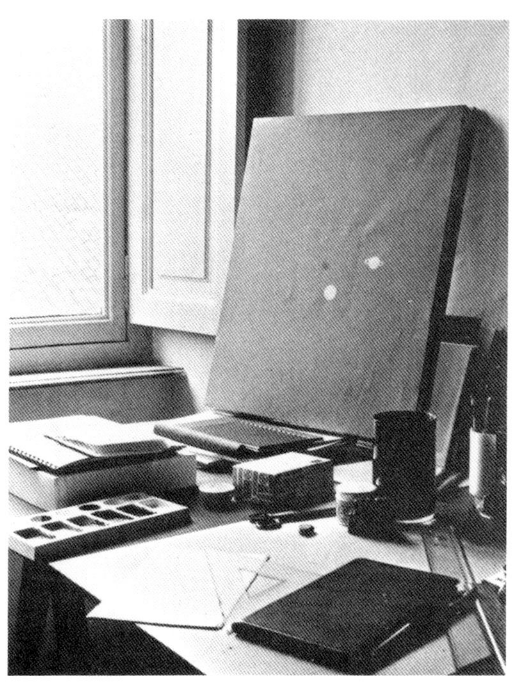

20 *E* 1963

21 *Un'offerta speciale* 1963

per se stessi ad occupare quel certo spazio, così anche il titolo era un elemento assolutamente autonomo dalla superficie e quindi non scritto, ma costituito da un frammento di parole e, a volte, di immagini, di seguito alla firma e alla data, in un riquadro di carta bianca fissato sul retro" (45).
Per quanto riguarda espressamente la designazione dei "titoli", il procedimento preferenziale è connesso inevitabilmente ad una scelta, impropriamente, significativa.
Per esempio, "Lido d'Albaro" (ill. 18) si riferisce alla dimensione autobiografica di Paolini, mentre "Presunto ritratto di Pirro" (ill. 24) trae significato dal termine "presunto", "il titolo mi piaceva perchè il quadro era proprio, in un certo senso, un insieme presunto" (46).
Come i lavori che li precedono, queste opere possiedono infatti i caratteri distintivi del metodo descrittivo, presentano analoghe operazioni empiriche sul rapporto d'uso tra segno e supporto.
Il rapporto viene infranto in "Dear Visitor" (ill. 26), dove il cartone colorato, calato precedentemente sul supporto, è stato strappato,

substitutes for classes of fundamental concepts: material, colour, space, icon, and aesthetic production (ills. 17, 18, 19, 20, 21). These descriptive elements explicitly establish the presence of a working relationship between the sign-entity and the artistic vehicle (represented by the frame/support). One work (ill. 17) consists of a piece of masonite, whose connection to the support is rendered evident by visible screws, and whose corners have been cut into at right angles to show the frame (at the top and along the edges). Thus the material confirms its own presence, autonomous in relation to the autonomy of the support: the encounter confirms the relationship. In a similar manner "La B" (ill. 22) presents a piece of coloured fabric folded over and fixed to the back so as not to touch the front support even though it enfolds it. In this case it is the corners of the support which are "worked upon". The idea is to stress the existence of a further space (or subtended entity): the wall. Lastly, in "Note di un pittore" (ill. 19) a piece of graph paper is pinned to one side of the support

22   *La B* 1963

23   *Senza titolo* 1963

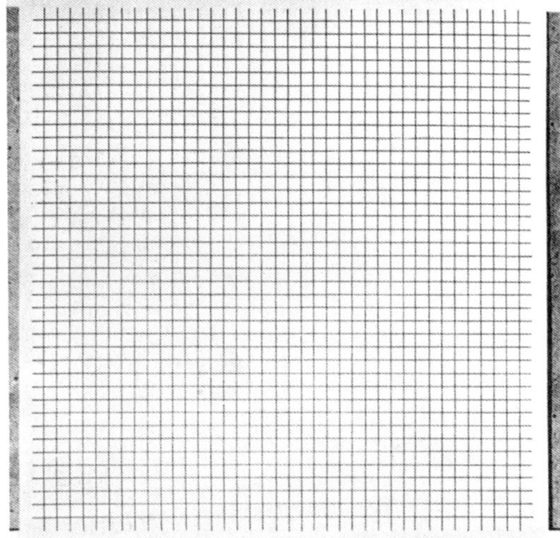

24   *Presunto ritratto di Pirro* 1963

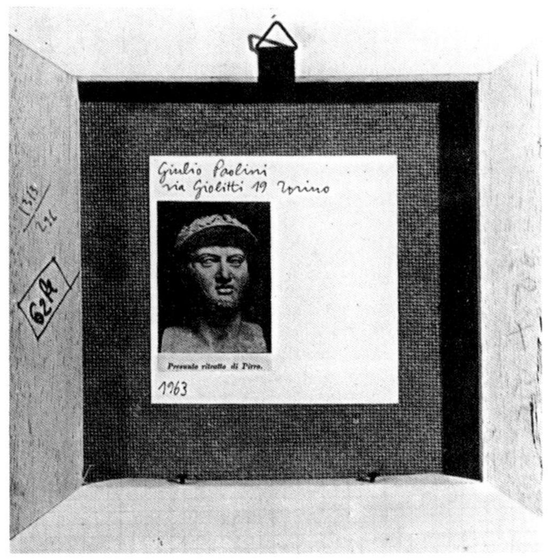

(id., retro)

per mettere a nudo il telaio e porre così in lettura simultanea l'autore e lo spettatore.

Introdotto il visitatore con "Dear Visitor", Paolini passa a considerarlo come ente autonomo, facente parte del contesto "arte". Il visitatore è infatti plausibilmente parte integrante dell'arte, nel suo ambito ha luogo la lettura applicata agli enti artistici esperiti, per cui a lui si "riferisce" il fatto di percepire o leggere il lavoro d'arte.

Un'operazione percettiva che si svolge in uno spazio, al di qua dell'opera d'arte, ad un livello ottico, atto ad essere indagato con-

(a sheet of white paper on a masonite base) and hangs freely on the other so that the materials which comprise the support do not become one with the graph paper but are left visible under it.

The defining nature of the working relationship is clarified systematically in a number of contexts and in a number of different ways, using the support as a material, chromatic, or spatial vehicle— or the sign as a codification of the support.

This same type of codification is used, shortly afterwards, in an explanatory defi-

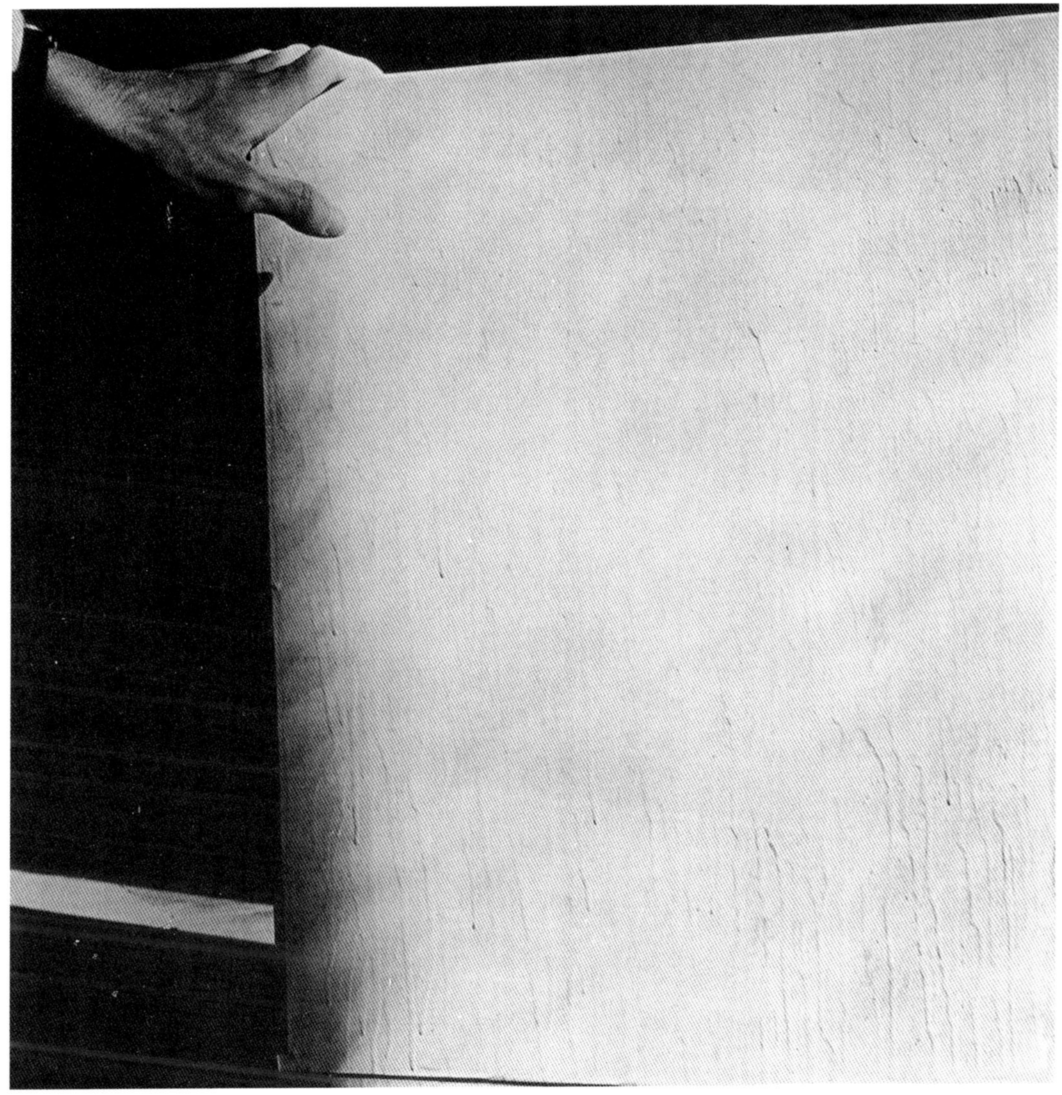

25 *Pic nic* 1963 (particolare)

cretamente, come in "Orizzontale" (ill. 27), un progeto che apre, nel 1963, insieme a "Ipotesi per una mostra" (ill. 28), il lavoro di Paolini all'analisi concreta del protagonista esterno al contesto arte, il visitatore.
"Orizzontale" consiste in "due piani rettangolari paralleli (dipinti di nero opaco) separati da 4 distanziatori di spessore minimo, sospesi orizzontalmente all'altezza dell'asse ottico (cm. 160 da terra).
La superficie dei piani è uguale alla superficie dell'ambiente, meno il passaggio perimetrale utile allo spettatore. L'occhio perce-

nition, in a work in which Bronzino's portrait of Eleonora of Toledo (ill. 20) is placed on a frame from which is stands out slightly so as not to become one with it: in a further work a painting by Paolini himself (a copy of an illustration in an atlas) is subjected to the same treatment (ill. 21).
The choice of subjects has no iconographical intention: "iconography is occasional, almost involontary. The image, when it makes its appearance, is like the image of the image, almost as if it justified the existence of the picture" (43).

pisce l'orizzonte di luce delimitato dai due piani" (47).

La ragione è di "arrivare a radicalizzare il fenomeno percettivo, nel senso mentale, di proporre all'occhio del visitatore quello che realmente è davanti ai nostri occhi" (48). Se prima l'intervento era volutamente limitato alla natura del segno concreto, bi-tridimensionale, ora il criterio di verità fattuale contribuisce a chiarire la presenza di una dimensione esterna al segno.

Anche se sostanzialmente l'argomento è affermato a livello di progetto, l'analisi è affermata in maniera da assolvere una primaria rilevanza, tanto che in un successivo progetto "Ipotesi per una mostra", 1963, la previsione di "Orizzontale" subisce una riflessione capace di renderla maggiormente evidente.

"Ipotesi per una mostra" (ill. 28) concerne i visitatori, come soggetto d'indagine. "Il pubblico della mostra avrebbe dovuto trovarsi di fronte, anzichè alle opere esposte, ad un 'altro' pubblico, predisposto, che doveva stipare la galleria e quindi costituire l'immagine complessiva di una mostra in atto" (49). L'idea è quella di trovare nei visitatori il soggetto dell'esposizione, in uno spazio altro da quello percorso dai visitatori reali. Il progetto della mostra, che doveva svolgersi alla Galleria la Tartaruga a Roma nel 1963, prevedeva che "il pubblico, affluito nel primo ambiente, avrebbe trovato l'ingresso al secondo ambiente (già occupato dal pubblico 'preesistente') chiuso da una lastra di cristallo posta nel vano di passaggio" (50).

Lo spazio e il tempo

Può apparire abbastanza comprensibile che la scoperta di una molteplice ubiquità del contesto "arte" possa condurre a rilevare, immediatamente dopo, che oltre al visitatore anche lo spazio fisico in cui si presentano i lavori d'arte sia inseribile nella logica della scoperta del linguaggio concreto dell'arte. Il supporto del supporto, la parete occupata dall'opera d'arte, ricorre allora nelle opere del 1964, in occasione della prima mostra personale di Paolini alla galleria La Salita di Roma.

L'esposizione consiste in una serie di pannelli di legno compensato, elementi capaci di ricordare l'entità fisica occupata dai qua-

Other works similarly illustrate the nature and the aim of this treatment: but in the history of Paolini's development they are important for another reason: they have a further connotation, a *title*.

The title, indeed, undergoes a process of identification which is parallel to the use made of sign and support: "Often enough I find myself giving the same weight to the title as to the picture. There is really no qualitative difference between executing the work and giving it a title. The difference, if there is any difference, lies... in the desire to find a point of contact — ambiguous, perhaps, but nonetheless perceptible — between the word and the picture" (44). "The title was always completely incongruous when compared to the surface of the picture. Just as on the surface various different (but always "blind") elements alternated among themselves, in that they tended not to supply an image but were there for their own sakes, in order to occupy that given space, so the title itself was totally autonomous with respect to the surface and was thus not written but made up of fragmentary words (and even, on occasion, of images) following the signature and the date, in a square of white paper on the back of the picture" (45). As far as the designation of the "titles" is concerned, the procedure leading to the choice is inevitably connected to a choice of meaning which is, strictly speaking, out of place.

For example, "Lido d'Albaro" (ill. 18) is a reference to Paolini's autobiographical dimension; while "Presunto ritratto di Pirro" (ill. 24) gets its meaning from the word "presunto" ('presumed'): "the title pleased me because the picture itself was, in a way, only "presumed" or 'apparent' (46). Like the preceding works, these have the distinctive characteristics of the descriptive method, with analogous empirical operations on the relationship between sign and support. The relationship is interrupted in "Dear Visitor" (ill. 26) in which the coloured card, placed previously on the support, is torn away "to reveal the frame and to place the author and the spectator in the same condition of expectancy".

Having introduced the figure of the visitor in this painting, Paolini now moves

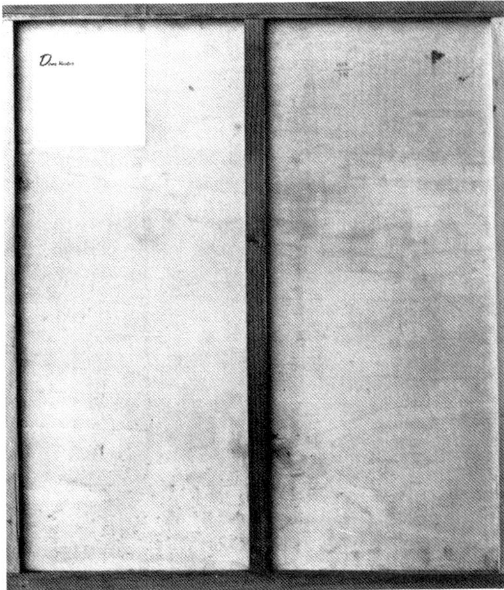

26 *Dear Visitor* 1963   (id., retro)

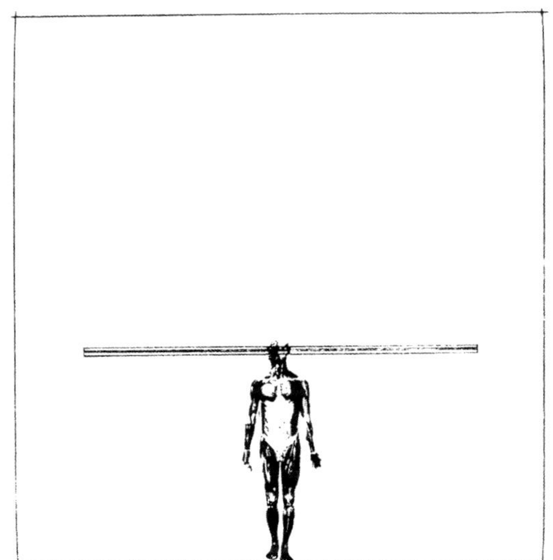

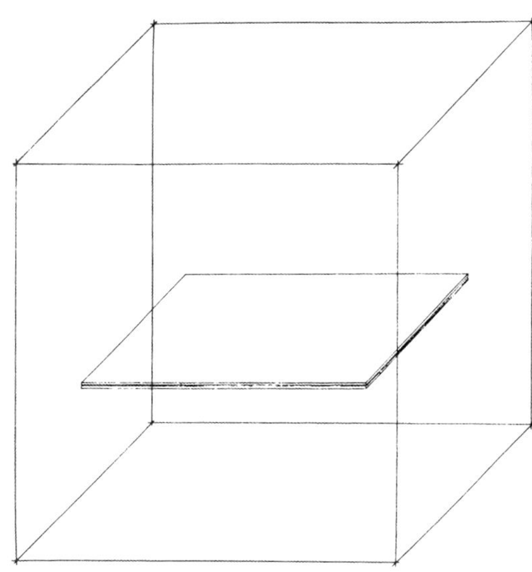

27 *Orizzontale* 1963 (prospetto e assonometria)

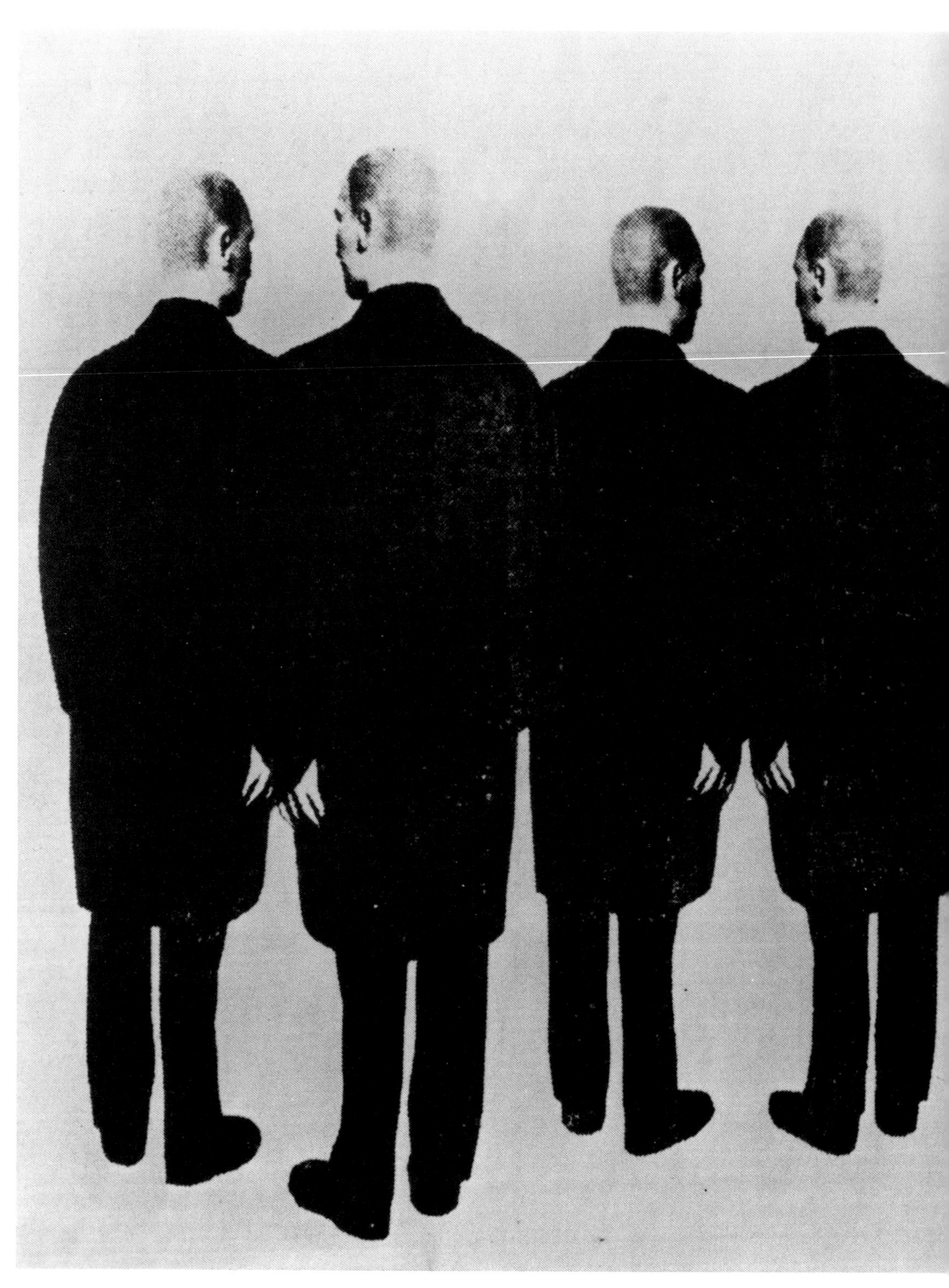

28 *Ipotesi per una mostra* 1963 (progetto)

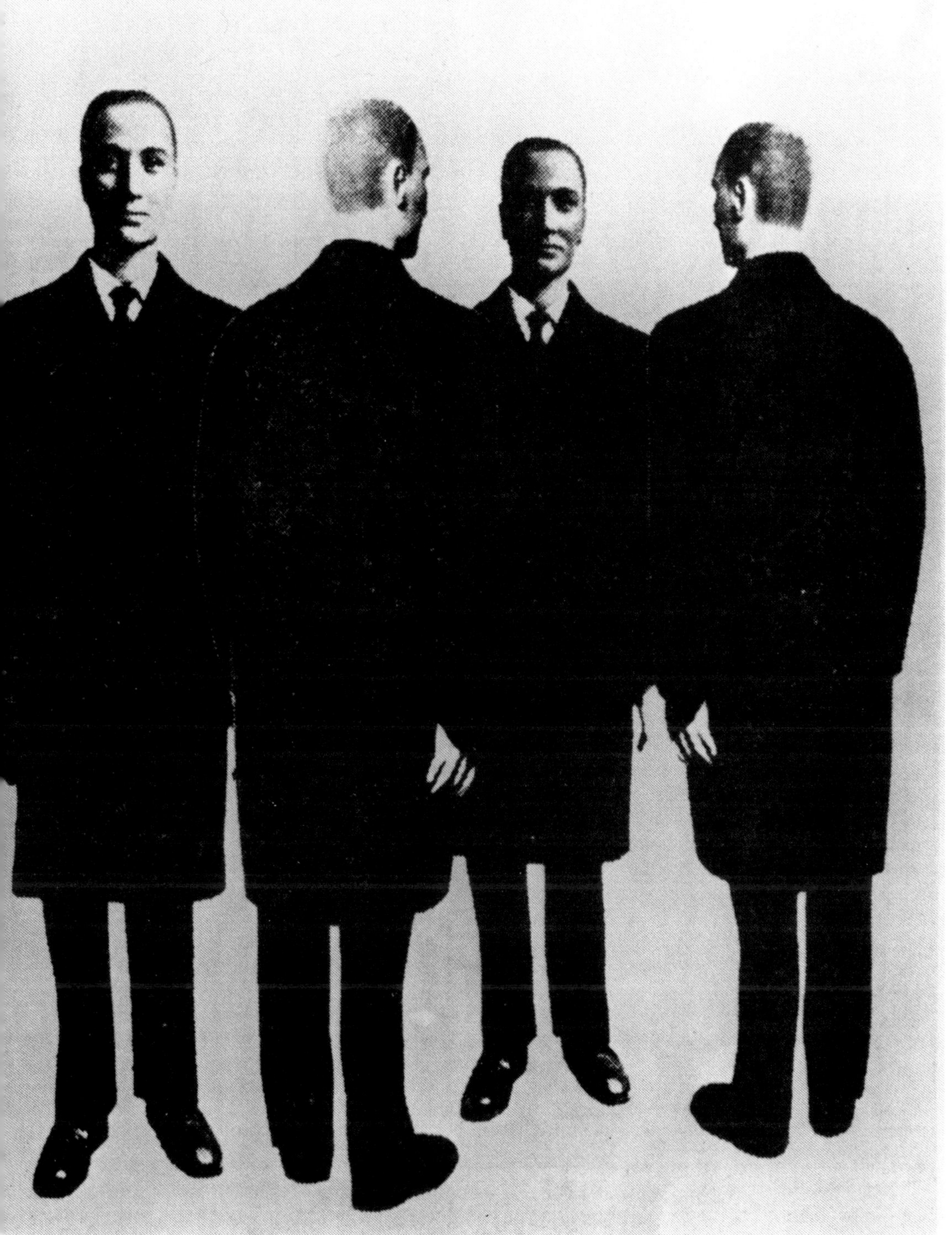

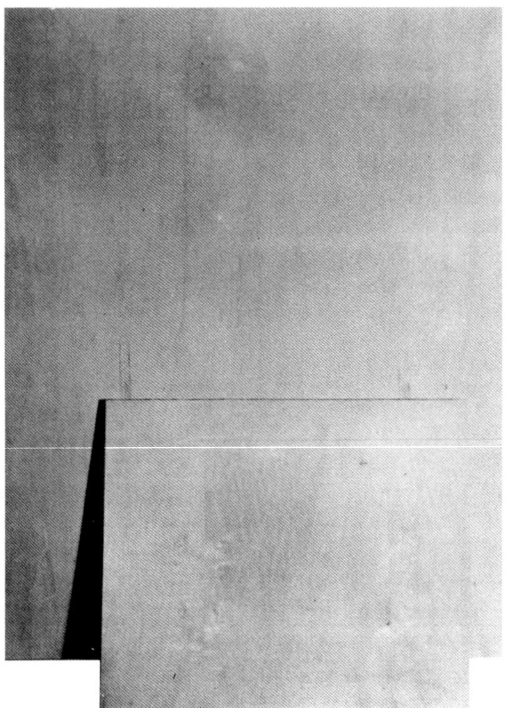

29 *Senza titolo* 1964

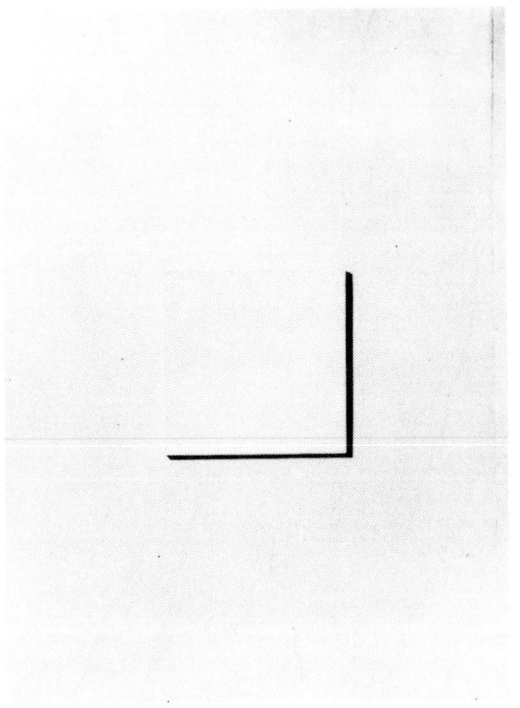

30 *Senza titolo* 1964

dri, appoggiati o appesi alle pareti. L'uso di superfici neutre e anonime serve a non caratterizzare i lavori, ma il rapporto di occupazione di una superficie sull'altra.

L'idea di occupare lo spazio, in modo generico, è centrata sull'identità tra le due superfici, quadro e parete e sul significato di una superficie a contatto di un'altra.

Le testimonianze di questa trattazione analitico-descrittiva risultano dai lavori il cui rapporto di contingenza tra superficie portante e superficie portata è significato in "Senza titolo" (ill. 29), facendo scivolare, fisicamente, l'una sull'altra, le due superfici; l'identità e quindi la forza tautologica della superficie portante, è sottolineata in un pannello che ha le stesse caratteristiche del muro (ill. 31); per concludere infine in "Senza titolo" (ill. 30), dove il valore reciproco è ostentato, realizzando una proposizione concreta in cui la superficie portata è dello stesso materiale della superficie portante.

La precisazione linguistica, nella misura in cui si rivela necessaria allo scopo di individuare adeguatamente gli attributi concreti del contesto "arte" si costituisce come ter-

on to consider him as an autonomous entity forming part of the "artistic context". The visitor is, indeed, an integral part: it is through him that the artistic entities proper are actually "read". This perceptual activity on the part of the visitor is carried out in a space which goes beyond the space occupied by the work, at an optical level which is a further field for concrete exploration, as in "Orizzontale" (ill. 27) a project dating from 1963 which, together with "Ipotesi per una mostra" (ill. 28) opens up Paolini's work to the concrete analysis of the "visitor", the non-artistic protagonist of the artistic context.

"Orizzontale" consists of 'two parallel rectangular planes (painted an opaque black) separated by four thin spacers, suspended horizontally at the height of the optical axis (1 metre 60 centimetres from the floor). The surface of the planes is equal to the surface of the space available, less the space required for the visitor to walk around them. The eye perceives the horizon of light limited by the two planes' (47).

The intention is to arrive at a radicalization

31 *Senza titolo* 1964

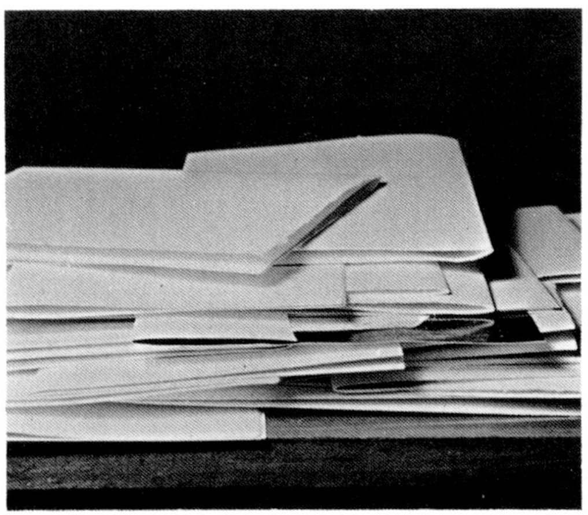

32 Disegni 1964

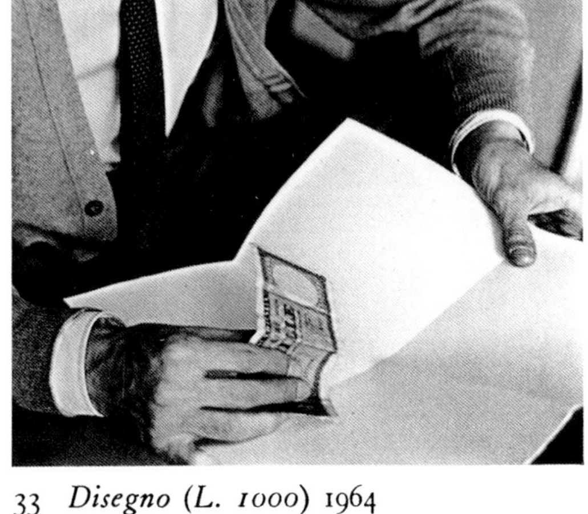

33 *Disegno (L. 1000)* 1964

mine osservabile, e partecipa susseguente-mente tramite i suoi stessi elementi, della definizione di se stessa. "Duepiudue", 1965, (ill. 34) è infatti un oggetto e uno strumento che illustra se stesso. "La fotografia sul pannello sospeso al centro del pannello più grande è l'immagine di come il quadro si presentava davanti all'obiettivo, riproduce cioè l'immagine stessa che si ha del quadro" (51), in una condizione analoga a "Senza titolo" (ill. 30).

In base a questo lavoro la definizione, tramite la fotografia, si autoesibisce, comprendendo al suo interno la sua lettura esterna. Una coscienza di "esserci" che implica una condizione esterna, comprensiva di tutti i rapporti che ineriscono alla storia dell'arte. La dimensione economica, altro attributo del contesto concreto dell'arte, è affrontata in una serie di "disegni" (ill. 33) che tendono a descrivere, in termini corretti, il valore merceologico dell'arte. All'interno di un certo numero di fogli, completamente bianchi, viene posto un biglietto da lire mille. I "disegni", firmati e datati, vengono ripiegati allo stesso modo e inseriti in buste sigillate che vengono vendute al costo di lire mille, cioè allo stesso prezzo della moneta che l'acquirente troverà all'interno (52).

Al valore economico corrisponde, forse per reazione, un valore culturale. "174", 1965, (ill. 35) è un pannello di legno rigido su cui è incollata la gigantografia della pagina 174 di un libro d'arte, dove l'autore (K. Kranz:

of the perceptional phenomenon: to present to the visitor's eye exactly what is actually there" (48).

The difference between this and Paolini's earlier works is that where formerly the operation was limited by design to two— or three—dimensional concrete signs, now the criterion of factual truth helps to reveal the presence of a further dimension outside the sign.

The argument is presented as a project only, and does no more than scratch the surface of the subject; so that in "Ipotesi per una mostra" (1963) the dimension of "Orizzontale" becomes deeper and clearer.

"Ipotesi per una mostra" (ill. 28) concerns the visitors, the spectators, as subjects for enquiry. "The public should find itself faced not by the pictures on exhibition, but by an "other" public, already thronging the gallery, making up an exhibition already well under way" (49).

The idea was to use the visitors as the subject for the exhibition, in a space other than that in which the "real" visitors move about. The exhibition project, which was to take place in the Galleria La Tartaruga in Rome in 1963, was that "the public, having crowded into the first room, would move towards the second room (already occupied by the "pre-existing public") but would find the passage barred by a sheet of plate glass (50).

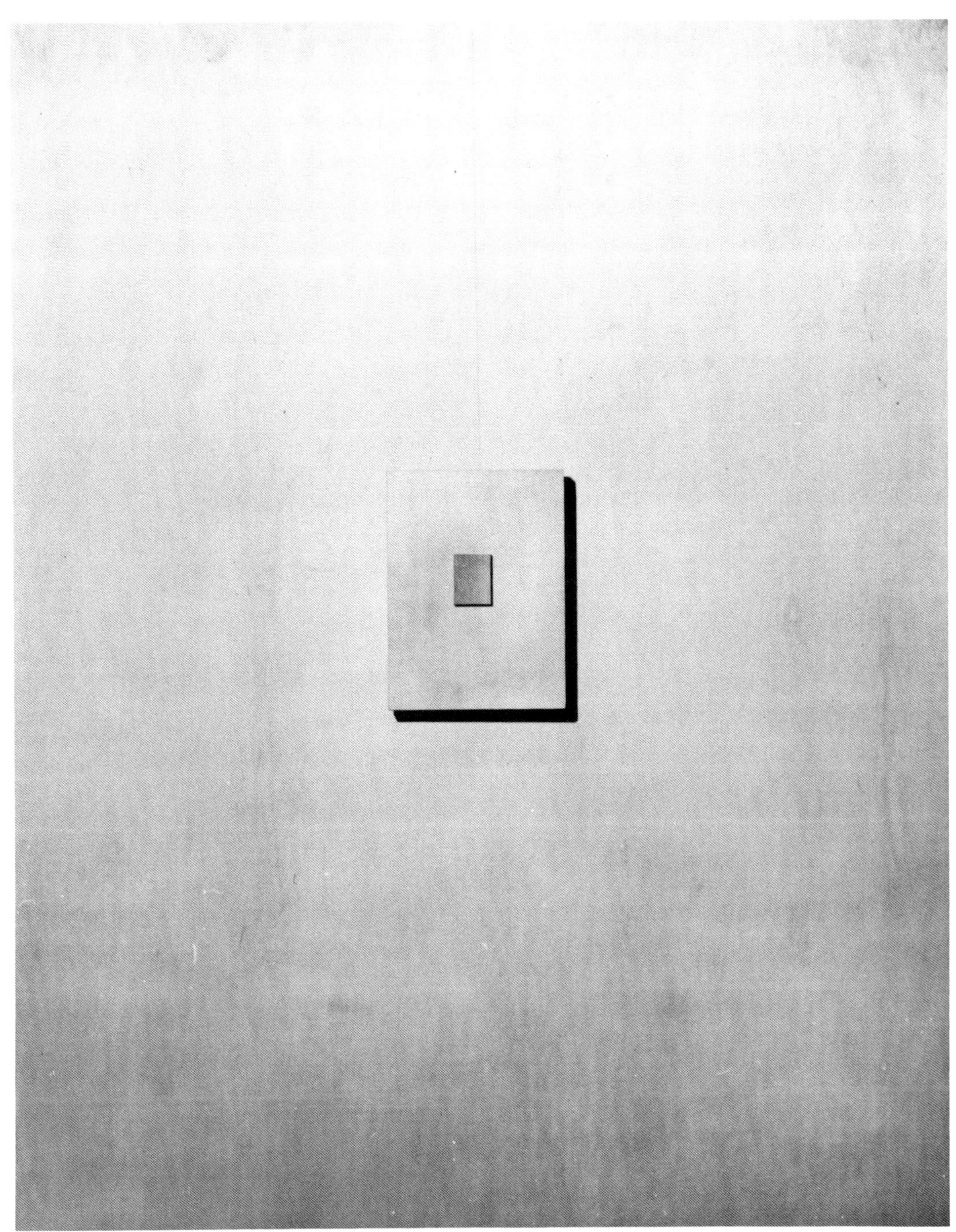

34 *Duepiudue* 1965

Capire l'arte moderna, Milano, 1965) delinea in un diagramma lo sviluppo dei movimenti artistici dal 1900 al 1965. Il significato è "di dare al quadro proprio la misura della collocazione storica con cui viene a coincidere: il quadro è così il limite estremo e fisico del diagramma che riproduce" (53).

Con "174" l'analisi del funzionamento delle formulazioni, inerenti il contesto arte, si investe di una coscienza temporale, quale limite del suo essere storico. Il lavoro dichiara così la sua finitudine e l'esistenza di un'interdipendenza tra formulazione e dinamismo temporale, per associarsi non più ad un limitato numero di attributi fisici, ma ad un rapporto di relazione con altre formulazioni artistiche, per cui la sua presenza occupa un posto riconoscibile tra le altre asserzioni concernenti l'arte, che in "174" si identificano con tutti i movimenti artistici dal 1900 al 1965. La sistemazione temporale comporta, di conseguenza, l'impossibilità a distinguere tra conoscente e conosciuto, per cui l'argomento che l'autore fa oggetto della propria indagine si confonde con l'autore stesso, "Forse, con le prime opere del 1965, trovo l'immagine (la ritrovo, se l'avevo conosciuta nel 1960 con "Disegno geometrico") in un atteggiamento oppositivo al codice della comunicazione. Il quadro ha come già in sè il giudizio della percezione, l'immagine è come già vista nel momento stesso in cui appare" (54).

Il lavoro quindi, dal 1965, "trattiene" l'autore, e l'indagine non è separabile dalla sua "figura". Ambedue convivono in un insieme storico, per cui l'opera è l'autore e l'autore è l'opera. Un'osmosi concreta asserita in "Hi-Fi" (ill. 40) e in "Monogramma" (ill. 38), in cui il lavoro non si svolge più in una dimensione di applicazione ai segni, ma concerne la situazione di relazione tra autore e lavoro: in "Hi-Fi", sulla sagoma dell'autore al lavoro sulla tela, cala una vernice spessa, nera, che coinvolge entrambi, l'insieme è di per sè storico, porta in sè una totalità in cui autore e opera si mescolano in una realtà globale, mentre in "Monogramma" è la tela tesa su un telaio sagomato, a "piegarsi" per assumere la forma stessa dell'autore al lavoro. L'istanza di calare all'interno della ricerca l'implicazione temporale e tutte le cause (autore, ambiente, ecc.) che storicamente hanno

Space and Time

At this point it should hardly surprise us if the discovery of a multifarious ubiquity of the artistic context leads us on to a further consideration: that not only the spectator, but the actual physical space in which the works are hung, cries out to be inserted into the process of discovery of the concrete language of art. The support for the support (the piece of wall taken up by the work of art on show) does figure in the works of 1964, on the occasion of Paolini's first one-man show at the La Salita gallery in Rome.

The exhibition featured a series of plywood panels (aptly recalling the physical entity occupied by the pictures) leaned against the walls or actually hanging on them. The use of neutral, anonymous surfaces avoids characterizing the works: instead, it characterizes the relationship of the occupation of one surface by another.

The idea of occupying space, in a generic sense, centres on the identity of the two surfaces, picture and wall; and on the meaning of the contact between them.

The analytical and descriptive treatment is carried still further in a number of other works in which the relationship between the support and the supported is further stressed: for instance, in "Senza titolo" (ill. 29) where one surface slides on the other: the identity — and thus the tautological significance of the carrying structure, is stressed by a panel which has the same characteristics as the surface of the wall (ill. 31).

And lastly, in "Senza titolo" (ill. 30), the reciprocal value is made evident by making the supported surface out of the same material as the supporting surface.

The linguistic definition which is necessary if the concrete attributes of the artistic context are to be adequately defined, actually becomes in itself an "observable" term and is able to participate (through the very elements which make it up) in the process of defining itself. An example of this is "Duepiudue", 1965 (ill. 34) which is both an object and an instrument which illustrates itself. "The photograph fixed to the panel, which is in turn suspended from a larger panel, is the image of how the picture looked to the lens: that is, it reproduces the exact

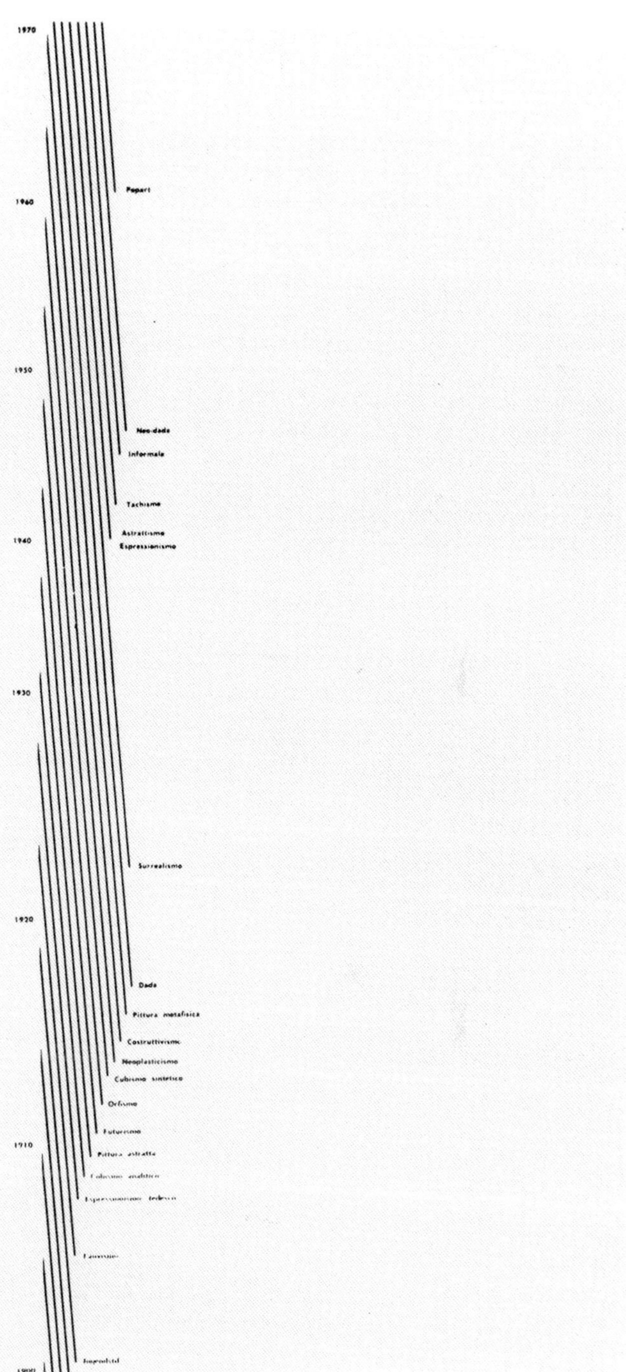

1970
1960
Pop-art
1950
Neo-dada
Informale
Tachisme
Astrattismo
1940
Espressionismo
1930
Surrealismo
1920
Dada
Pittura metafisica
Costruttivismo
Neoplasticismo
Cubismo sintetico
Orfismo
Futurismo
1910
Pittura astratta
Cubismo analitico
Espressionismo tedesco
Fauvismo
Impulsità
1900

condizionato il suo formarsi, conduce Paolini ad assumere come fattori d'indagine i "dati in situazione".

La descrizione dei dati in situazione, in generale, può essere svolta solo tramite una lettura del contesto dell'arte indipendente dal suo lettore, l'autore. L'unico mezzo linguistico corretto, capace del massimo di oggettività, è la fotografia. La fotografia dilata l'analisi fino ad includere l'autore del lavoro, sottrae all'intervento la presenza concreta, ricostruisce, mediante riproduzione, la genesi e individua le proprietà esterne, documenta dunque i dati in situazione.

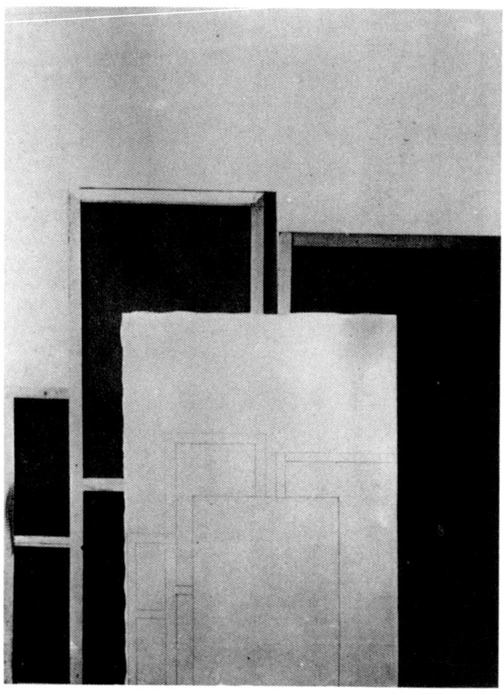

36   *2200/H* 1965

37   *Eterna* 1965

L'adozione della fotografia come "riflessione" del contesto globale dell'arte, rende meno incombente la materialità del processo analitico e sposta la ricerca su un piano strettamente concettuale di dematerializzazione dell'oggetto, per cui la differente determinazione delle definizioni conferisce ai suoi lavori un'atteggiamento che precorre le ricerche, certamente più platoniche, di Huebler e Dibbets.

image one has of the picture" (51) in a similar manner to "Senza titolo" (ill. 30).

In this work the definition actually exhibits itself, through photography, and incorporates in itself a reading of itself from the outside. An awareness of being, this, which implies an external condition capable of including all the relationship which are inherent to the history of art.

A further attribute of the concrete context

of art is the *economic* dimension, which Paolini tackles in a series of "drawings" (ill. 33), an attempt at a notation of the mercantile value of art. The "drawings" consist of a thousand-lire note placed inside a number of sheets of white paper. They are dated, signed, folded up and slipped into sealed envelopes which are then sold for one thousand lire, that is the value of the money which the buyer will find inside (52).

Perhaps by a kind of reaction, the next value to be investigated is a cultural one. "174" dating from 1965 (ill. 35), is a panel of hardwood in which is stuck a blown-up photo-

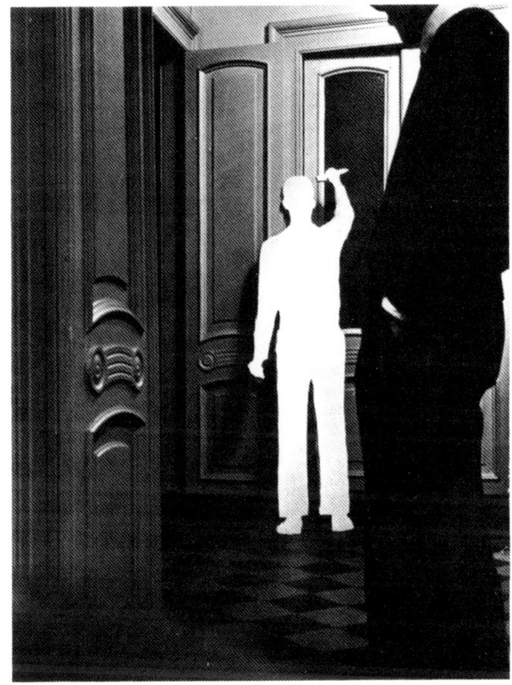

38 *Monogramma* 1965

Il rifiuto dell'oggetto e della sua presenza concreta, sostituiti dalla documentazione fotografica, assume però il medesimo criterio analitico dei lavori precedenti, il documento appare come tela fotografica (ill. 36, 42, 43, 48, 49, 50), una peculiarità linguistica che differenzia l'uso concettuale del documento, in Paolini usato a fine descrittivo del contesto relazionale dell'arte, e in Huebler e Dibbets, a segno sostitutivo dell'idea.

graph of page 174 of an art book (*Capire l'arte moderna,* by K. Kranz, Milan 1965) in which the author, with the aid of a diagram, outlines the development of art movements from 1960 to 1965. The intention here is to "give the picture its precise historical measure: thus the picture is the extreme physical limit of the diagram it reproduces" (53).

With "174" the analysis of how the for-

39 *Senza titolo* (*un quadro*) 1965

Il rilievo fotografico, nei suoi lavori, allude infatti direttamente al tempo e al campo dell'arte, con i suoi dati specifici, e non all'idea, si limita quindi a sincronizzare in sè temporalità e soggetto d'analisi.

Un rapporto di interconnessione esemplificato in "2200/H" (ill. 36), dove una tela fotografica riproduce una tela bianca appoggiata su una serie di tele capovolte verso il muro; sulla tela fotografica in un secondo tempo, nello spazio bianco della tela appoggiata alle altre viene tracciato il profilo dell'insieme, con una matita la cui sigla tecnica è 2200/H.

mulations inherent in the artistic context actually work is given a sense of time, which is the limit of its historic existence. This the work openly declares its finite quality and also the existence of an interdependence between formulation and temporal dynamism: it is no longer associated with a limited number of physical attributes, but rather with an interrelationship with other artistic formulations — so that its presence comes to occupy a recognizable position among all the other assertions on the subject of art (identified in this parti-

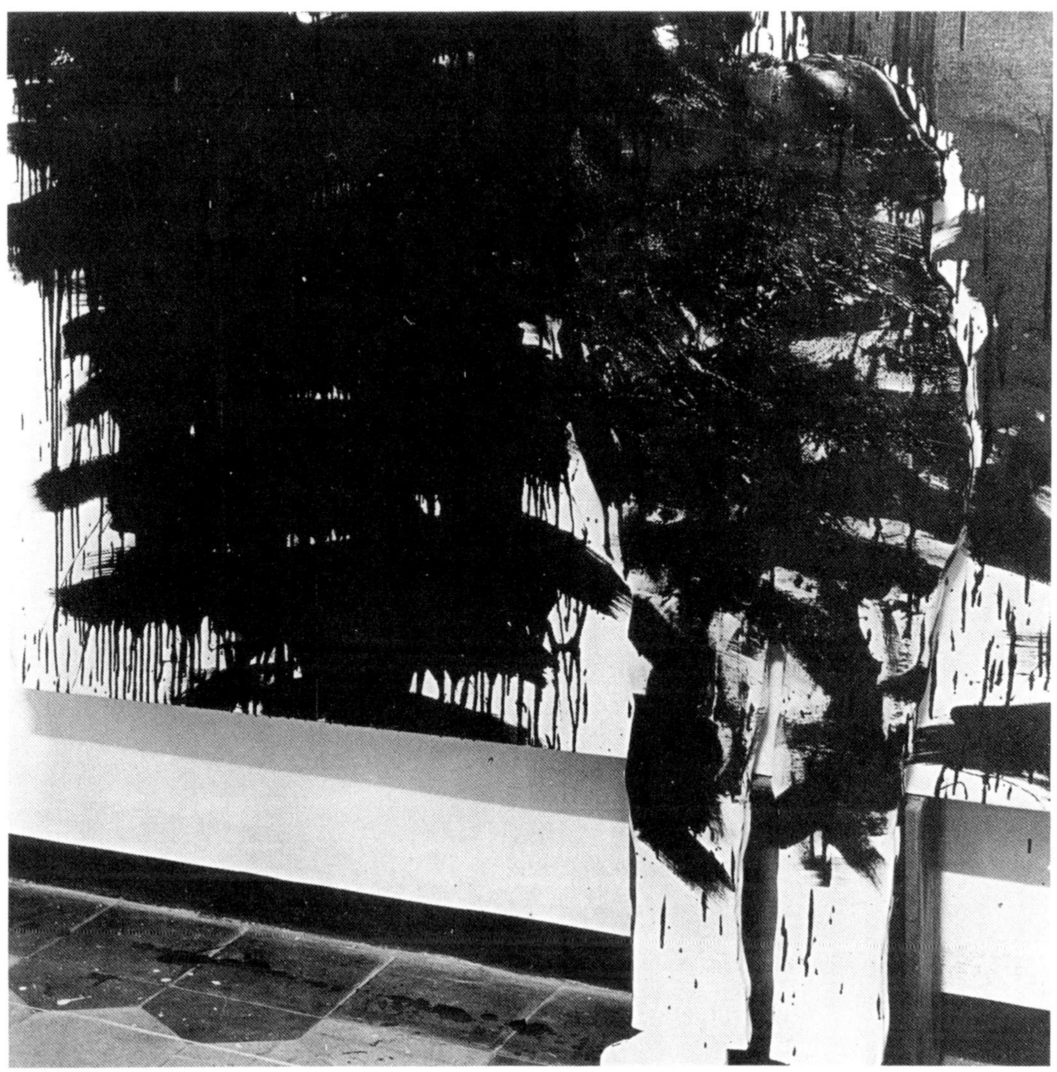

40 *Hi-Fi* 1965 (particolare)

L'operazione è così assoluta da eliminare ogni ridondanza linguistica, per riconoscere solo come protagonisti gli elementi implicati nel processo di rilevanza conoscitiva degli attributi del lavoro, che tautologicamente si definiscono e si illustrano.

Come si è in precedenza osservato la fotografia, nella misura del suo essere "esterna" al contesto arte, permette inoltre a Paolini l'inclusione, all'interno del lavoro, dell'autore, cioè di se stesso, inteso come figura e non come individuo, "con la fotografia ho modo di dilatare il linguaggio fino ad includere nel-

cular case with all the artistic movements flourishing between 1960 and 1965). This temporal situation carries with it the impossibility of making any distinction between the knowing and the known, the perceiving and the perceived; and the subject which the author takes as the subject of his work becomes òne with the author himself.

"Perhaps, with the first works executed in 1965, I found the image (or I found it *again,* if I had found before it in 1960, with "Disegno geometrico") in an attitude completely opposed to the common code of com-

47

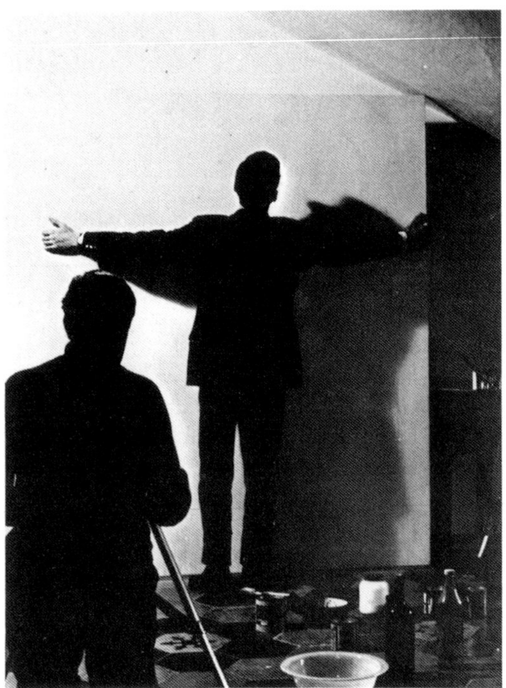

41   *1421965* 1965

l'indagine i gesti e la figura dell'autore" (55).
"Delfo" (ill. 42), sempre del 1965, è il documento di questa sincronia tra autore e
struttura segnica, riproduce infatti in grandezza naturale, cm. 95 x 180, il telaio vuoto,
su cui la tela fotografica sarà in seguito fissata, e l'autore posto dietro il telaio. Il risultato è una sequenza di trasparenze, non fisiche, ma mentali, che stabiliscono una continuità tra tela, telaio e autore. La definel-
zione circolare, di questo insieme di fattori,
include il titolo, che si riferisce all'impenetrabile oracolo di Delfo, come il lavoro riguarda proprio l'impenetrabile diaframma tra
autore e spettatore.
Questa tesi circa la presenza, in atto, dell'autore, quale che sia la sua rilevanza, appare
basata sullo studio degli aspetti particolari
dell'intero contesto dell'arte, che dopo i segni
semplici (tela, titolo, colore, segno, materia
ecc.), prende ora in considerazione i segni
complessi (autore, ambiente, storia dei documenti artistici, ecc.).
La complessità, una volta precisata, si riferisce immediatamente a tutta l'attività del-
l'autore, e in "Diaframma 8" (ill. 43) è l'au-

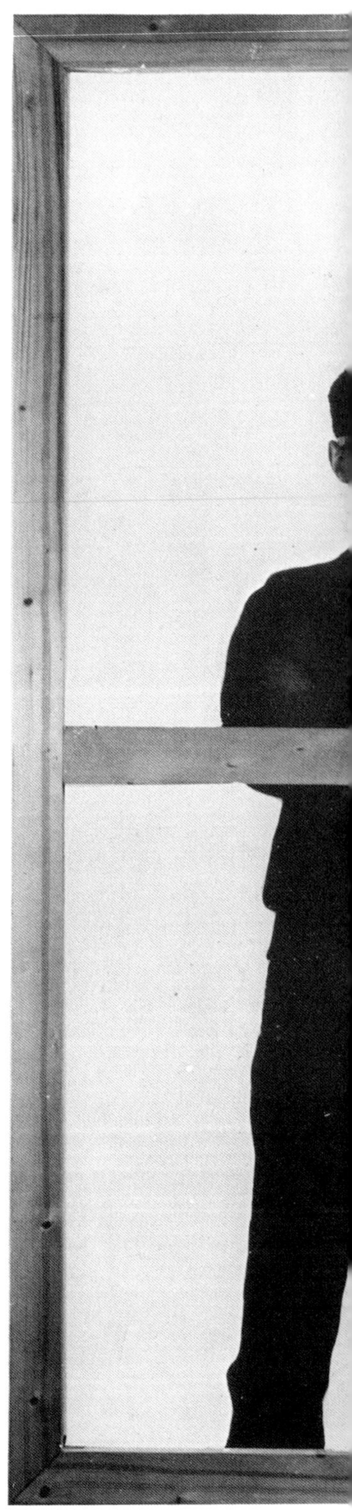

42   *Delfo* 1965

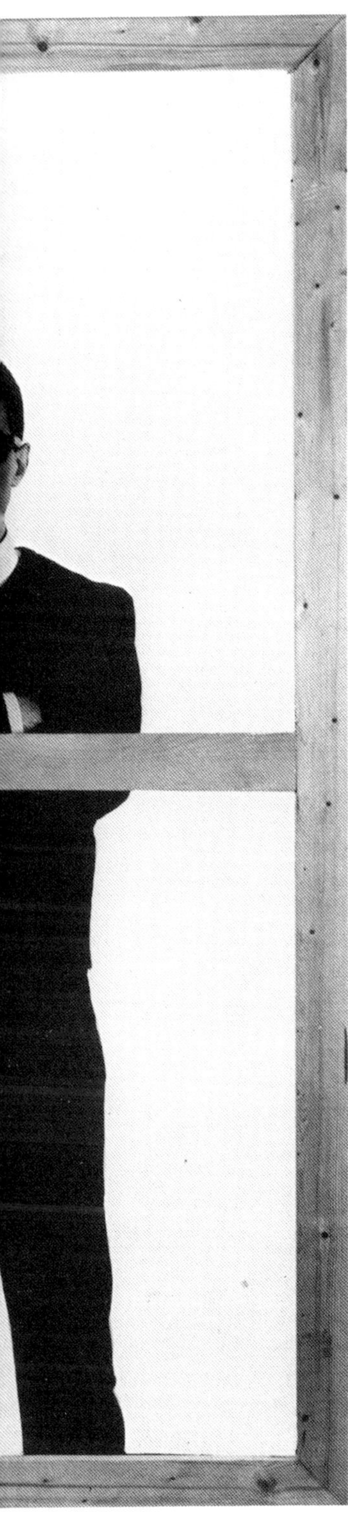

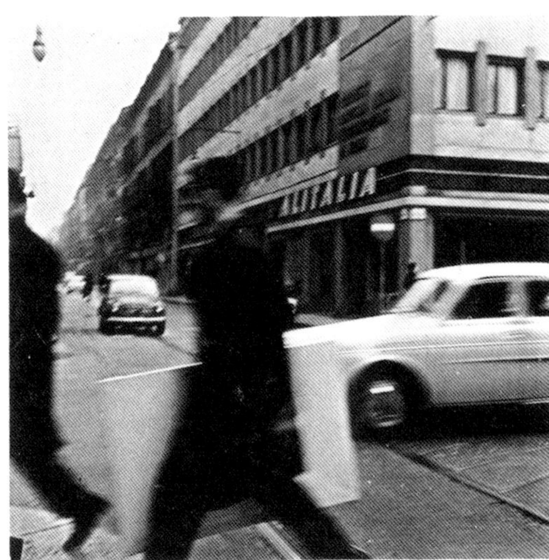

43 *Diaframma 8* 1965

munication. It is as if the picture already had within itself the awareness and the faculty of perception: as if the picture were already perceived at the very moment in which it makes its appearence" (54).
Thus Paolini's work, from 1965 on, "contains" him: the artistic enquiry is no longer capable of being separated from the "figure" of the artist. Both live in a historical complex which causes the work to be the author and the author the work. This concrete osmosis is asserted in two works — "Hi-Fi" (ill. 40) and "Monogramma" (ill. 38) — in which the subject is no longer expressed through the application of signs, but actually *is* the relationship between the work and the author. In "Hi-Fi" a thick black paint flows over both the figure of the artist and the work on which he is working; in a historical dimension the author and his work are mingled in a single global reality. In "Monogramma" on the other hand, it is the work (a canvas stretched on a moulded frame) which bends to take on the form of the author at work.
This desire to include in his researches both

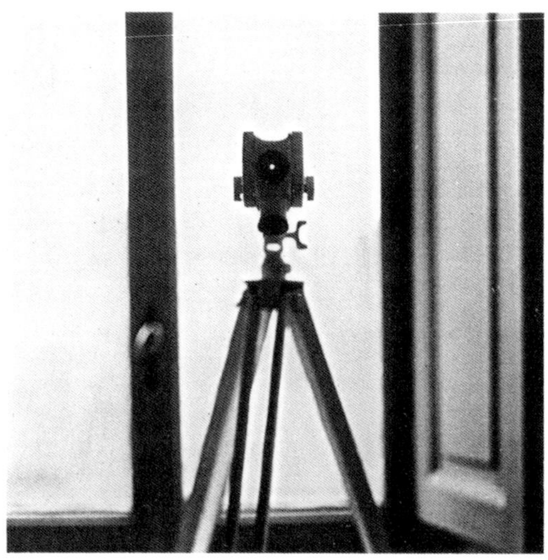

44 *Iper (aM.D.)* 1965

45 *Buenos Aires (sineddoche)* 1965

tore stesso ad essere ripreso, fuori dallo studio, nell'atto di trasportare una tela. Il lavoro stabilisce la dimensione pratica del contesto arte e sostituisce, tramite un'operazione informativa, all'oggetto dell'indagine, colui che svolge l'indagine. L'importanza di questa sostituzione non deve però far dimenticare il generico valore illustrativo del lavoro, per questo motivo il linguaggio fotografico non può istituirsi come strumento univoco d'analisi, per cui può cadere esso stesso sotto illustrazione, così in "1421965" (ill. 41) ecco comparire alle spalle dell'autore, in procinto di afferrare una tela, anche il fotografo che riprende la scena, ripreso egli stesso da un altro fotografo, a dimostrare che la lettura o visione, sempre concettuale, è al di là della fotografia.

Quest'ultimo chiarimento, oltre a ribadire la circolarità del lavoro di Paolini che oscilla dialetticamente tra analisi concettuale e asserto metafisico, consente definitivamente di rendere esplicita la distinzione tra l'essenza della ricerca e la sua realizzazione.

A proposito del punto di vista essenzialistico, l'indicazione, all'infinito, dell'essenza della ricerca in arte è focalizzata in "Iper (a M.D.)" (ill. 44), un cannocchiale, dipinto di bianco per cancellarne l'oggettualità, che con il suo obiettivo toglie, come la ricerca in arte (il

the temporal factor and all the manifold causes (author, environment, etc.) which have conditioned the "growth" of the work leads Paolini to go still further: to take as data for his enquiry the "data in the situation".

The description of these data can, in general, be effectued only through a reading of the artistic context independent of the reader (the artist). The only "correct" linguistic medium, the only one which is totally objective, is photography. For photography can widen the field of analysis until it includes the author or "originator" of the work, removing the physical presence from the activity, and reconstructing, by means of reproduction, the *genesis* of the whole: at the same time it identifies the external properties and thus provides full documentation of the situational data.

This decision to use photography as a "reflection" of the global context of art makes the material quality of the analytical process less important. It shifts the research onto a strictly conceptual plane, dematerializing the object. Thus the different ways in which the definitions are arrived at gives Paolini's work a slant which anticipates the more platonic activites of Huebler and Dibbets.

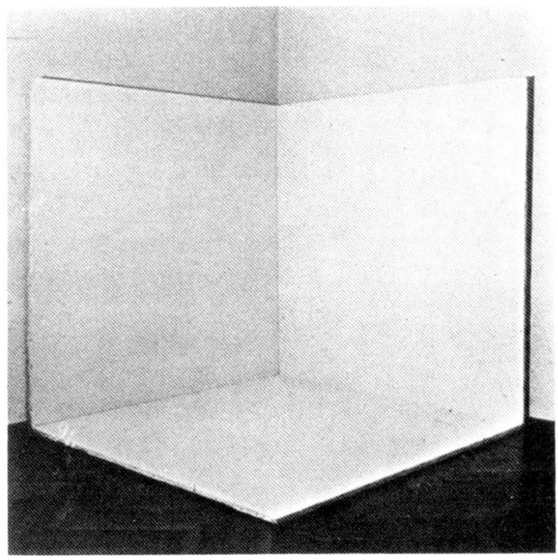

46 *Ut-op* 1966

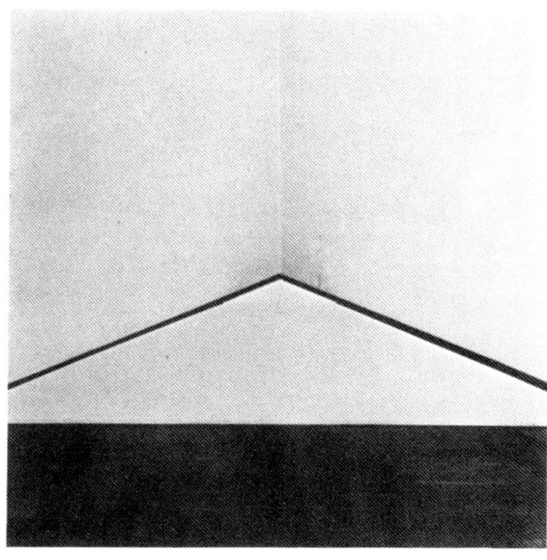

47 *Versailles* 1966

lavoro è dedicato a Marcel Duchamp), alla naturalezza del vedere la sua ovvietà per forzarne la potenzialità analitica.

Ovviamente la focalizzazione dei processi esplicativi, dopo essere stata in situazione con "Iper", plausibilmente si risolve in una ulteriore continuazione dell'indagine che, nel 1966, interessa particolarmente lo spazio, come entità assoluta. A siffatta idea corrisponde l'insieme di lavori presentati alla galleria dell'Ariete, a Milano, nell'aprile del 1966, in cui Paolini attribuisce al problema dello spazio un'assolutezza, lucidamente puntualizzata da Carla Lonzi, come parentesi analitica del suo procedere sugli interrogativi sull'arte (56).

I lavori erano costituiti da tele bianche, montate su telai di legno, e si adattavano variamente ai confini spaziali dell'ambiente; la tela si muoveva secondo la direzione dell'indagine spaziale, tanto da identificarsi concretamente con lo spazio. Per esempio "Ut-Op" (ill. 46) era composta da tre superfici quadrate uguali, distribuite secondo le coordinate di un angolo, e si presentava come parametro spaziale generale; "Versailles" (ill. 47) formava una prospettiva illusoria perchè la tela triangolare puntata verso l'angolo era ribaltata in verticale a differenza della grande tela che stava a terra.

The rejection of the object and of its concrete presence, here replaced by photography, does however take on much the same analytical significance as the earlier works. The document appears as a photographic canvas (ills. 36, 42, 43, 48), a linguistic peculiarity which serves to distinguish between the conceptual use made of the document by Paolini (to describe the relationships within the context of art) and by Huebler and Dibbets (who use it as a substitute for the idea).

For indeed, in Paolini the photographic element is a direct allusion to the *field* and the *time* of art, with its own specific data; and not to the *idea*. It thus restricts itself to synchronizing presence in time and the object of analysis. This interconnective relationship is exemplified in "2000/H" (ill. 36) reproducing a white canvas leaning against a series of canvases which have their faces to the wall: on the white surface of the first canvas (leaning against the others) is a drawing of the outline of the whole complex, drawn with a pencil whose number is 2200/H.

This is so absolute that it eliminates all linguistic echoes. The only protagonists are the elements involved in the process of stressing the attributes of the work which both define themselves and illustrate themselves). As has already been remarked, photography (to the

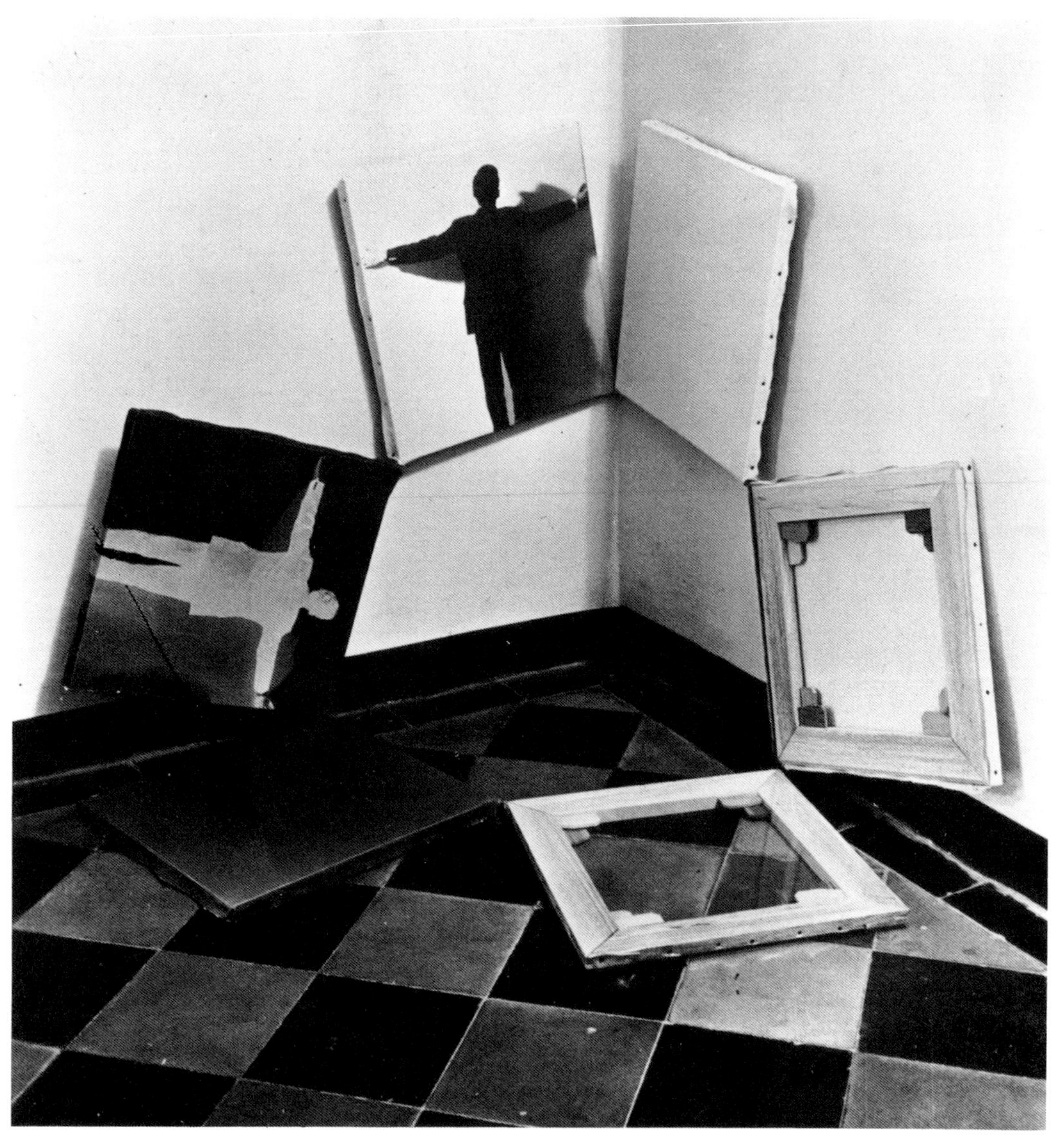

48 *Capitemi!* 1966

La tela si identifica con lo spazio, diventa anzi concretamente spazio. "Questi lavori erano realizzati con tele preparate per la pittura, non erano cioè interventi astratti, o 'ambientali', ma era pur sempre la tela a configurarsi nello spazio" (57).
Il primo rilievo da formulare è l'avvenuta generalizzazione dell'indagine, il cui livello di "spiegazione", oltrepassati gli assunti generali, con il 1966 prospetta un'ulteriore specificità, la dipendenza funzionale di ogni

extent that it is "outside" the artistic context) also allows Paolini to include in his works their originator, himself, considered as a *figure* and not as an individual: "with photography I am able to widen language to include the gestures and the very figure of the author" (55).
This synchrony between the author and the structure of signs is documented in "Delfo" (ill. 42) dating from 1965: this picture reproduces life-size (95 cm. by 180 cm.) the

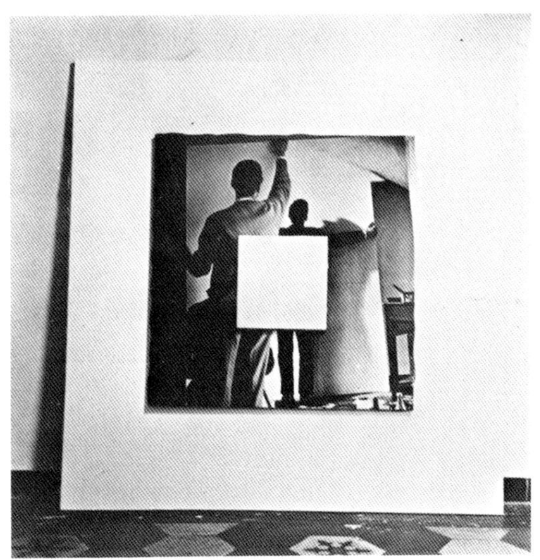

49 *Anna-logia* 1967

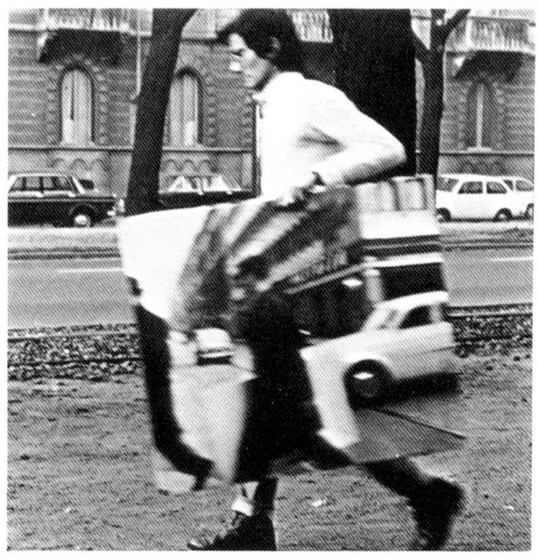

50 *D867* 1967

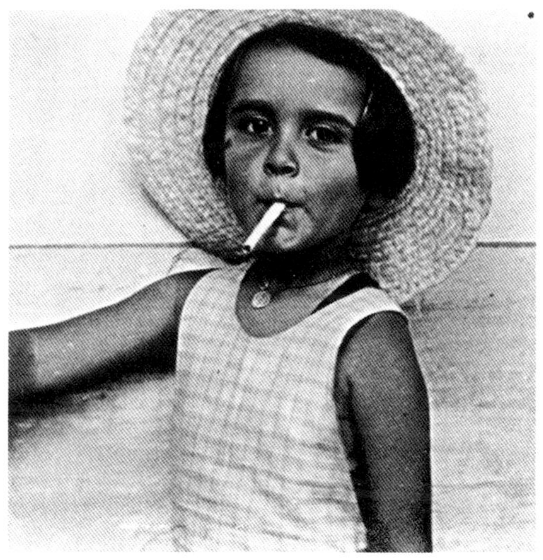

51 *Ritratto di Anna P. a quattro anni* 1967

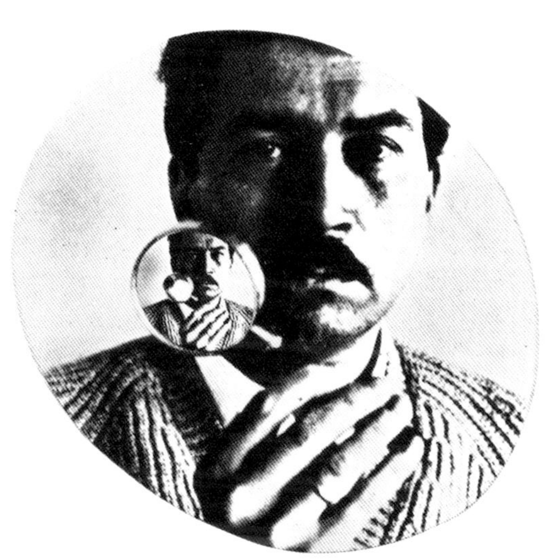

52 *Alain Robbe-Grillet* 1967

analisi dal sistema implicativo, capace di abbracciare tutto l'insieme dell'arte, dalla condizione fisica a quella storica.
La relazione tra quest'ultime è espressa in "Capitemi!" (ill. 48) dove la circolarità delle questioni in oggetto trova una risposta.
"Capitemi!" è un lavoro che vuole essere una descrizione, anche se per emblemi e non per racconto, dell'evoluzione di un'opera. È costituito da sei tele che circolarmente abbracciano le tre coordinate di un angolo. Si passa

empty frame, on which the photographic canvas will later be applied, and the author himself standing behind it. The circular nature of this definition of a group of factors is stressed by the title: the diaphragm placed between author and spectator has about it all the impenetrability of an oracle.
This thesis about the active presence of the author (whatever his importance or relevance) would appear to be founded on a study of the particular aspects of the entire

dal primo elemento che è il telaio vuoto alla tela rovesciata, da questa alla tela bianca, dalla tela bianca ad una fotografica con l'immagine del pittore nell'atto di afferrarla, da questa al suo negativo, per terminare in una tela nera, un fondo pieno fotografico.

"Gli elementi di questa storia sono ancora una volta, il telaio, la tela e l'autore di fronte ad essa. L'autore è il soggetto inevitabile della tela: si presenta una prima volta in un'immagine verosimile (positiva e diritta), una seconda volta in un'immagine opposta (negativa e capovolta) quasi per includere nell'intervallo tra le due, tutto il raggio delle altre possibili immagini, una circolarità successiva. L'ultima tela ritorna alla circolarità primaria, quella dell'opera, che chiude in una campitura monocroma e piena" (58).

In complesso questi predicati, fra loro sovrapponibili e quindi complementari, lungi dall'esaurire l'intera gamma di possibilità relative agli attributi del contesto arte, ne identificano solo alcuni fra i più cospicui. Nè può dirsi che generalmente l'analisi della nozione di lavoro d'arte in "Capitemi!" sia esaurita, anche se tutti i precedenti vi sono inclusi. Per questo in un lavoro immediatamente successivo, come "Anna-logia" (ill. 49), Paolini ritorna a sottolineare come i possibili enunciati siano sempre parte di una sequenza che procede dal grado zero per ritornarvi, attraverso tutte le possibili fasi processuali.

Un processo temporale costantemente riformulato in "Anna-logia" dalla riproduzione su tela della fotografia che ritrae l'autore mentre afferra "1421965", e in "D867" (ill. 50), in cui l'autore, nel 1967, ritorna come immagine nell'atto di trasportare non più una tela bianca come in "Diaframma 8" (ill. 43), ma lo stesso "Diaframma 8" del 1965.

La ricerca temporale non procede meccanicamente secondo una continuità prestabilita, dal presente al passato e dal passato al presente. Il circolo del tempo ammette interruzioni e pause che non riguardano soltanto il contesto specifico dell'arte, ma anche dell'artista, che coinvolge in sè una rete complessa di rapporti.

"Ritratto di Anna P. a quattro anni", 1967, (ill. 51) implica un approfondimento di questi dati temporalistico-relazionistici.

artistic context: indeed, we have moved on from simple signs (canvas, frame, colour, sign, material, etc.) to take into consideration the complex signs (author, environment, the history of artistic documents, and so on). This complex character, once it has been defined, immediately takes in the entire activity of the author; and indeed a further work "Diaframma 8" (ill. 43) actually shows the author carrying one of his pictures along the street. The work establishes the practical dimension of the artistic context and replaces the subject of the enquiry, by means of an informatory operation, with the enquirer himself. However, the importance of this substitution should not blind us to the fact of the generic illustrative value of the work: for this reason photographic language can never take up a position as a unique and unequivocal analytical instrument — it can, indeed, itself become illustrated. This occurs in "1421965" (ill. 41) in which one can see, behind the author (who is about to pick up a canvas) the photographer who is photographing the scene, while behind *him* is another photographer: this in order to show that conceptual reading or vision are beyond photography.

This last point — quite apart from the fact that it illustrates clearly the circular nature of Paolini's work, oscillating dialectically between conceptual analysis and metaphysical assertions, — makes possible a definitive and explicit distinction between the essence of the research being conducted and its realization in practice.

As far as the essence of the research is concerned, its infinite quality is focused in "Iper (a M. D.)" (ill. 44): this work consists of a telescope (painted white to cancel out its objectuality). Like research in art, its lens abstracts the "obvious" quality from the naturalness of normal vision in order to step up the potential power of analysis. (The work is dedicated to Marcel Duchamp).

Plausibly enough, the focusing of the explanatory processes, after this treatment in "Iper", again dissolved in a continuation of the enquiry which, in 1966, dealt particularly with space as an absolute entity. This is the basic idea contained in the group of works presented in the Ariete Gallery in Milan in the April of that year, and in which

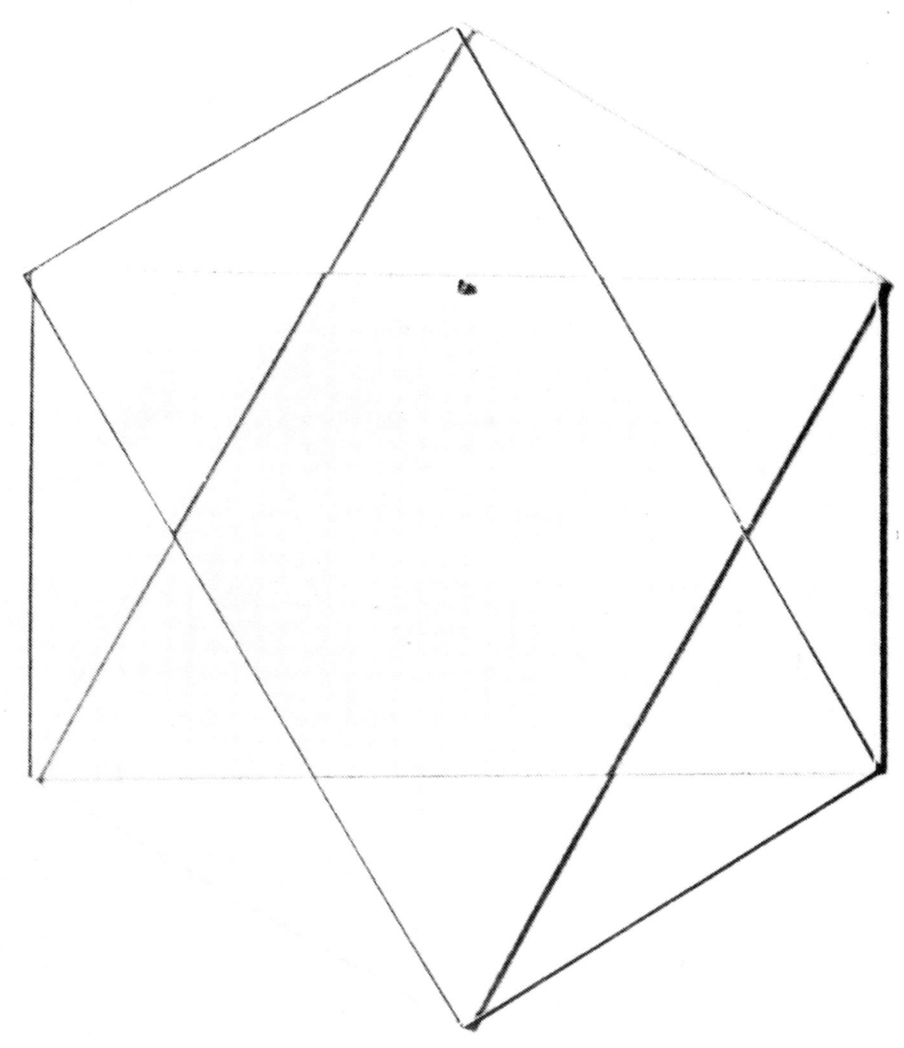

53 *Ex acto* 1967

"È una fotografia di Anna bambina, che ho riprodotto su tela come se fossi stato io, allora che non la conoscevo, a scattarla. Come appropriarsi, attraverso il tempo, di una situazione che non si è vissuta nel reale, ma che si recupera attraverso il linguaggio" (59). La complessa dialettica temporale, di origine fenomenologica, viene esemplificata assumendo un emblema, in questo caso l'immagine di "Alain Robbe-Grillet" (ill. 52). Alla stessa

Paolini attributes to the problem of space an absoluteness (lucidly charted by Carla Lonzi) as an analytical parenthesis in his continuing enquiry into art (56).
The works consist of a number of white canvases mounted on wooden frames, adapting themselves in different ways to the spatial confines of their surroundings: each canvas moves according to the precise direction of the spatial investigation, in an attempt

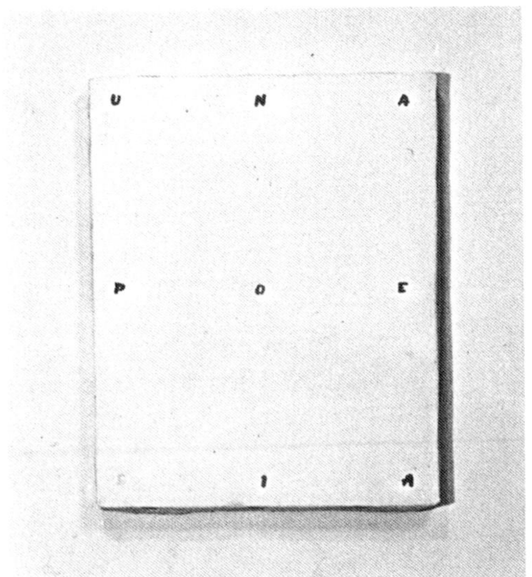

54   *Una poesia* 1967

maniera che in "Iper (a M.D.)", il fuoco del-
l'immagine è nella lente, che eleva a qua-
drato l'acuta registrazione, quasi fotografica,
del mondo delle cose, attuata dallo scrittore,
ponendo come soggetto dell'universo del suo
discorso Alain Robbe-Grillet stesso (60).
La corrente di percezione fenomenologica ha
un punto di contatto anche in altri lavori di
Paolini (ill. 53, 55), il cui indirizzo analitico,
nel 1967, definisce ora un contesto preesistente all'intervento artistico. L'attività conoscitiva concreta di questo contesto si esplica
incitandone gli accadimenti, così "Ex acto"
(ill. 53) è una forma "esatta" che nasce "dal-
l'atto" di equilibrio fisico che tre lastre di
plexiglass, dello stesso formato, raggiungono
attraverso fori concentrici.
Che l'analisi operativa non sia sorta per una
esigenza filosofica astratta sulla base di un
programma generale, tipico dei concettuali
puri, di critica del contesto "arte", ma su
una base concreta, viene ricordato dall'uso
concreto del linguaggio scritto in "Lo spazio"
(ill. 55), otto caratteri sagomati in legno, dipinti di bianco (di colore fluorescente o della
stessa tinta dell'ambiente), applicati sulle pareti all'altezza dell'asse ottico (centimetri 160
da terra) a distanza reciproca uguale a 1/8
del perimetro dell'ambiente.
Lo spirito riduttivistico di Paolini nella ricerca di strumenti sempre più assenti e neutri, provvede ora come tecnica il linguaggio

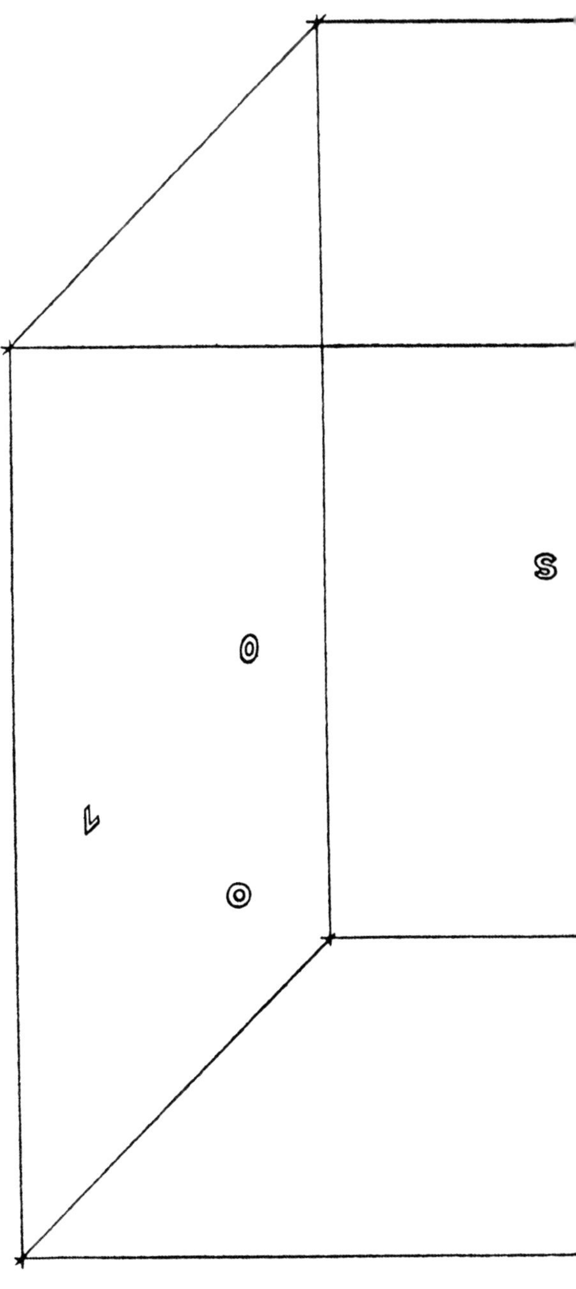

55   *Lo spazio* 1967 (assonometria)

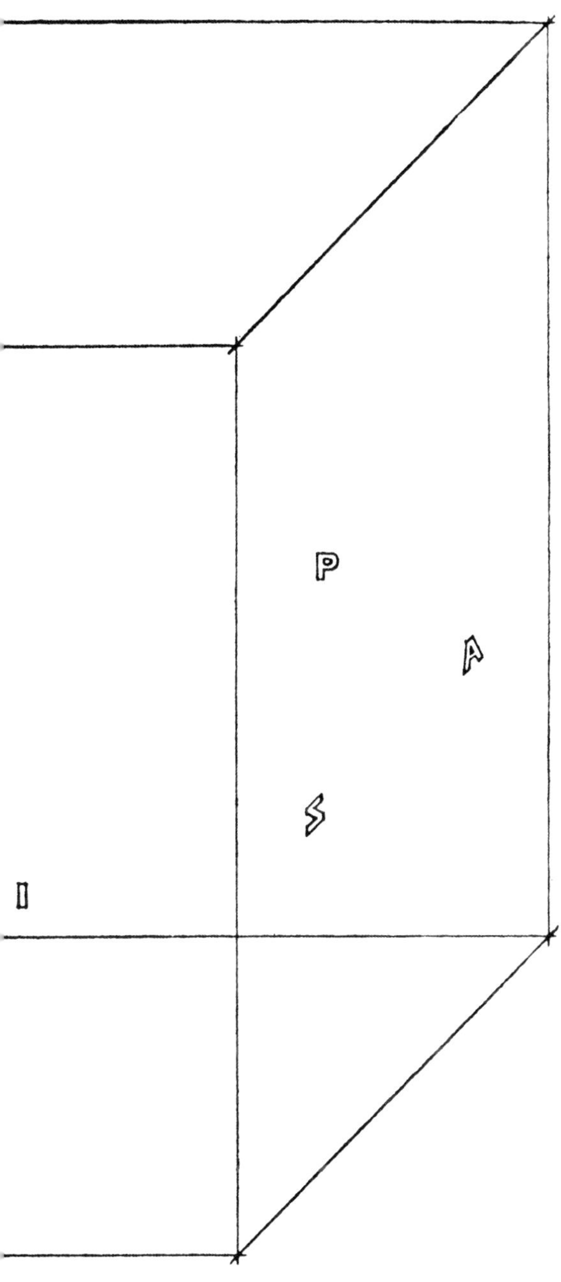

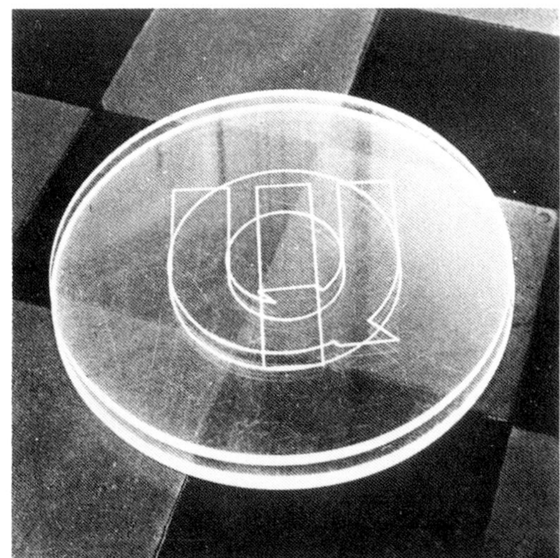

56   *Qui* 1967

to identify itself with space in a concrete manner. For example, "Ut-Op" (ill. 46) comprises three equal square surfaces, arranged according to the coordinates of an angle, as a general spatial parameter; "Versailles" (ill. 47) gives an illusion of perspective in that the triangular canvas pointing towards the corner is tipped upright, unlike the large canvas left lying flat on the floor.

Thus the canvas identifies with space, and, indeed, *becomes space*. "These works were executed with canvases prepared for painting: they were not abstract or environmental operations, it was the canvas which was presented in space" (57).

Note that the enquiry has become generalized. After investigating a number of concrete aspects, from 1966 onwards Paolini moves on to analyze the entire artistic context, in physical and in historical dimensions.

The connection between these last two aspects is expressed in "Capitemi!" (ill. 48) where the apparently circular nature of the problems being defined is made clear.

"Capitemi!" is a work which is intended to be a description (through emblems, not by means of relating anything) of the evolution of a work. It consists of 6 canvases arranged in a circle to embrace the coordinates of an angle.

We pass from the first element, the empty

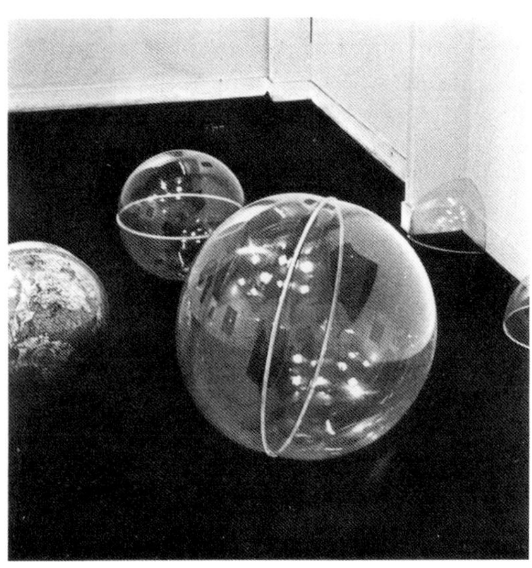

57 *Astrolabe* 1967

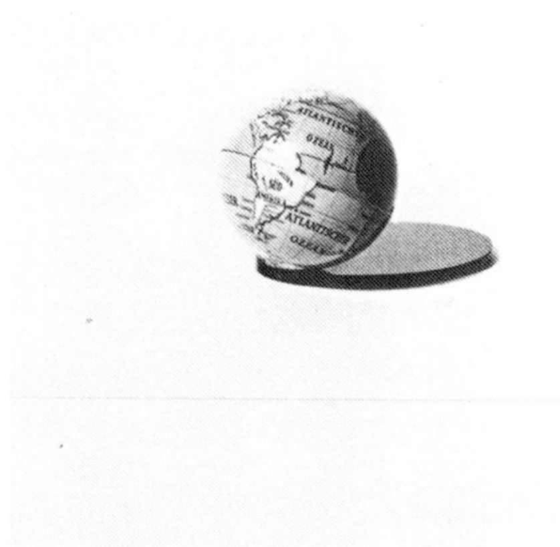

58 *Astrolabe (II)* 1967

scritto, che diventa enunciato di se stesso (61). L'identificazione parola e sua situazione concreta, in "Lo spazio" e "Qui" (ill. 56), riprende in esame il concetto stesso di spazio, non più introdotto tramite la tela o gli strumenti deputati dell'arte, ma mediante la sua identità linguistica. Il ricorso all'astrazione della parola rientra in quella ricerca di valori assoluti, preesistenti all'intervento dell'autore. Il linguaggio non viene usato principalmente come veicolo di significati, ma anche come elemento materiale, di modo che il significato e l'enunciazione concreta si condizionano e si esprimono reciprocamente. La simultaneità della funzione semantica e descrittiva del linguaggio è ridotta ad asserto fattuale che costituisce la spiegazione empirica della parola.

Una simile formulazione, dobbiamo ricordare è sempre vincolata all'ambito operativo di Paolini, per cui il concetto di spazio rivela chiaramente il carattere condizionale, nel senso che i lavori mettono in evidenza entità preesistenti all'intervento dell'autore. Sono proposizioni rigorose presentate come argomenti tecnici e non quali formulazioni astratte di definizioni critiche riguardo il concetto in generale (62).

Una volta identificato il linguaggio, sulla base di argomentazioni concrete, lo si può consapevolmente mostrare come asserzione del canvas, to the canvas back to front, then the canvas painted white; from this to a photograph of the artist in the act of picking up the canvas; then on to the negative of this (upside down); and finally to a black canvas. "Once again, the elements of this story are the canvas, the frame, and the author faced by the canvas. The author is the subject of the canvas, inevitably: he is presented first in a normal likeness (positive and direct), then in an "opposite" image (negative and upside-down) — as if to include, in the interval between the two, the entire range of possible images in a kind of continuous circle. The last canvas returns to the primary circularity, that of the work itself, in the monochrome panel" (58). In fact, these elements, which can be stacked one on top of the other and which can thus be considered as complementary, far from exhausting the entire range of possibilities inherent in the artistic context, merely pick out a number of the more conspicuous possibilities. And one can hardly claim that the analysis of the notion of *the work of art* in "Capitemi!" is exhaustive, either, even if all the phases of production are included in it. This explains why, in a work executed shortly afterwards, "Anna-logia" (ill. 49), Paolini retraces his steps to stress that the various possible statements are always part

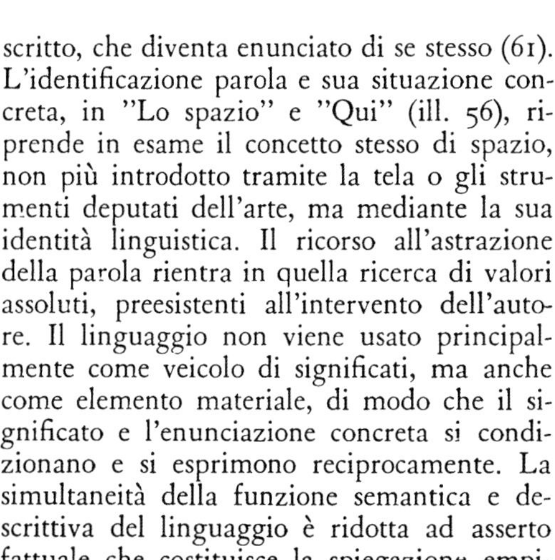

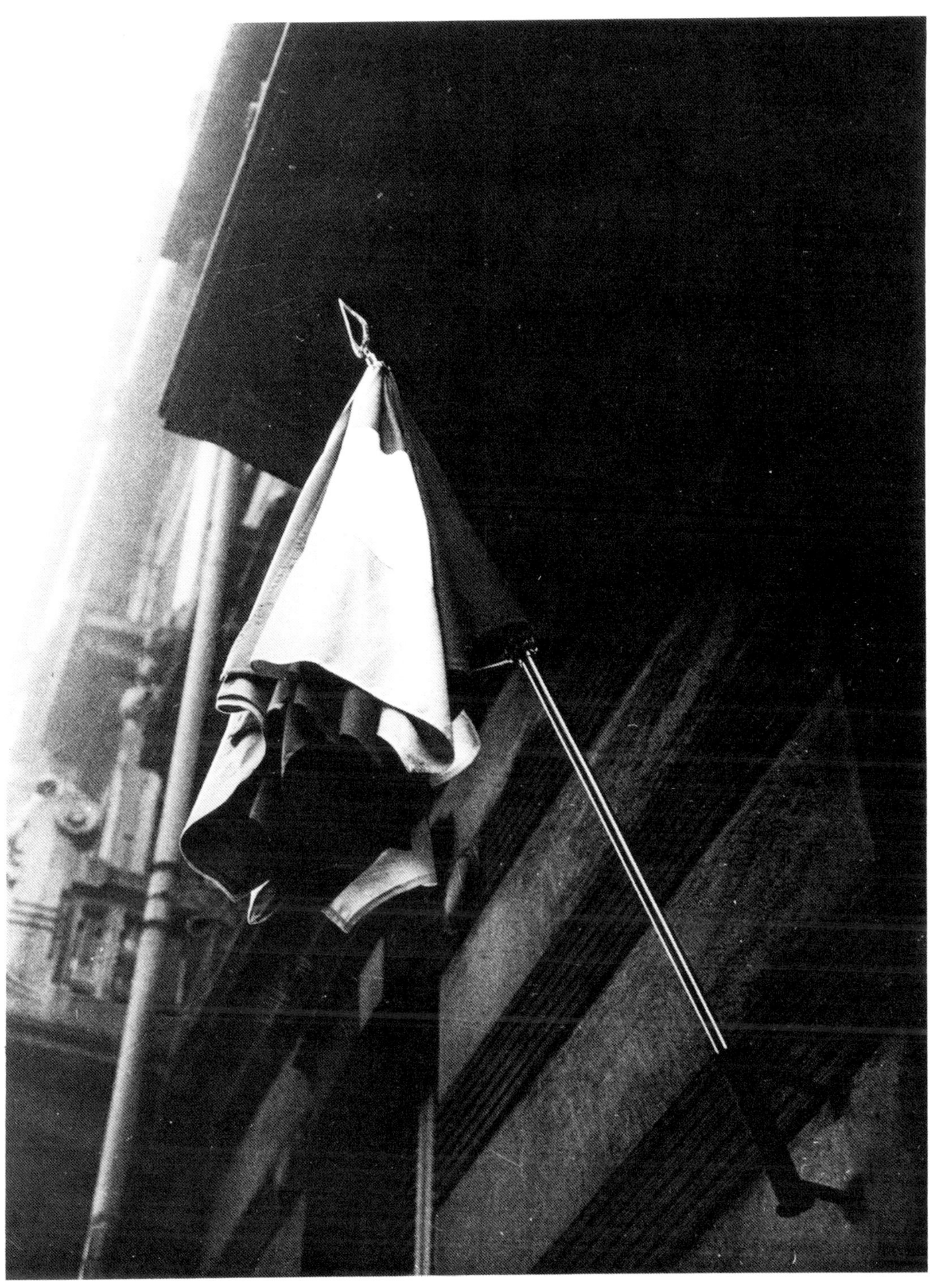

59 *Averroè* 1967

contesto "arte", concatenato quindi ai suoi attributi esemplari (tela, colore, spazio), come in "Una poesia" (ill. 54). Ogni lettera è collocata non secondo una scansione lineare, ma spaziale, per cui si dispone in ordine ad una modularità di superficie, la cui autonomia è sottolineata dal diverso colore di ogni lettera, quasi ad illustrare la potenzialità strutturale, oltre che segnica, del linguaggio. Sempre nel 1967, Paolini offre in due versioni di "Astrolabe" (ill. 57, 58), un'interpretazione il più possibile concisa del suo avvicinarsi al concetto di spazio, non solo tramite l'ambiente, ma anche mediante il mito. Rifacendosi all'omonimo lavoro di Picabia, Paolini prospetta una lettura storica e non contingentemente spaziale dell'idea di spazio, che può essere indipendente dalla sua condizione ambientale (ill. 57) o trovare anche un momento di autenticità, cioè di corrispondenza al vero, quando l'ombra finta del piccolo mappamondo coincide con quella reale (ill. 58).

La possibilità logico-concreta di descrivere, mediante simboli geografici, l'universalità e infinitudine della ricerca concettuale si concretizza infine in "Averroè" (ill. 59) Il lavoro consiste in "un'asta di acciaio cromato che finisce con la tipica decorazione a foglia d'alloro. L'asta è alta 180 centimetri, circa l'altezza della persona, e sostiene, anziché una sola, quindici bandiere, ciascuna di 70 per 100 centimetri. Le bandiere che ho scelto non valgono di per sè, non sono cioè 'quelle' bandiere, semplicemente sono più di una bandiera e, quindi, sono quelle od altre, od altre ancora, o addirittura tutte le bandiere tranne quelle" (63).

Il significato del lavoro non dipende dunque dalla leggibilità o meno delle bandiere, ma dal loro essere segno del pensare singolo, collegato ad altri, a cui il titolo dà la definitiva denominazione, così come " 'Averroè' aveva sottolineato l'identità di carattere sia dell'intelletto agente come dell'intelletto possibile ed aveva sostenuto che non esiste, per tutti gli uomini, che un unico intelletto, immortale ed eterno, trascendente all'individualità di ciascuno" (64).

La storia

A questo punto l'iter operativo di Paolini, con la sua centrale disposizione a "descri-

of a sequence which starts from zero in order to arive at zero again, passing through all the various phases.

This process in time is continuously re-formulated in "Anna-logia" through the reproduction (on canvas) of the photograph which shows the artist picking up "1421965"; and again in "D867" (ill. 50), dating from 1967, in which the author returns as an image in the act of transporting an object which is no longer a white canvas (as in "Diaframma 8", ill. 43) but "Diaframma 8" itself.

The investigation into *time* is not conducted in a mechanical fashion along pre-established lines, from the present to the past and from the past to the present; for the circle of time admits interruptions and pauses which concern not the artistic context alone, but the artist himself, too (who of necessity is involved in a complex mesh of relationships). "Ritratto di Anna P. a quattro anni" (ill. 51) is an example of the exploration of these data regarding relationships in time. "It is a photograph of Anna as a child, which I reproduced on a canvas just as if I — who at that time did not know her — had taken it. It is as if one were appropriating to oneself, through time, a situation which one has not lived in reality, but which one recovers by means of language" (59).

The complex dialectic of time (of phenomenological origin) is exemplified by means of an emblem in "Alain Robbe-Grillet" (ill. 52). As in "Iper (a M. D.)" the focus of the image is in the lens, which raises to the power of 2 the acute almost photographic record of the objectual world — making Robbe-Grillet the subject of his own discourse (60). The current of phenomenological perception is found in certain other works by Paolini (ills. 53, 56) in which the analytical intention (we are in 1967) defines a context which existed prior to the artistic activity of definition The concrete cognitive activity is accentuated by provoking phenomena, as in "Exacto" (ill. 53), an "exact" form (ill. 57) born of the "balancing act" of three sheets of plexiglass with concentric holes.

There should be no need to state here that the working analysis does not arise out of any abstract philosophical need on the basis of a general "programme" (which is typical of the pure conceptualists) of criticism of

vere" l'intera gamma dei fattori del linguaggio concreto dell'arte, si interseca con i movimenti che, rifiutando l'oggettualità del new-dada e della pop art, stabiliscono un nuovo approccio all'arte-fatto (da *arte* e *factum*).

Nel 1967, infatti, due tradizioni filosofiche, che svolgono ruoli complementari nell'attuale ricerca artistica, la naturalistico-esistenziale, che corrisponde alla land art, arte povera e body art, e la linguistico-filosofica, identificabile con la conceptual art, sottolineano la doppia articolazione dell'artefatto, come entità materiale assommata ad un'entità linguistica. Questa osmosi, e trapasso da un'entità all'altra, vengono focalizzati e rifiutati; di conseguenza la loro coesistenza viene vanificata e l'artefatto materiale e l'artefatto linguistico diventano distinguibili e distinti.

Nell'ambito di quanto viene indicato come artefatto materiale (65) trovano posto tutti gli eventi corrispondenti ad una "cultura materiale", naturalistica ed antropologica, che rifiuta il già fatto dell'oggetto e "crede" solo nella traccia umana, effimera e contingente; mentre gli artefatti linguistici sono identificabili con gli artefatti verbali e linguali, scritti e non scritti.

Le simiglianze fra i due ordini di artefatti, il materiale ed il linguistico, non sono più accettate già dal 1965 con la minimal art, da quando ci si avvia verso un chiarimento delle difficoltà e complicazioni che emergono quando si riflette sulla dialettica d'uso e sul significato di artefatto, in arte. Le differenze dei due ordini vengono così gradatamente a dispiegarsi e a risultare antitetiche e contrastanti. La distinzione si basa sulla radicalizzazione del concetto di attività, che al più lascia delle tracce temporanee nella materia naturale e biologica, e sulla assolutizzazione del lavoro mentale, che dà prodotti concettuali in senso proprio. L'impulso impresso all'attività comporta l'accettazione degli eventi anche non finalizzati, purché passati attraverso l'intervento umano e naturale. L'attivismo naturalistico ed esistenziale esalta la vittoria della vita, intesa come flusso sensorio sensazionale sensitivo sensibile sentimentale e sensuoso, sull'oggetto (dalla land art alla body art).

La vittoria del linguaggio sull'oggetto fa the artistic context. The basis is a concrete one, as is shown by the use of written language in "Lo spazio" (ill. 55), eight characters moulded in wood, painted fluorescent white to match their surroundings, fixed to the wall at the height of the optical axis (160 cm from the floor) and at the same distance from one another — exactly one-eigth of the perimeter of the room.

Paolini's painstaking search for the most "absent" and neutral elements he can find now turns to written language, which becomes a statement of itself and of its own being (61). The identification between a word and its concrete situation, in "Lo spazio" and "Qui" (ill. 56) returns to an examination of the concept of space — no longer in terms of canvas and the material instruments of art, but through its own linguistic identity. The use of linguistic abstraction takes us back to the search for absolute values existing before the action of the painter.

Language is used, not only and not principally as a vehicle for meaning, but also as a material element, in such a way that the meaning and the concrete statement condition one another and express one another. This is, in a way, always the case with Paolini: and here, in particular, the treatment of the concept of space shows us the essentially *conditional* character of his works: they stress entities which existed before he "discovered" them, and are not formulations of critical definitions of the concept in general terms, but vigorous propositions of one aspect of the concept presented as technical arguments" (62).

Once it has been identified by means of concrete arguments, language can be shown in a picture as an assertion of the artistic context, linked to the other attributes (canvas, paint, space) as in "Una poesia" (ill. 54). Each letter is placed not according to any linear arrangement, but spatially: each separate letter has its own part of the modular space, and its own colour, emphasizing the structural potentiality of language. In 1967 Paolini presented two versions of "Astrolabe" (ills. 57, 58): as precise an interpretation as possible of his approach to the concept of space — not only through the surroundings but also through myth. Turning to Picabia's work of the same name, Paolini gives a

parte invece di un processo di svalutazione dell'evento e di rivalutazione assoluta della finalità del lavoro mentale.

Il lavoro mentale si distingue dalla mera attività perché sbocca necessariamente in una scelta d'uso, che dovendo collocarsi fuori dell'evento e dell'oggetto, tracce troppo materiali, approda all'artefatto semplicemente linguistico (conceptual art).

La portata di questa interrogazione sulle funzioni dell'artefatto, materiale e linguistico, impegna così dal 1967 la ricerca in una critica del contesto attivo e concettuale dell'arte. È indubbio che già uno stretto rapporto fra le questioni fondamentali dell'arte come oggetto e dell'arte come arte, si era avuto in Judd, Morris e Le Witt, che avevano contribuito con i loro scritti e lavori ad una chiarificazione riduttivista dell'oggettualità. Con le ricerche successive si acquisisce però un senso meno intuitivo e più rigoroso, che non crede al problema di una filosofia dell'arte misticamente collegata ai suoi effetti mediati, ma opera una dicotomia isolando evento e finalità.

La dicotomia che troviamo nell'opposizione di valore d'uso e valore d'intervento è presente a vari livelli del lavoro artistico: per semplificare, il valore d'uso può identificarsi nel significato ed il valore d'intervento nel significante, ambedue forzatamente resi autonomi nelle intenzioni delle attuali ricerche.

Guardando all'arte come già formata, la conceptual art opera a livello di un significato che solo l'arte, come ente preesistente all'intervento, possiede. La land art e la body art, accettando il divenire dell'arte e quindi la sua continua ristrutturazione, in rapporto con altri sistemi di intervento, agiscono invece sull'attività dell'arte.

Nel 1967 la preoccupazione nell'interrogare l'artefatto sfocia in una visione del mondo che si sviluppa, da una parte mediante strumenti fisici come azione sulla realtà e, dall'altra, come critica, tramite il linguaggio, del contesto arte.

Il ricorso esplicito di Paolini all'analisi del linguaggio dell'arte colloca immediatamente il suo lavoro nell'ambito dell'artefatto linguistico legato alla conceptual art, in cui si compenetrano, già dal 1967, due tendenze. La prima cerca di uniformare e di concen-

historical and not a contingently spatial reading of the idea of space, which can be independent of its environmental condition (ill. 57) or can find a moment of authenticity when the "false" shadow of the small globe coincides with the real one (ill. 58). The logical and concrete possibility of using geographical symbols to describe the universality and the infiniteness of conceptual research is revealed in "Averroè" (ill. 59). This work is "a rod of chromium-plated steel which has at the top the traditional laurel-leaf decoration. The rod is 180 centimetres high, roughly the height of a person, and holds not one but fifteen flags, each measuring 70 x 100 centimetres.

The flags I chose have no significance in themselves — that is they are not "those" flags as such: they are simply *more than one flag,* and are thus those and others, or others still, or even all except those" (63). The meaning does not depend on the legibility or otherwise of the flags, but on their very *being*: the sign of an individual thought linked to others, as the title shows.

For "Averroes pointed out the identity of the nature of the intellect as agent and the *possible* intellect, and maintained that all men are possessed of only one intellect between them, immortal and eternal, transcending the individual nature of each" (64).

History

At this point the path traced out by Paolini, with his basic aim of "describing" the entire range of factors of the concrete language of art, intersected with those movements which ,in their rejection of the objectuality if new dada and pop art, set up a new approach to the *arte-fact.*

In 1967, indeed, there were two philosophical traditions playing complementary rôles in artistic research: the naturalistic and existentialist approach (corresponding roughly to land art, poor art, and body art); and the linguistic and philosophical approach (identifiable with concept art). They both stressed the double articulation of the artefact - as a material entity joined to a linguistic entity. This osmosis between the "material" and "linguistic" entities is brought into sharper focus and rejected: thus their cooexistence is exploded, and the material

trare, secondo un rigore logico, visuale e linguale, il materiale offerto dalla realtà, che viene documentato, tramite parole o immagini di registrazione fotografica, in un unico tessuto logico e concettuale (Barry, Huebler, Weiner, Dibbets). Cerca un'omogeneità, che, nella sua astrazione dalla materia e dalla non-materia rilevate secondo criteri unitari, sia atta ad offrire un approccio non oggettuale, ma mentale alla conoscenza delle categorie fisiche come cosa, natura, spazio, accadimento.

La seconda, al contrario, dimostra l'esigenza di un approccio, non al reale, anche se universalizzato, ma all'arte e alla nozione d'uso dell'artefatto linguistico. Esigenza che porta immediatamente a considerare le richieste avvertite dai cosiddetti concettuali puri (Kosuth e Art - Language), le cui rivendicazioni filosofiche e linguistiche del contesto "arte" si rifanno ai filosofi analitici e linguistici della scuola di Cambridge e Oxford (Wittgenstein, Wisdom, Austin, Moore e Ryle).

La loro rivendicazione dell'uso del linguaggio dell'arte si è rivelata assai utile nella critica delle precedenti concezioni del significato di "arte", anche se limitata poichè dall'uso non si è risaliti al lavoro d'arte.

I concettuali puri si sono infatti limitati a vedere come l'artefatto linguistico viene usato, tanto da contestare le vulnerabilità linguistiche di altri artisti, ma non si sono mai proposti di ricostruire come l'artefatto filogeneticamente è stato prodotto.

La produzione linguistica come processo concreto e l'apporto strumentale del linguaggio e del lavoro d'arte rimangono estranei ai loro intenti, sicchè la loro attenzione rimane priva di uno sfondo concreto.

Da qui, e connessa con questo, la loro persistente difesa di uno studio ed un'analisi del linguaggio dell'arte che sia solo logico-linguistico, rigorosamente estraneo alla conoscenza concreta. Ma da qui anche quella lucida precisione che si accompagna al restringimento degli interessi, l'indubbio valore di molte loro analisi particolari sulle terminologie e sulle problematiche dell'arte. L'errore tecnico dei concettuali puri è forse quello di partire sempre da un raffronto tra utensile e parole, per cui la frase ricorrente, in generale, "Usiamo la parola allo stesso

and linguistic artefacts become distinguishable and, indeed, distinct.

Under the heading "material artefacts" (65) one could include all those items corresponding to a "material culture", naturalistic and anthropological, rejecting the pre-existing characteristics of the object in question and "trusting" only in the traces left by man: while "linguistic artefacts" comprise all verbal items, whether written or not.

As early as 1965 (with minimal art) there was a first rejection of the similarities between the two orders of artefacts, the material and the linguistic: the new tendency was towards greater clarification of the difficulties and complications which crop up when one reflects on the meaning of an artefact, in art, and on the use to be made of it. Thus the differences between the two types of artefact were gradually revealed for what they were, basically antithetical.

The distinction was founded on a radicalization of the concept of *activity* (which at most leaves only temporary, ephemeral traces on natural and biological material); and on a more absolute concept of *mental activity*, which produces concepts in the true sense of the word.

The new attitude to activity naturally assumed the acceptance of non-finalized items — provided that they have undergone some kind of human and natural process. For naturalistic and existential activism exalts the victory of life (considered as a sensory-sensible-sensitive-sentimental-sensous flow) over the object (from land art to body art).

The victory of language over the object, on the other hand, is part of a process tending towards the de-valuation of the "event", with a consequent re-valuation of the absolute ends of mental activity.

Mental activity is distinct from mere *activity* in that it must of necessity lead to a definition of the *use* of the artefact, which since it has to find a place outside both the event and the object (which are too *material*) tends to bring us to the linguistic artefact pure and simple (conceptual art).

This wide-ranging investigation into the functions of the material and linguistic artefact thus involved artistic research in criticism of the active and conceptual context of art. Even before 1967, useful work had

modo di un utensile" presenta il pericolo insito nell'impossibilità reale di usare l'utensile o la parola isolati dal loro contesto di relazioni.

Particolarmente in arte il problema si pone quando l'analisi si interessa ad enunciati come arte, tempo, storia, spazio, autore, lavoro, dimensione operativa. Tali enunciati inizialmente non si trasmettono mediante parole, che vengono dopo, a conoscenza raggiunta, ma si percepiscono come conoscenze concrete, legate filogeneticamente a certe entità fisiche comprese nella storia dell'arte. Queste non sono separabili dal linguaggio dell'arte se non compiendo un salto linguistico, che nei concettuali viene ravvisato nel linguaggio scritto, non esclusivamente specifico del linguaggio dell'arte.

Una specificità concreta del linguaggio dell'arte, come processo di lavoro fisico, che risulta essa stessa analizzabile, come ha dimostrato il lavoro di Paolini dal 1960 al 1967, la cui logica operativa è già lucidamente delineata in un suo testo, del 1963, "Il quadro di sempre".

"Quanto posso intendere per dignità, per qualità essenziale di un artista, non si deposita nella soluzione dell'esperienza, il progetto è irriducibile all'oggetto, l'immaginazione elude l'immagine, io non sono il quadro.

Tutto quanto invece si concede alla traduzione diretta, garantita, leggibile, corrisponde all'elaborazione compositiva di una tecnica, di un processo, già di per sè esistente. Da qui le difficoltà di mantenere il piano della ricerca in merito soltanto a questo problema, date appunto le false soluzioni offerte dalla tautologia da una parte, e dal compiacimento della boutade dall'altra, la difficoltà infine di dare del problema una valutazione "estetica".

Per questo, progettare oggi non può che significare volontà di una sperimentazione "finita" (cioè non tesa *a*, ma rivolta *in*), tale che di per sè si viene a definire il rapporto e la differenza qualitativa, non secondo superate ipotesi di purezza e libertà di linguaggio, ma per proprietà di espressione, per esempio tra pittura e design: in termini di stretta lettura dell'opera, cioè di pura apparenza, il design "significa", esibisce il progetto, il quadro lo dimentica, lo can-

been done on the close relationships between the fundamental problems of art-as-art and art-as-object: Judd, Morris, and Le Witt had all contributed, both in their writings and in their works, to a clarification of the concept of objectuality. But post-1967 research is more rigorous and less intuitive: it has no faith in the problematic of a philosophy of art mystically connected to its own indirect effects, and prefers to isolate the event from its own ends or aims.

This dichotomy between use and activity is present at various levels in artistic activity: that is, *use* can be identified with *meaning* and *activity* with the *meaningful* — both elements being made autonomous and independent of one another by current research. Conceptual art, in fact, operates at the level of a meaning which only art (as something which existed before the artistic activity) can possess: land art and body art, on the other hand, accept the potential and the future of art and its continual reconstruction in relation to other systems or activities, and thus act upon the activity itself.

Evidently, Paolini's leanings towards the analysis of the language of art link his work on linguistic artefacts to the conceptual school — which as early as 1967, contained two main tendencies. The first was trying to concentrate and to make uniform, along rigorously logical visual and verbal lines, the material offered by reality: this material was documented by means of words and photographic images, exhibited in a single logical and conceptual texture. Artists such as Barry, Huebler, Weiner, and Dibbets strove after a homogeneity which might offer a mental, non-objectual approach to the awareness and the knowledge of physical categories such as *thing, nature, space, event*.

The second, opposed tendency was trying to show the need for an approach, not to *reality* (even if universalized) but to *art* and the *use* to be made of the linguistic artefact — a need which leads one to consider the aims of the so-called pure conceptualists (Kosuth and Art-Language) whose linguistic and philosophical claims are based on the analytical and linguistic philosophers of the Cambridge and Oxford schools such as Wittgenstein, Austin, Moore, and Ryle. Their ideas on the use of the language of art have

cella, per le infinite e profonde aperture che soltanto possiamo intravvedere, ma che dobbiamo perseguire perchè la realtà possa essere più fruita e, dunque, più reale" (66). L'impostazione logico-concreta di Paolini con la quale si possono determinare esaurientemente tutte le possibili relazioni fra le "figure" all'interno (in) del contesto arte, precorre così dal 1960, in senso sintetico, le due tendenze concettuali, dal cui platonismo e purismo però si distingue. Il suo metodo sintetico offre invece la possibilità di dare oggettività all'analisi, per renderla tipica di un'indagine non "puramente" linguistica.

Al testo del 1963 si aggiunge nel 1968 una serie di citazioni (67) e di dichiarazioni come "Tutto... sta nella lingua, e nello stile; due cose diversissime, egualmente necessarie. La lingua sono i vocaboli e le frasi: segni delle idee. Lo stile è la distribuzione delle idee, la collocazione dei segni, con tale arte che producano il maggiore e migliore effetto; cioè di essere il più facilmente, il più profondamente, e il più volentieri accolte *nell'animo dell'autore*" (68) e "l'affanno, l'urgenza dell'idea, la ricerca 'obbligata', la preoccupazione per l'evidenza, siglano il destino grottesco, l'affascinante sgradevolezza dell'arte d'oggi. La musa capovolta, il rovescio del quadro, la trascrizione infinita, l'arbitrio del tempo, irridono la precarietà (e lo splendore) dell'immagine" (69). Affermazioni filosofiche e proposizionali che specificano l'ambito linguistico ed operativo in cui il suo lavoro analitico si è collocato e continuamente si colloca, in evidente antitesi con l'assunto vitalistico e naturalistico di tendenze quali la land art e la body art. Un campo di indagine che riguarda specificamente l'arte e dal 1967 la storia dei suoi artefatti storici, come sottolinea l'invocazione che chiude lo scritto del 1968, "Invoco, nel mio lavoro, la trasparenza etimologica delle opere di Beato Angelico, Johannes Vermeer, Nicolas Poussin, Lorenzo Lotto, Jacques Louis David" (70). Il riferimento, estremamente consequenziale nelle scelte degli artisti (71), attesta l'avvenuto cambio di segno nella indagine di Paolini che, dopo l'interesse per l'arte come entità strumentale, va delineando un'attenzione per la filogenesi storica e comunica-

turned out to be extremely useful in criticism of the earlier concepts of the meaning of "art" — even if they are somewhat limited in that they do not carry their analysis back as far as the work of art itself. Indeed, the pure conceptualists have been content to restrict their considerations to the way in which the linguistic artefact is used, so much that they have raised the question of the vulnerability of other artists, in a linguistic sense; but they have never gone into the question of how the artefact is actually produced. This leaves them without a concrete background for their investigations.

It also accounts for their persistent defence of a study and an analysis of the language of art in a narrowly logical and linguistic sense, eschewing any concrete knowledge or awareness. But one should not forget the lucid precision which stems from this rather restricted approarch, and which has given us a number of observations of great value, on both the terminology and the problematics of art.

Perhaps the basic technical error of the pure conceptualists is the way in which they invariably start out from a comparison between *words* and *tools*: behind their recurrent phrase "we use a word much as we use a tool" lurks the practical impossibility of using the tool or the word in isolation from their context of relationships.

In the art field this problem takes on special importance when one is trying to analyse propositions such as art, time, history, space, author, work, operational dimension. For initially these propositions are not conveyed by means of words (at least not until one is already aware of them): the mind seizes hold of them in concrete terms.

These concrete terms cannot be separated from art itself except by means of a linguistic "leap" — which for the conceptualists lies in written language (no specific connection, that is, with the language of art itself). But that the language of art is specific and that it can be analysed, like any process inolving physical work, is shown by Paolini in his works dating from 1960 to 1967. The operative logic of these works is lucidly brought out in some words written by Paolini in 1963, "Il quadro di sempre": "What

zionale, dell'artefatto linguistico. L'orientamento storico e filogenetico di Paolini si pone come ulteriore polo di distinzione dai concettuali puri. Un fatto già rilevato da Trini, quando in un breve scritto sull'opera "Primo appunto sul tempo", così notava: "L'importanza di Paolini sta nel suo interrogarsi sulla natura dell'arte; ciò che più importa, le sue domande sono calate nel tessuto storico stesso dell'arte, ed è ciò a mio avviso, che più lo distingue. Interrogare la natura dell'arte sul filo dell'avanguardia è ciò che si fa di solito, (beninteso tra i pochi artisti che lo fanno) e che conclude all'evoluzione dei linguaggi. Mi pare che uno dei compiti che mette in discussione l'arte sia di calarsi nell'intero sistema con cui l'arte storicamente costituita ci giunge e ci condiziona. E ciò Paolini ha fatto finora giostrando sul tema del vedere, un vedere costituito nelle nostre menti e che necessita di liberarsi da troppe false nozioni acquisite" (72). Il suo obiettivo "trapassa" così gli attributi dell'arte e si focalizza sui documenti storici e sull'identità dell'autore e dello spettatore, che trovano un significato nella continuità circolare dell'analisi, comprendente Paolini stesso come documento storico, autore e spettatore.

Questa ricerca, che ha per oggetto l'artefatto linguistico del contesto storico dell'arte, è circoscritta ai documenti degli autori scelti: si pone dunque "un interesse sorgente che si va delineando come un'attenzione più circostanziata verso certe opere del passato" (73).

Il termine storico era già apparso in "E" (ill. 20) con la citazione del ritratto di "Eleonora di Toledo" del Bronzino: il senso era però di attestare un'ulteriore attributo del veicolo, l'immagine tipografica a colori era incollata su legno e fissata poi sul telaio. Ora il termine storico viene assunto come entità integrabile nell'analisi.

Come per altri lavori (ill. 41, 42, 43, 48, 49, 50) che riguardano l'immagine storica dell'autore, ricompare l'uso della tela fotografica (ill. 60, 62). L'uso della fotografia, che, come rivela Brandi, "nasce dalla camera oscura, e la camera oscura, a sua volta era stata tramandata negli studi di pittura come un segreto espediente per la messa a fuoco e in prospettiva d'uno spettacolo na-

I may mean by the dignity, the essential quality of an artist, is not something which is to be found in experience: the project cannot be reduced in terms of the object; imagination eludes the image; I am not myself the picture.

On the other hand, all those things which can be given over to direct translation, guaranteed and legible, correspond to the development of a technique, a process, which in itself already exists.

This explains the difficulties one encounters in trying to restrict one's investigations to this problem only — difficulties such as the false solutions thrown up by tautology on one side and a facile wit on the other side, not to mention the difficulty of evaluating the problem in an aesthetic sense.

This is why nowadays planning a new project can only mean the desire for a "finished" type of experiment (that is, no longer directed at something but including it and included in it) — so as to define the relationship and the qualitative difference (not according to worn-out canons of purity and freedom of language) between painting and design for example: for in terms of the narrowest reading of a work (that is, in terms of appearance only) design "exhibits" the plan behind it, whereas painting forgets it, leaves it on one side, preferring the profound and infinite openings which we can only partly make out but which we must follow up in order that reality may be apprehended more readily and more widely and thus made more real" (66).

Paolini's logical and concrete approach, which enables one to establish in an exhaustive manner all the possible relationships between the "figures" inside the context of art, thus (from 1960) steals a march on the two conceptualist tendencies, even though it does stand aside from their platonism and purism. But Paolini's synthetic method allows one to make the analysis more objective and not purely linguistic.

The 1963 declaration can be rounded out by a number of quotations (67) from 1968. For example: "Everything... lies in language, in style: two very different elements which are equally essential.

Language is words and sentences: signs conveying ideas. Style is the *distribution* of ideas,

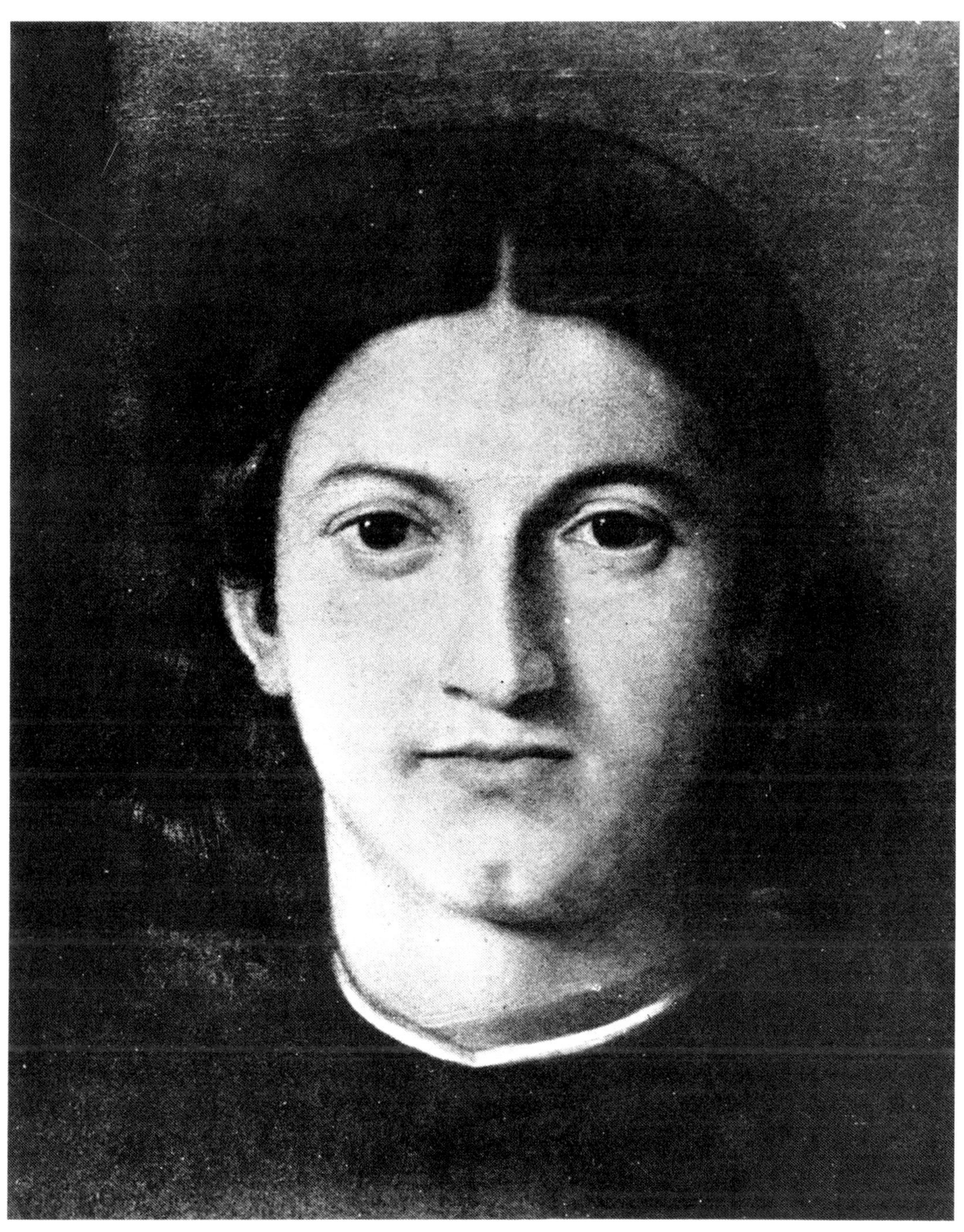

60 *Giovane che guarda Lorenzo Lotto* 1967

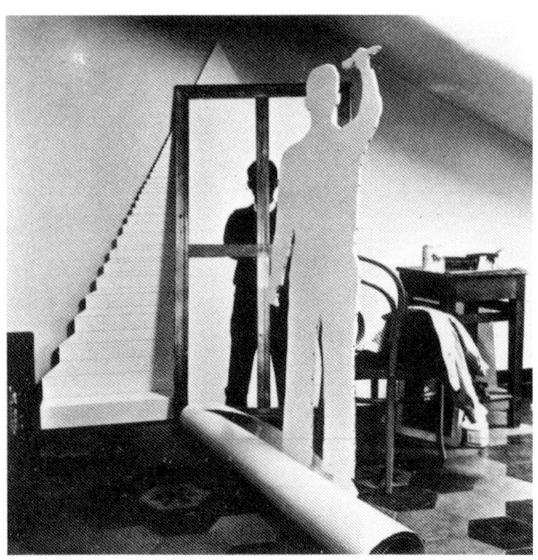

61   Vista dello studio

turale" (74), serve a mettere in "prospettiva"
autore e spettatore, secondo un asse che, al
mezzo, ammette l'artefatto linguistico. La
fotografia tende a "ricostruire" analiticamente il processo costitutivo dell'artefatto:
offrendo una regola di lettura razionale che,
evitando di privilegiare la componente oggettuale non interrompe la sequenza concettuale "autore-artefatto-spettatore".
L'esempio primario di questa "ricostruzione" ottico-verbale è "Giovane che guarda
Lorenzo Lotto" 1967, "una riproduzione su
tela fotografica, nel formato identico all'originale, di un "Ritratto di giovane" di Lorenzo Lotto. Il lavoro è l'esatta copia fotografica del quadro. Il ritratto è bellissimo:
il soggetto guarda con fissità l'obiettivo, cioè
il pittore, tanto da restaurare la percezione
del momento in cui Lotto dipingeva questo
quadro. Il titolo è appunto "Giovane che
guarda Lorenzo Lotto" (75).
Il ribaltamento verbale (titolo) e ottico (immagine che guarda) fa ritrovare all'opera i
riferimenti di spazio e di tempo dipendenti
dall'immagine stessa, "per ripristinare", come scrive Carla Lonzi, "il momento in cui
il quadro è stato fatto, non come momento
culturale, ma come rapporto privato e esistenziale tra il pittore e il modello, e in
modo da creare nello spettatore attuale l'illusione di essere egli stesso Lorenzo Lotto"
(76). Per cui, come ulteriormente sottolinea
Marisa Volpi Orlandini, "indicando allo spet-

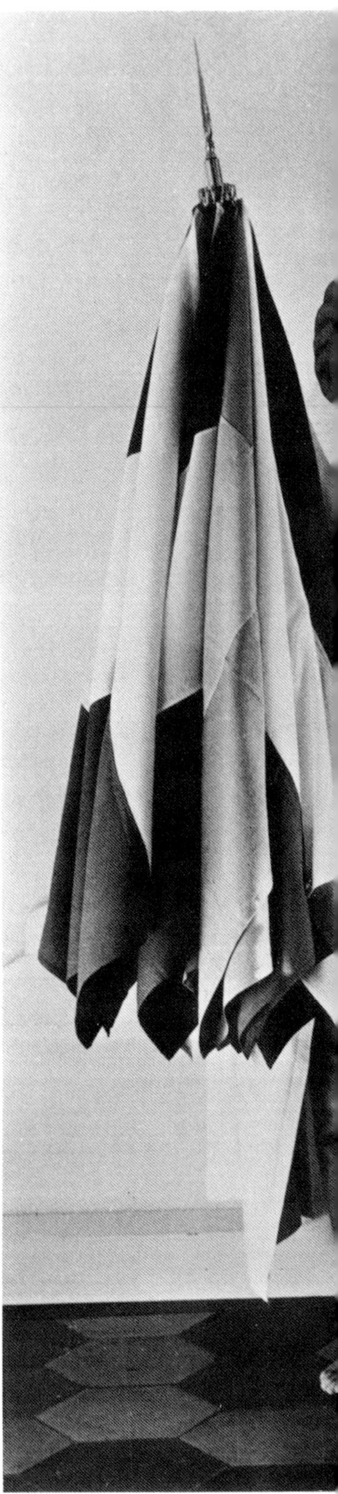

62   *Delfo (II)* 1968

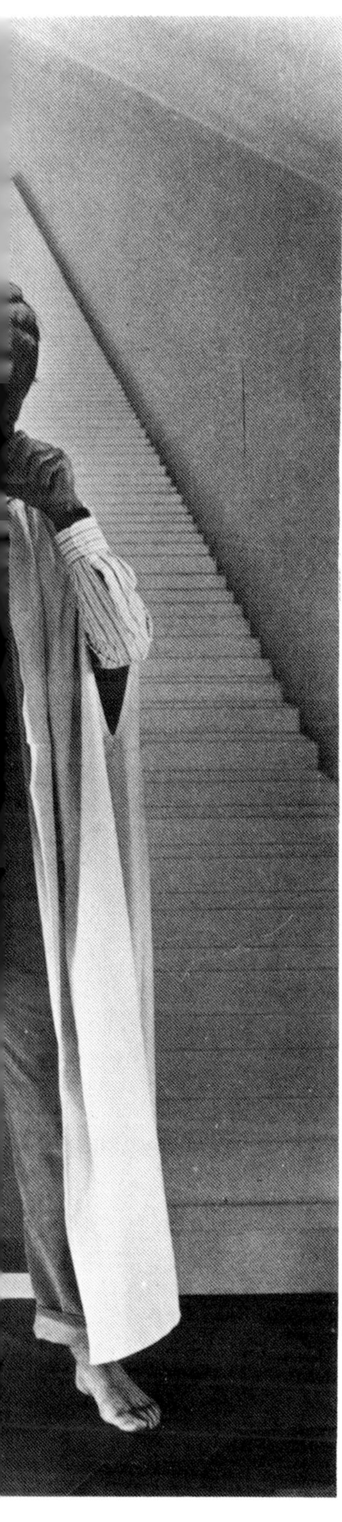

63 *Primo appunto sul tempo* 1968 (part.)

the arrangement of signs, with that degree of skill which produces the greatest and the best effect — by which I mean being most easily and deeply accepted by the *spirit of the author himself*" (68).

Again: "the breathlessness, the urgency of ideas, the "necessity" of research, the worry over evidence, mark the gotesque destiny, the fascinating unpleasantness of art today. The upturned muse; the picture standing on its head, the infinite transcription, the arbitrary nature of time, all deride the precariousness (and the splendour) of the image" (69).

These declarations place Paolini's analytical work very firmly in the opposite camp from the vitalistic and naturalistic tendencies of land art and body art. His is a field of research which investigates *art* — and from 1967 on, also the history of its historical arte-facts, as is shown in this declaration which concludes the piece already quoted from 1968: "In my work I invoke the etymological transparency of the works of Fra Angelico, Johannes Vermeer, Nicolas Poussin, Lorenzo Lotto, and Jacques Louis David" (70).

The extremely revealing reference to these particular artists (71) marks a change in Paolini's own research; after his earlier interest in art as an instrumental entity, he is now becoming interested in the historical the linguistic arte-fact, a further point which

tatore l'importanza della sua presenza come chiave, ne dinamizza il ruolo e l'attenzione, non più soltanto in rapporto al fatto specifico del vedere ma, investendo il suo pensiero e la sua presenza, implica collegamenti di riflessione che la visione — in parte realizzatasi nella storia dell'arte — spesso suggerisce" (77).

La ricostruzione si pone sull'asse ottico della contingenza storica e contemporanea e riduce la sostanza dell'artefatto linguistico, il quadro, ad una sequenza di eventi, sottraendogli l'oggettualità. Non ne esclude però l'obiettività, rifiutata in seguito dai concettualisti puri (78), che viene anzi ricostruita tramite l'identificazione fisica di autore e spettatore.

La concentrazione sui nuovi interessi può essere significata, all'inizio del 1968, con "Delfo II" (ill. 62), che concorre a dare una nuova immagine di Paolini, contrapposta alla precedente in "Delfo" (ill. 42); il significato analogico di quest'ultima con "Delfo II" può essere ulteriormente sottolineato confrontando la fotografia che documenta "Delfo", insieme ad altri lavori del 1965 (ill. 61).

"Delfo II" ha le stesse dimensioni (cm. 95 x 180) e la stessa tecnica (tela fotografica) di 'Delfo': riproduce la mia immagine non più sullo stesso livello del telaio, ma in primo piano per intero. Indosso una lunga tunica bianca, impugno nella mano destra la bandiera e nella mano sinistra reggo il busto di Saffo, che si sovrappone e cancella il mio sguardo, allo stesso modo come nel precedente il mio sguardo era coperto dalla crociera del telaio. Dietro di me compare, come sfondo, un lavoro del 1965, una prospettiva illusoria in un punto infinito" (79).

La sua identità è mutata, lo sguardo (un asse focale che ricorre, con "Orizzontale", dal 1963) non è più 'puntato' sugli attributi elementari (telaio), ma sulla poesia e sulla storia (Saffo), mentre l'utensile d'indagine è universale (le bandiere). La sua stessa "fisionomia" non è più sottolineata come nel 1965 (ill. 61, appare qui Monogramma), ma è vanificata dalla tunica.

Ricompare invece "A J.L.B.", dedicato a Borges, "una superficie dipinta di bianco, sagomata nella forma di una prospettiva in un punto infinito, che coincide con l'altezza

distinguishes him from the pure conceptualists. This has already been pointed out by Trini, in a short piece on a work by Paolini entitled "Primo appunto sul tempo": "The importance of Paolini lies in his continual questionings about the nature of art; and what makes his work stand out in particular is the way in which he "drops" his questions into the very historical texture of art. To probe the nature of art in an avantgarde context is common enough (among the few who are concerned by the problem), and it is a method which normally concludes with the evolution of the various kinds of language. It seems to me that one of the real jobs for the artist who wishes to probe the nature of art is to move into the historical system which brings art to us and conditions us. This is what Paolini has actually done, working on the theme of *seeing*, which is within the mind and which requires the mind to be free of the usual excess of inherited false notions" (72).

Thus we have moved on from the basic attributes of art to focus on the historical identity of the author and the spectator: a circular form of continuous analysis whose nature is revealed clearly in the way in which it includes Paolini himself— as author, and spectator.

The type of research to which we must now turn our attention is directed at the works of art of the past: it is thus of necessity circumscribed by the existing documents of the authors selected, and involves "an increasing interest in certain works of the past" (73).

A certain historical element had already made its appearance in "E" (ill. 20) with the quotation-reproduction of Bronzino's portrait of Eleonora de Toledo: but there the idea was to stress an attribute of the *vehicle* (the printed colour reproduction being stuck onto a piece of wood and then fixed to the canvas). Now the historical perspective becomes an integral part of the analysis.

As in a number of other works (ills. 41, 42, 43, 48, 49, 50) which concern the historical image of the author, we again find photographic canvases (ills. 60, 62). This use of photography (which, as Brandi has revealed, "is born of the camera oscura which in turn grew out of artists' experi-

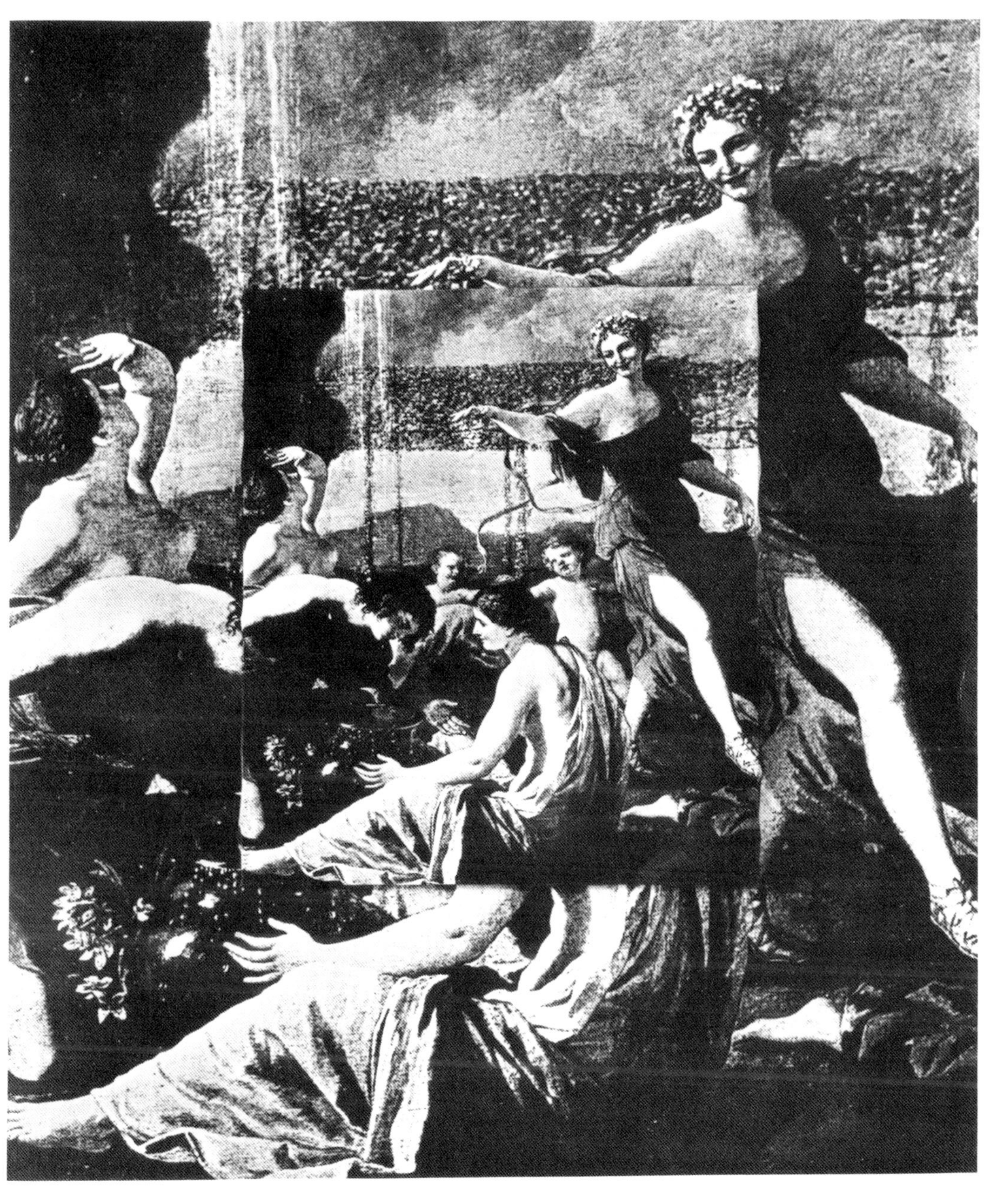

64 *Nel mezzo del dipinto Flora sparge i fiori, mentre Narciso si specchia in un'anfora d'acqua tenuta dalla ninfa Eco* 1968

dell'asse ottico" (80), che allude evidentemente all'infinitudine della ricerca.

Una simile interpretazione dell'autore, posto in continua prospettiva storica, appare costantemente associata al concetto di tempo, nella misura in cui ogni lavoro ne diventa momento; che viene inevitabilmente consegnato, tautologicamente, in "Primo appunto sul tempo" (ill. 63).

Il lavoro consiste in un grande foglio di carta (cm. 200 x 200) appuntato su una tela, su cui Paolini ha scritto, in alto a sinistra, la frase che dà il titolo all'opera. Il tempo è quello consumato nello scrivere l'appunto sul foglio. L'indirizzo verbale-ottico, già delineato in 'Lo spazio', 'Qui' e 'Una poesia', subisce un'ulteriore sottrazione di termini fisici, assumendo, nella tautologia, due entità astratte. Il tempo e la scrittura sono però termini che si distinguono sul piano dell'obiettività, risultando la scrittura un'entità soggettiva che documenta, all'interno dell'opera di Paolini, la presenza obiettiva dell'autore.

Un discorso continuamente svolto all'interno del lavoro, che attesta la riflessione logico-concreta sul linguaggio dell'arte, precisato anche nel tempo della stesura dell'artefatto. L'idea del dato assoluto, nella natura storica del procedere linguistico di Paolini, illustra innanzitutto i caratteri e le peculiarità astratte del linguaggio degli artefatti storici, e li contrappone, sotto diversi aspetti, ai dati della lettura concreta, come in "Giovane che guarda Lorenzo Lotto", 1967, o, nel 1968, in "Nel mezzo del dipinto Flora sparge i fiori, mentre Narciso si specchia in un'anfora d'acqua tenuta dalla ninfa Eco" (ill. 64). "La riproduzione del particolare del dipinto di Poussin è doppia, affinchè Flora stessa porga allo spettatore le sembianze in cui è stata rappresentata dal pittore" (81).

La rispondenza tra autore e spettatore è qui dovuta alla messa a fuoco concreta dell'artefatto che, invece di accettare l'equiparazione con gli altri termini della triade (autore-artefatto-spettatore), produce uno spostamento dell'obiettivo che viene a sovrapporre all'immagine l'immagine dell'immagine, così da sostituire all'occhio dell'autore e dello spettatore, l'occhio dell'artefatto (Flora stessa che offre il soggetto).

Se il quadro di Flora trova una ragione di presenza assoluta ed autonoma, i lavori suc-

ments directed at a proper in-focus perspective" of author and spectator, separated and connected by the work of art) has the property of "reconstructing" analytically the process which has gone into the making of the artefact: it offers a rational method of reading the picture, which, avoiding too much emphasis on the objectual component, does not interrupt the conceptual sequence of author-artefact-spectator. The first example of this "optical-verbal reconstruction" is "Giovane che guarda Lorenzo Lotto" (1967) an actual-size photographic reproduction of a "Ritratto di Giovane" by Lotto. The portrait is truly splendid: the young man looks at the focusing lens of the eye (the painter's eye) in such a way as to restore to us the perception of the moment at which the portrait was painted. Not for nothing is the work called "Young man looking at Lorenzo Lotto" (75). The verbal upturning (in the title) and the optical upturning (the image *looking at the painter*) gives back to the work its original coordinates of space and time, "the moment", as Carla Lonzi writes "at which the painting was executed, not as a cultural event but more as a private and existential relationship between painter and sitter, such as to create in the spectator the impression that he *is* Lorenzo Lotto" (76).

Thus, in the words of Marisa Volpi Orlandini, "by indicating to the spectator how important his presence is as a key to the work, Paolini dynamizes his role and his attention: for the spectator's part is no longer limited to seeing but involves his thoughts and his very presence. This implies reflective links which are indeed suggested by certain pictures" (77).

The reconstruction reduces the substance of the linguistic artefact (the picture) to a sequence of events, eschewing objectuality. Objectivity, however (which was later to be rejected by the pure conceptualists: 78) is here not excluded: it is indeed reconstructed through the physical identification of author and spectator.

The concentration on new interests may be represented by a picture from the beginning of 1968, "Delfo II" (ill. 62) which gives a new image of Paolini himself, compared to that previously given in "Delfo" (ill. 42).

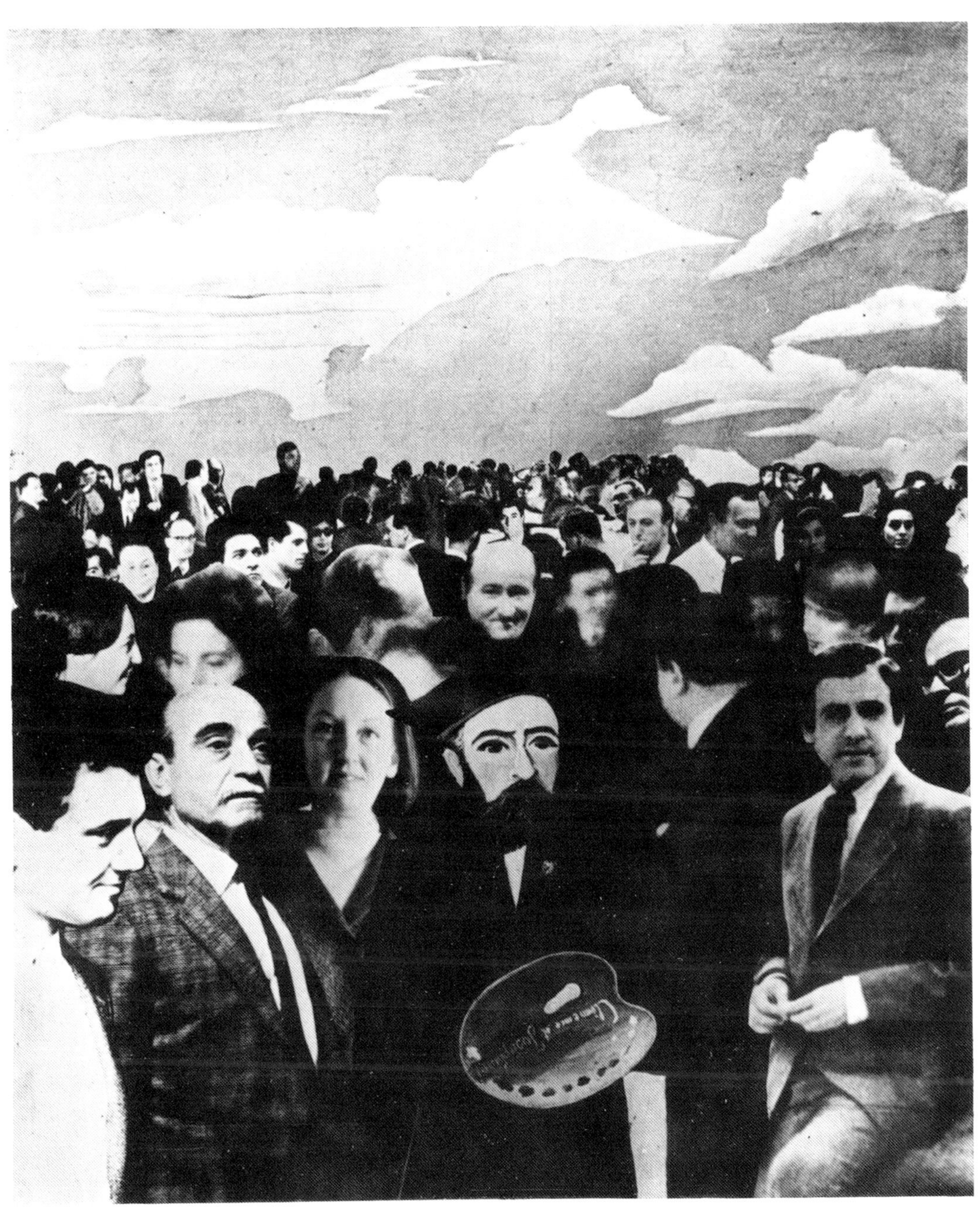

65 *Autoritratto* 1968

cessivi del 1968 ricercano un'identificazione tra autore ed autore, Paolini compreso. L'istanza è di offrire un'immagine categoriale dell'autore, senza aggiungere la nuova identità, Paolini stesso, che assimilando il ruolo degli autori già esistiti, vi si identifica come categoria. "Il problema quindi è di sottrarre la mia identità al suo ruolo e di assumerla invece ad un ruolo elettivo, storico ed ipotetico" (82).

L'identificazione si fa palese negli Autoritratti.

L' "Autoritratto" (ill. 65), esposto a Roma in occasione del "Teatro delle mostre" alla galleria La Tartaruga, presenta l'immagine di Rousseau attorniato, in un montaggio fotografico, da conoscenti e amici di Paolini. Il lavoro, esposto in un contesto estremamente contingente, quale quello di un'azione al giorno da parte di ogni artista, tende a sottrarsi di proposito al tempo dell'azione fisica ed aspira a "non usare il tempo e lo spazio determinati perchè l'azione avvenga, ma a darne un'immagine mediata, già prefigurata" (83): sulla scena si presenta soltanto l'immagine emblematica del pittore.

Nell' "Autoritratto" (ill. 66), presentato a Milano da Toselli (galleria De Nieubourg) la sovrapposizione fisica delle due immagini uguali fa sì che l'effige di Poussin coincida con quella dell' "Autoritratto" del pittore. Assumere l'immagine di Poussin rientra in quel processo di identificazione degli attributi del contesto 'arte', che ammettono il rispecchiamento e il ritrovamento storico coincidenti nell'immagine generale dell'autore. L'identificazione contemporanea e la distinzione storica avvengono, anche in questo lavoro, con l'arretramento dell'obiettivo, che, producendo un'immagine sovrapposta, rivela un tempo diverso, ma emblematicamente uguale.

Negli altri lavori, della stessa mostra, l'esigenza di trovare una ragione di identità non con se stesso, ma con l'immagine di un autore del passato, spinge Paolini a ritrovare fatti e ragioni contemporanei all'autore medesimo, per calarsi al presente negli eventi inerenti alla stesura dell'opera.

Così un'immagine "reale" vista da Velazquez viene definita in "L'ultimo quadro di Velazquez" (ill. 67), che la didascalia così descrive: "l'invisibilità che esso supera non è

The analogy between the two is made clearer by the photograph (ill. 61) showing "Delfo" together with other works dating from 1965. " 'Delfo II' has the same dimensions (95 x 180 cm.) and the same technique (photographic canvas) as 'Delfo': but it reproduces my image, not at the same level as the canvas, but entirely in the foreground. I am wearing a long white tunic, I have a flag in my right hand, and in my left hand there is a bust of Sappho, which cancels out my own gaze — just as in the earlier picture my gaze was cancelled out by the cross-piece of the canvas. In the background is a work from 1965, an illusory prospective on an infinite point" (79).

Thus Paolini's identity has changed here; his gaze (a focal axis which turns up repeatedly: see "Orizzontale", 1963) is no longer directed at the elementary attributes (the canvas) but at poetry and history (Sappho), while the investigation itself has taken on a universal character (the flag). Even Paolini's own "physiognomy" is not stressed as in 1955, with "Monogramma" (ill. 38) but is drained of personal attributes by the tunic. An element which *does* recur is "A J.L.B." dedicated to Borges, "a white surface in the shape of a perspective to infinity, coinciding with the height of the optical axis".

Such an interpretation of the author, placed in a continuous historical perspective, is clearly closely linked to time. And this becomes patently obvious with "Primo appunto sul tempo" (ill. 63).

The work consists of a large piece of paper (measuring 200 cms square) pinned to a canvas, on which Paolini has written, in the top left corner, the title of the work. The *time* involved is that taken to write the phrase on the piece of paper.

Thus the verbal-optical intention (already outlined in "Lo Spazio", "Qui", and "Una poesia") here becomes even less physical in its expression, and takes in two abstract entities in tautological form. But time and writing are terms which can be distinguished on an objective plane: writing emerges as a subjective entity which documents the objective presence of the author within his works. The idea of the absolute datum — in the historical nature of Paolini's activity — illustrates above all the character and the

quella di ciò che è occulato: non aggira un ostacolo, non svia una prospettiva, si rivolge a quanto è reso invisibile sia dalla struttura del quadro sia dalla sua esistenza come dipinto.." (84).

La tela fotografica riproduce il particolare delle figure che si riflettono nello specchio di "Las Meninas", in ordine rovesciato, in modo che la figura della donna risulti a destra. Il rovesciamento speculare dell'immagine originale, portato in grandezza al vero, fa sì che il documento risulti un facsimile della scena che Velazquez aveva davanti a se stesso.

L'implicazione nell'artefatto linguistico di attributi di concomitanza tra autore ed autore, il contemporaneo e lo storico, viene affermata in tutti i lavori del 1968. Essi differiscono chiaramente tra di loro, ma la legge di unione, successione ed identificazione tra autore ed autore costituisce la condizione fondamentale della loro realizzazione. Per esempio "L'invenzione di Ingres" (ill. 68) nasce dalla "sovrapposizione trasparente dell'"Autoritratto" di Raffaello (1506) e dell'"Autoritratto di Raffaello" ripetuto e reinventato da Ingres (1824)" (85), per accentuare come l'invenzione possa essere l'assoluta identificazione.

In questo senso l'"invenzione" di Paolini consiste circolarmente nel descrivere e documentare un limite assoluto ed emblematico dell'arte, della poesia e dell'autore, la cui misura è documentata e descritta in "Saffo" (ill. 69), "la presenza esplicita della poesia (o del suo mito, della "Decima Musa" di Alceo) nel luogo ad essa dedicato", in "Lo studio" (ill. 70) che presenta "al centro del quadro la tela che Johannes Vermeer dipinge nell'Allegoria della pittura", e in "Poussin, che indica gli antichi come esempio fondamentale" (ill. 71), in cui si riproduce, "in grandezza al vero, la mano che Ingres attribuisce a Poussin nell'Apoteosi di Omero" (86).

La sequenza di questi lavori, nella mostra di Milano, si chiude con "2121969" (ill. 73), una tela fotografica che documenta la galleria assolutamente vuota, "come se le immagini del passato", annota Carla Lonzi, "avessero deposto per un'illusione ottica le loro ombre sui muri, evocate dall'artista, ma irreali e incorporee: fuori dello spazio e del

abstract peculiarities of the language of historical artefacts; and it places them in opposition to "concrete" readings, as in "Giovane che guarda Lorenzo Lotto" (1967) or "Nel mezzo del dipinto Flora sparge i fiori, mentre Narciso si specchia in un'anfora d'acqua tenuta dalla ninfa Eco" of the following year (ill. 64).

"The reproduction of this detail from Poussin's painting is *double*: this is so that Flora herself can show the reader the way in which the painter has depicted her" (81).

The correspondence between author and spectator is here due to the concrete focusing of the artefact which, instead of accepting equiparation with the other terms of the threefold entity (author - artefact - spectator) brings about a shifting of the lens which places on top of the image the image of the image: thus the author's and the spectator's gaze is replaced by the eye of the artefact (Flora herself "offering" the subject).

The works from 1968 onwards reveal a search for identification of author with author (Paolini included). The idea is to offer a generic image of the author without adding the new identity (Paolini himself) which, in taking over and becoming part of the rôles of long-dead predecessors, identifies himself with them as a category. "The problem, therefore, is to abstract my identity from its rôle and to give it an elective, historical, and hypothetical rôle instead" (82).

The identification becomes self-evident in the Self-portraits. The painting "Autoritratto" (ill. 65) exhibited in Rome on the occasion of the "Teatro delle Mostre" show at the Galleria La Tartaruga, shows Rousseau, in a photo-montage, surrounded by friends and acquaintances of Paolini. The work was presented in an extremely casual context (a work a day by various artists): it tends to withdraw deliberately from the time of physical action, and wants "not to use any determinate time and space so that the action may come about, but to give a pondered image" (83). All that appears on the scene is the emblematic image of the author.

In "Autoritratto" (ill. 66) presented in Milan by Toselli (Galleria De Nieubourg) the physical superimposition of the two equal images makes the effigy of Poussin coin-

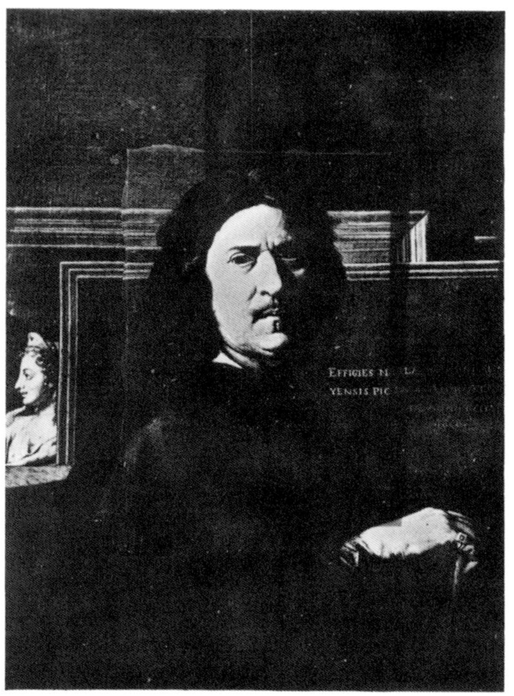

66   *Autoritratto* 1968

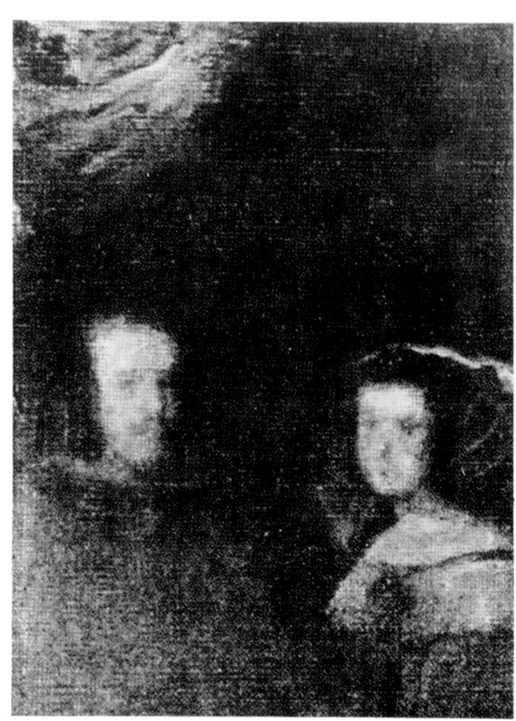

67   *L'ultimo quadro
di Diego Velazquez* 1968

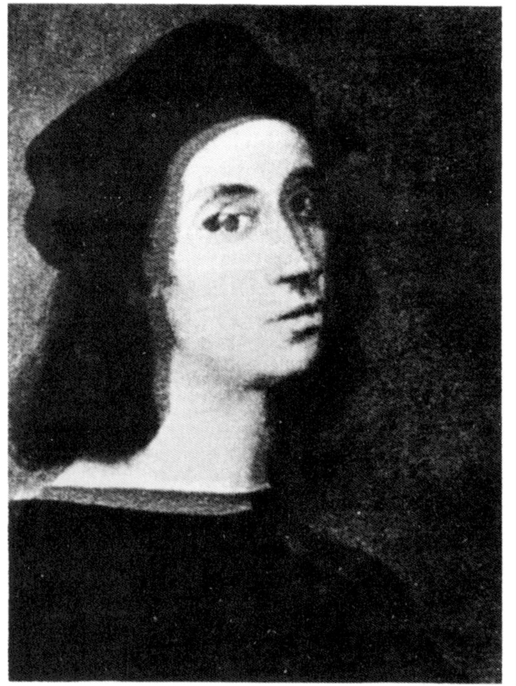

68   *L'invenzione di Ingres* 1968

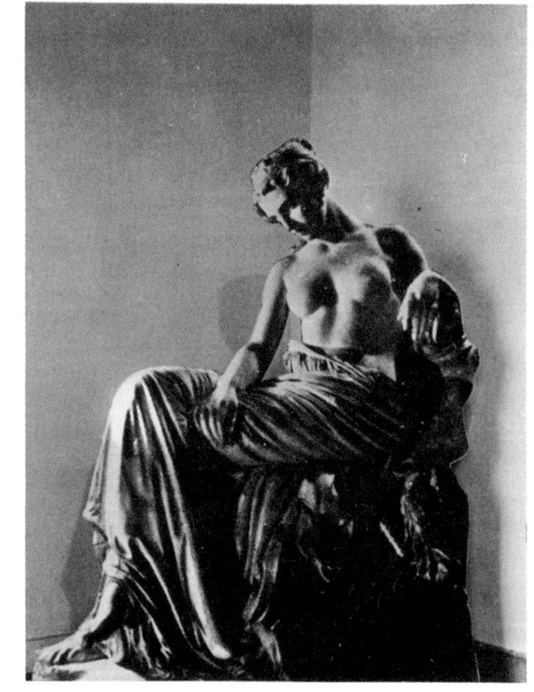

69   *Saffo* 1968

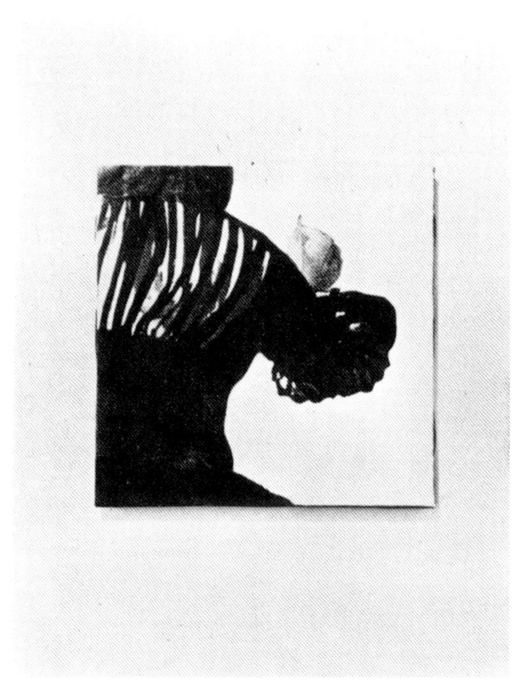

70 *Lo studio* 1968

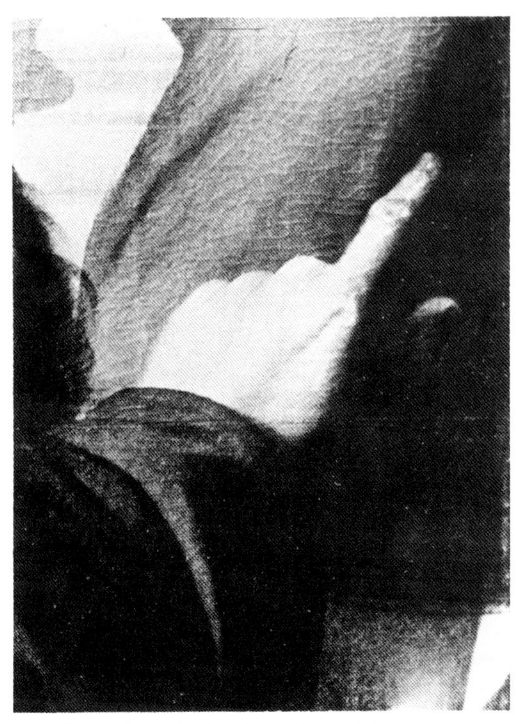

71 *Poussin, che indica gli antichi come esempio fondamentale* 1968

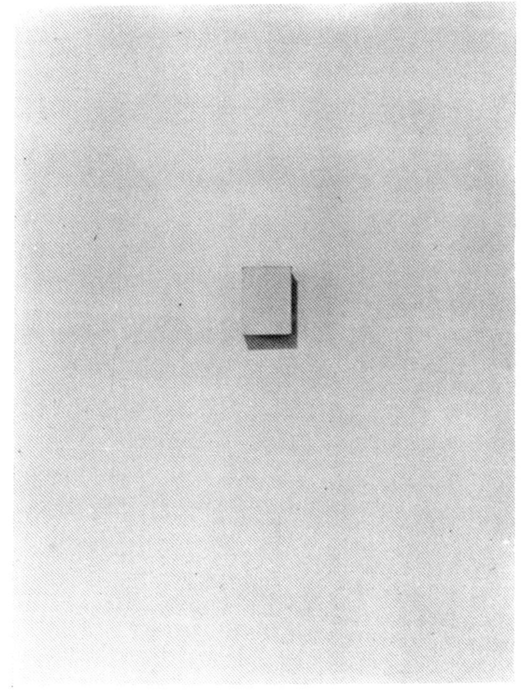

72 *Raphael Urbinas MDIIII* 1968

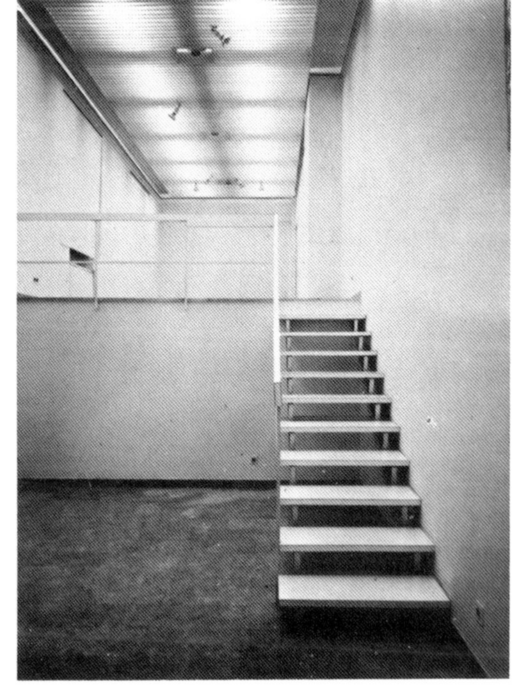

73 *2121969* 1968-69

tempo, fuori dai contesti e dalla stessa categoria storica, nel loro puro valore di immagini, dunque in una specie di essenza metafisica" (87).

"2121969" segna la data e dà l'immagine della galleria vuota quasi a cancellare la presenza fisica dei lavori e ad offrire un senso d'astrazione che si ribalta nello spazio. "Come attribuire all'ambiente vuoto, cioè alla sua presenza fisica e alla coincidenza di quel dato giorno, un'occasione per la visione di questi quadri, ma non era il loro insieme a giustificarne il titolo: semmai, al contrario, quella era l'occasione che i lavori avevano di mostrarsi" (88).

L'identità

Il risultato dell'indagine di Paolini, dal 1960 al 1968, tratta i soggetti conclusivi del contesto arte e viene a prospettare una lettura concreta dei materiali, strumentali e comunicazionali, che l'attività artistica, storicamente, è venuta usando.

Via via che alcuni aspetti e momenti di tale riflessione vengono enunciati, sorgono concetti del tipo di quelli di identificazione e di scelta singolare, che non nascono dall'esterno o a priori, ma, quando sono formati, risultano specifici dell'autore Paolini. L'indagine linguistica e storica è infatti questione di selezione ed ordinamento ed è governata dai problemi e dalle concezioni dominanti nella cultura del periodo in cui l'autore l'esegue. L'identificazione delle proposizioni concrete del linguaggio e della storia, espressa in emblemi, diventa così provvisoria e rappresentativa, per cui la riflessione ha una portata direttamente soggettiva ed individuale.

Ciò significa che il materiale di giudizio e d'analisi è costituito da una situazione singolare, avvenuta per una descriminazione o selezione fatta a uno scopo o in vista di qualche conseguenza, nell'interno di un certo contesto. Ne consegue che la determinazione dell'autore rappresenta ad un dato stadio dell'indagine ciò che è cruciale, critico, significativo in modo differenziale. L'autore, nel portare avanti la sua opera, prende nota di determinati aspetti e modi di presentarsi della sua attività. Nota che la sua indagine è indizio di una sua presenza, la cui natura è da identificare, poichè altrimenti gli oggetti

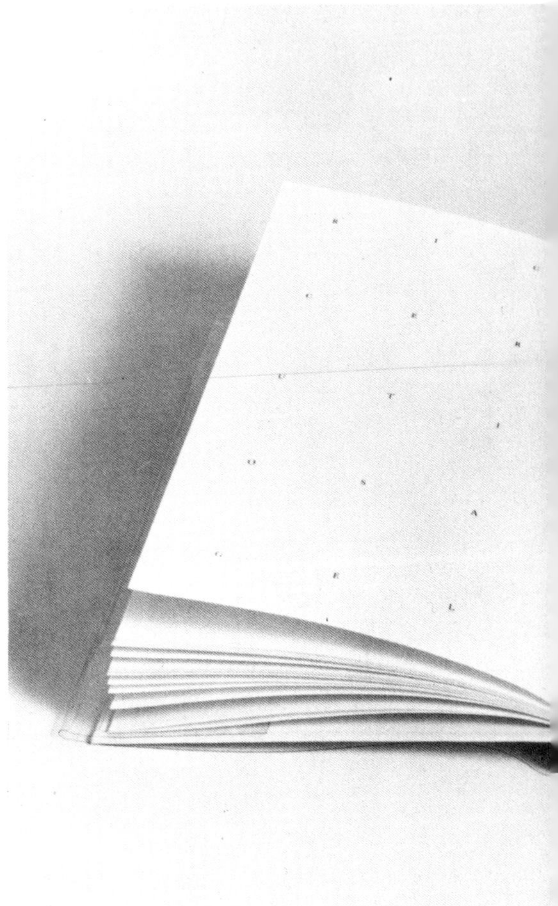

74 *Ciò che non ha limiti e che per la sua stess*

cide with that of the "Autoritratto" of the painter.

This assuming the image of Poussin is a part of that process of identification of the attributes of the artistic context permitting the mirroring and historical rediscovery of images, coinciding with the general image of the author. Contemporary identification and historical distinction come about through the withdrawal of the lens which, in producing a superimposed image, gives a revelation of a time which is different, yet in an emblematical sense the same. In the other works shown in the same exhibition, the need to find a reason for identity (not with himself, but with some painter from the past) pushes Paolini to search for facts and reasons from the lifetime of the artist involved, in order

osservati costituirebbero un instabile panorama di improvvise apparizioni e sparizioni. Alla fine del 1968, dopo l'identificazione degli artefatti storici, Paolini assume, come dato, la sua identità di autore e spettatore attraverso il "vedere". Un'identità che, nel 1971, ulteriormente si astrae per diventare essenza stessa della ricerca.

Il problema dell'identità costituisce un punto così cruciale, nella produzione di Paolini, dalla fine del 1968 al 1972, che mette conto di sottolineare innanzitutto il tratto che ne esclude la componente espressiva ed esistenziale, capace di sollecitare analogie con i movimenti vitalistici o naturalistici.

Nel momento in cui la sua analisi, documentandola come autore e spettatore, coincide con l'attenzione 'realistica' per il soggetto,

to "drop into" the events inherent to the production of the work.

Thus we have a "real" image of Velazquez as seen by himself in "L'ultimo quadro di Velazquez" (ill. 67). In connection with this painting Paolini took over Michel Foucault's words on "Las Meniñas": "The invisibility which this picture vanquishes is not the invisibility of things that are hidden: the picture does not overcome any obstacle, does not turn any corners so as to open up a new perspective, but attempts to deal with what has been rendered invisible both by the structure of the picture and by its very existence as a painting" (84).

The photographic canvas reproduces the detail of the figures reflected in the mirror "Las Meniñas", but in reverse, so that the figure of the woman is on the right. This mirror image of the original, blown up to life size, makes the picture a facsimile document of the scene which Velazquez had in front of him.

All the works dating from 1968 deal in some way or other with a correspondence between author and author. Naturally there are differences beteen them, but the connection is always there. For example, "L'invenzione di Ingres" (ill. 68) is born of the "transparent superimposition of the 'Self-Portrait' by Raphael (1506) and the 'Autoportrait de Raphael' remade (reinvented) by Ingres (1824)" (85) in order to accentuate the way in which invention can become absolute identification. In this sense Paolini's "invention" is circular: it consists in describing and documenting an absolute and emblematic limit of art, of poetry, and of the author himself, the measure of which is documented and described in three paintings: "Saffo" (ill. 69), "The explicit presence of poetry (or of the myth of poetry, of Alceus' "Tenth Muse") in the place dedicated to it"; in "Lo studio" (ill. 70) which presents "in the centre of the picture, the canvas on which Vermeer is working in the Allegory of painting"; and in "Poussin, che indica gli antichi come esempio fondamentale" (ill. 71) which reproduces life-size "the hand attributed by Ingres to Poussin in the Apothéose d'Omère" (86).

The sequence of these works, all exhibited at the Milan show, comes to an end with "2121969" (ill. 73), a canvas which shows

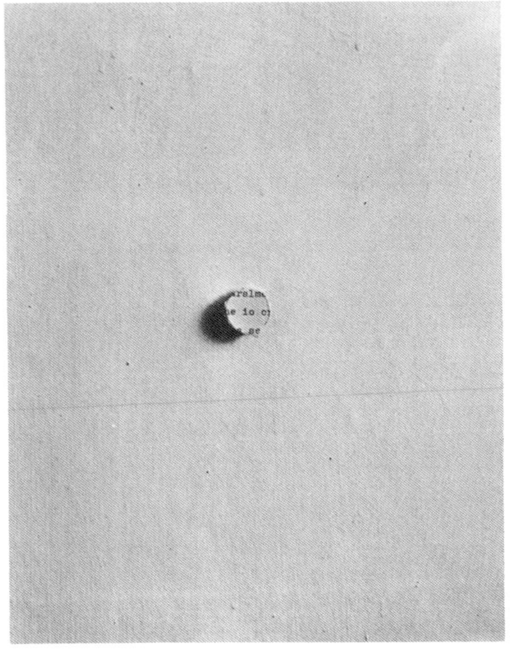

75 *Io* 1969

76 *Mlle du Val d'Ognes* 1969

Paolini contrae questa implicazione predominando, in senso assoluto, la scrittura sul soggetto. La scrittura è qui necessario strumento per determinare l'involgimento nell'artefatto linguistico dell'autore - spettatore Paolini: per cui la relazione scrittura e soggetto è implicatoria e non esistenziale. La corrispondenza funzionale di involgimento ed implicazione è data infatti in lavori che trattano il contesto del soggetto Paolini, come "Ciò che non ha limiti e che per la sua stessa natura non ammette limitazioni di sorta", "Io" e "Mlle du Val d'Ognes".

"Ciò che non ha limiti e che per la sua stessa natura non ammette limitazioni di sorta" (ill. 74) è il libro derivato da un'opera, "Titolo", del 1968, che è "composta da due grandi tele affiancate, come due grandi pagine aperte, sullo stesso modulo di suddivisione dello spazio che avevo impiegato in "Una poesia". Ho disposto su questa falsa riga, ad una ad una, tutte le lettere corrispondenti alla scrittura di tutti i nomi segnati sul mio taccuino. Il titolo del quadro è "Titolo", se per titolo posso intendere l'argomento, l'ambito in cui si svolge un certo lavoro, il titolo cioè dovrebbe alludere al-

the gallery completely empty, "as if the images of the past (notes Carla Lonzi) had deposited their shadows on the wall by some optical illusion — evoked by the artist but unreal and unbodily: outside both space and time, outside all contexts and outside the historical category itself, reduced to their pure value as images, in a kind of metaphysical essence" (87).

"2121969" records the date and gives the image of the empty gallery, as if to fix the physical presence of the pictures and offer a sense of abstraction in space. "As if to attribute to the empty space (that is to its physical presence and to the coincidence of that particular day) an occasion for seeing those pictures. But it was not the pictures themselves, taken as a group, which warranted the title: rather the reverse, this was the occasion the pictures had for showing themselves" (88).

Identity

From 1960 to 1968, as we have seen, Paolini's activity was concerned mainly with an investigation of the concrete elements of the artistic context.

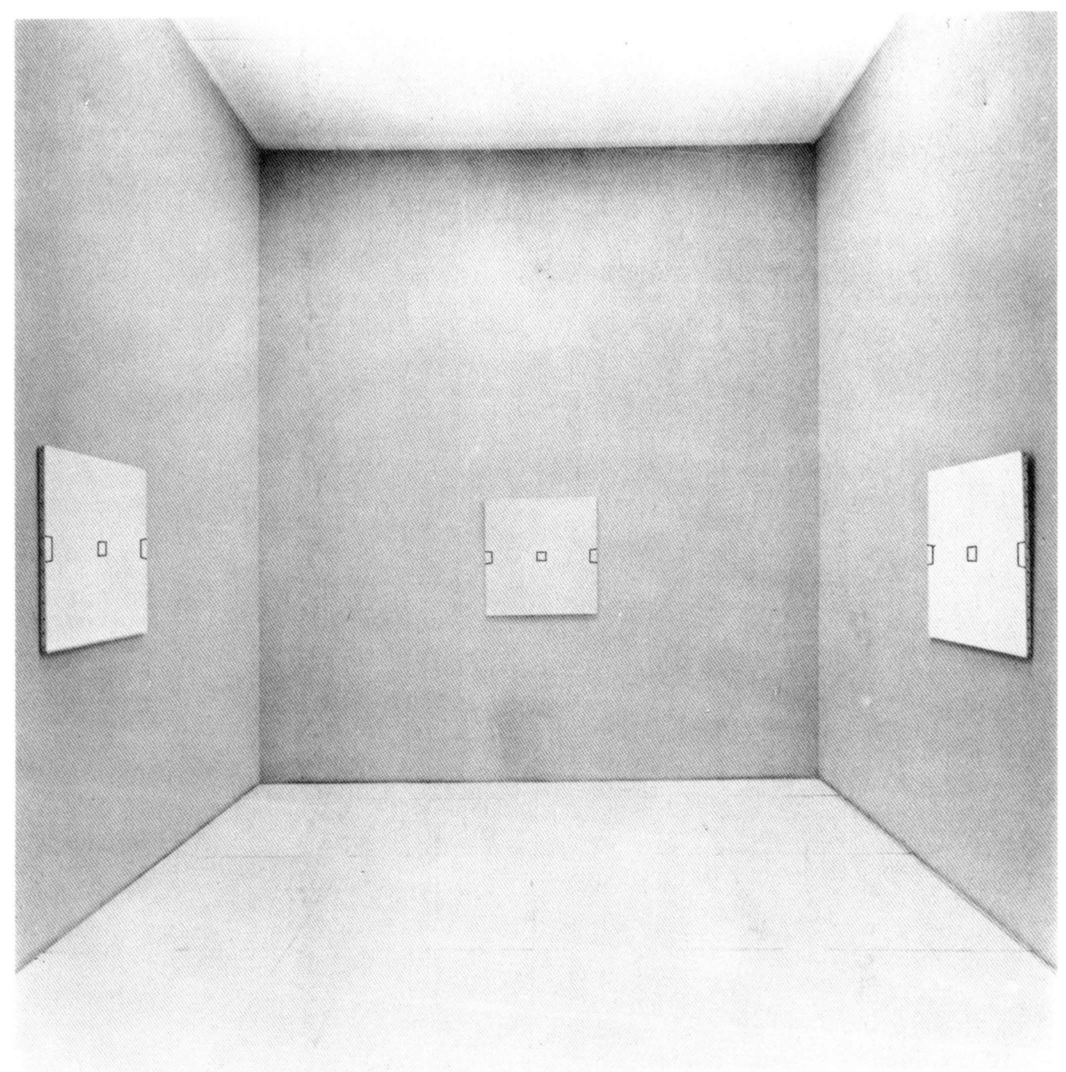

77 *Quattro immagini uguali* 1969

l'identità delle cose in cui l'opera si viene a creare. Quindi, in questo senso, i nomi che ricorrono nel quadro sono un po' la cornice del mio spazio operativo, la cornice della mia vita di tutti i giorni" (89).

Il libro stampato nel 1968 in 50 esemplari è costituito invece da un certo numero di pagine di carta da disegno bianca su cui, pagina dopo pagina, Paolini ha trascritto, a stampa, queste lettere secondo la stessa falsariga. Il titolo, apposto in copertina con scrittura a mano a significare l'assunto personale di un panorama impersonale di nomi

Naturally, at this point, a new problem began to take shape. For the author is bound to be struck by the determining, decisive nature of his own choices, by the crucial importance of his own presence — to such an extent that his own presence, his own identity, themselves become material for analysis.

Thus, at the end of 1968, after the identification of the historical artefacts, Paolini turned to his own identity as author and spectator, polarized in the particular problem of "seeing". In 1971 this identity was to be

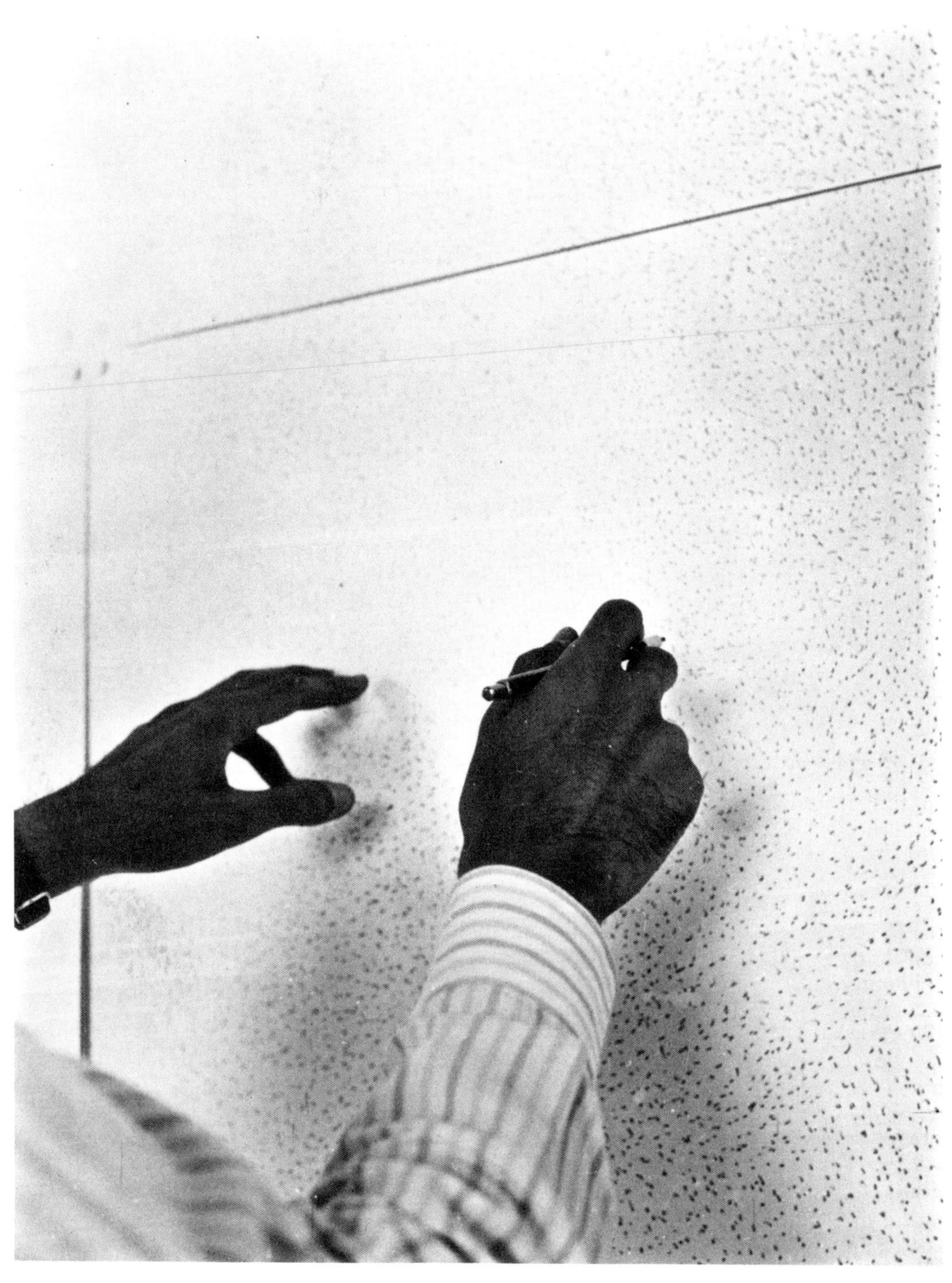

78 *Vedo (la decifrazione del mio campo visivo)* 1969

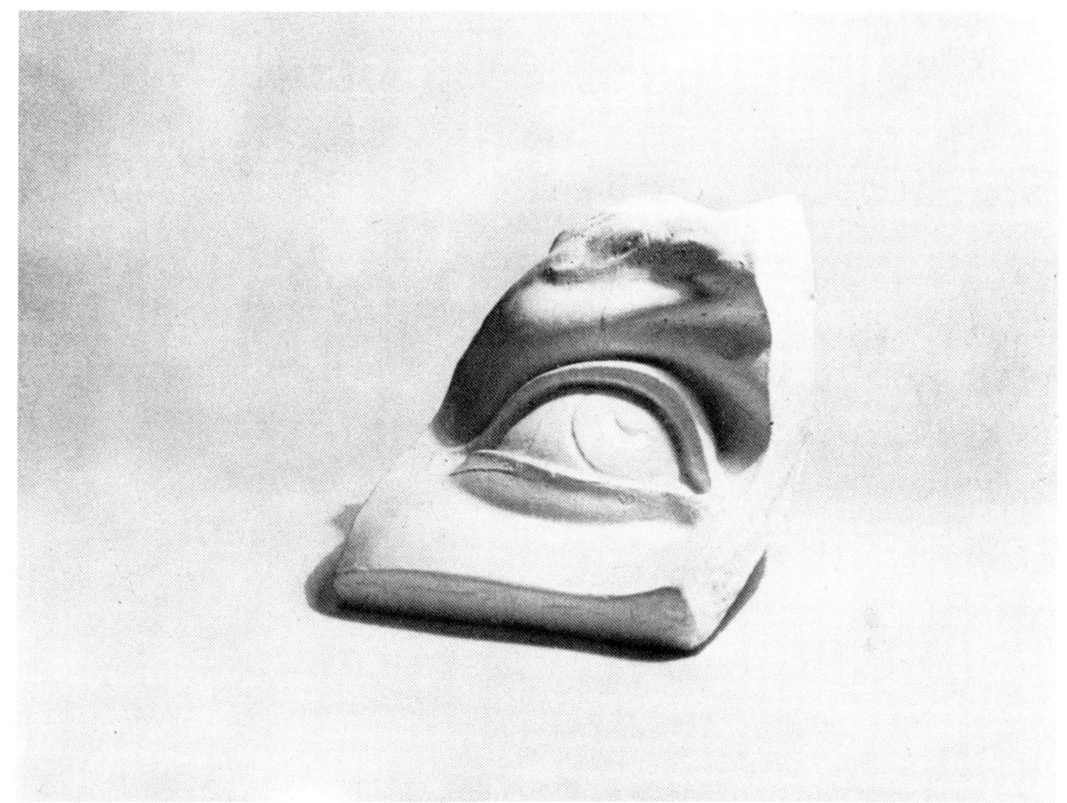

79 *Elegia* 1969

conosciuti, corrisponde alla voce enciclopedica della parola "Infinito".

"Io" (ill. 75), 1969, che apre la mostra "Vedo" (90), è il frammento di una lettera con il soggetto "io" e rappresenta il polo assoluto ed oggettivo di una delle identità su cui, da quest'anno, ruota tutta la ricerca.

L'implicazione indiretta del soggetto compare infine in "Mlle du Val d'Ognes" (ill. 76), che è il ricordo immaginifico di un quadro. L'opera, copia eseguita sulla memoria dell'originale, visto da Paolini al Metropolitan Museum di New York, tende a ricostruire le dimensioni del quadro di David (ora attribuito a Charlotte M. Charpentier) e ne riporta, con la scritta in alto, il segno ottico-verbale del titolo.

L'identità tra copia ed originale, allusa in Mlle du Val d'Ognes soltanto dalla dimensione presunta e dal titolo, diventa, con la vanificazione del ricordo, obiettivamente infinita in "Quattro immagini uguali" e finita in "Vedo".

explored still further until it became the very essence of his research.

The problem of identity is so crucial in Paolini's works from the end of 1968 up to 1972 that it is as well to stress the fact that the expressive and existential aspect of the problem (capable of raising analogies with vitalistic or naturalistic movements) is quite excluded.

For although Paolini's "subject" is the author-spectator Paolini, what interests him is not this object but the manner of its presentation. Writing prevails over its subject as one can see in "Ciò che non ha limiti e che per la sua stessa natura non ammette limitazioni di sorta", "Io", and "Mlle du Val d'Ognes".

"Ciò che non ha limiti e che per la sua stessa natura non ammette limitazioni di sorta" (ill. 74) is a book derived from one of Paolini's works, "Titolo" (dating from 1968). The work consists of two large canvases placed side by side like the pages of

"Quattro immagini uguali" (ill. 77) consiste in quattro tele identiche esposte al centro delle quattro pareti dell'ambiente, in modo che ogni tela "riproduce" l'immagine di se stessa in relazione alle altre. L'identità delle tele e la loro specularità alludono però non solo ad una focalizzazione reciproca, del dato con il medesimo dato, ma all'infinitudine del fenomeno del vedere.

Dal punto microscopico dell'io si passa così, attraverso il ricordo storico, alla moltiplicazione infinita o alla definizione finita del vedere. Le quattro tele "non sono che un veicolo per farne avvertire altrettante e così via, per sottrarre alla presenza della tela la sua qualità fisica e utilizzarla come apertura sull'infinitezza del fenomeno del vedere" (91). Un'infinitezza a cui corrisponde simmetricamente una finitudine, la decifrazione del campo visivo, in "Vedo" (ill. 78).

"Vedo" è la stesura diretta sulla parete di una serie di punti a matita corrispondenti alla superficie del campo visivo. La materia di "Vedo", riguardando il singolo, è la decifrazione della finitudine del vedere, ma come in "Quattro immagini uguali" l'infiinitudine era data dal suo negativo, la finitezza delle immagini, così in "Vedo" la finitudine è data dall'infinitezza del retino, che contiene tutte le immagini possibili.

La fisicizzazione del vedere, pur nella sua aspirazione ad una dimensione non oggettuale, nel tradursi in dati concreti riduce la sua astrazione assoluta, per cui Paolini, in "Elegia" (ill. 79), deve affermare la finzione e l'impossibilità di tradurre in oggetto il fenomeno del vedere.

"Elegia", "vuole essere appunto la trasfigurazione oggettuale di un fenomeno, il vedere, che rifiuta l'oggettivazione: il calco dell'occhio è di gesso e la pupilla è di specchio, diventa cioè copia e simulacro di un fenomeno che è al di fuori dell'oggetto" (92). L'identificazione degli enunciati universali e singolari, concreti ed astratti, del contesto "arte" non evita il pericolo di aggiungere al soggetto dell'analisi un predicato, ossia ciò che è venuto affermando Paolini sui vari attributi del linguaggio concreto dell'arte. Anche se in Paolini il predicato è essenziale, esso è una variabile che il soggetto nella sua identità assoluta rifiuta, infatti ogni soggetto, inizialmente, è predicato di se stesso.

an open book — the same module of divided space which the artist had used in "Una poesia". "Along this guideline I placed, one by one, the letters corresponding to all the names in my pocket book.

The title of the picture is "Titolo", if by "title" I can convey the kind of subject, the sort of *ambiance* in which any given work is produced. That is to say, the title should allude to the identity of those things in which and through which the work is created. Thus the names which recur in the picture are a sort of frame for my own activity, my own daily round" (89).

The book was printed in a run of fifty copies in 1968; it consists of a number of pages of ordinary white drawing paper, on which are printed the same names that appear in the picture. The title is hand-written on the cover so as to give a personal touch to an impersonal survey of familiar names, and is in fact the entry for "Infinity" in an encyclopaedia.

The work "Io" (ill. 75) from the following year, opening the "Vedo" show (90), is a fragment of a letter whose subject is "I"; it thus comes to represent the absolute and objective pole or axis of one of the identities around which all Paolini's research revolves.

"Mlle du Val d'Ognes" (ill. 76) shows an indirect implication of the subject. It is a "copy from memory" of a picture seen by Paolini at the Metropolitan Museum in New York (the picture, once thought to be by David, is now attributed to Charlotte M. Charpentier) and reproduces the dimensions of the original, carrying along the top the verbal-optical sign of the title.

The identity between copy and original, to which allusion is made here only through the title and the dimensions, becomes — via the emptying effect of memory — objectively *infinite* in "Quattro immagini uguali" and *finite* in "Vedo".

"Quattro immagini uguali" (ill. 77) comprises four identical canvases placed in the centre of the four walls of a room so that each canvas "reproduces" its own image in relation to the others. The fact that the canvases are identical and that they are exact copies of each other does not allude merely to a reciprocal focusing effect, but to the

GIULIO PAOLINI

Nato a Genova nel 1940.
Vive e lavora a Torino.

Mostre personali:
1964 La Salita, Roma.
1965 Notizie, Torino.
1966 Galleria dell'Ariete, Milano.
1967 Libreria Stampatori e Teatro Stabile, Torino.
1967 Galleria del Leone, Venezia.
1967 Stein, Torino.
1968 Libreria dell'Oca, Roma.
1968 Galleria Notizie, Torino.
1969 Galleria De Nieubourg, Milano.
1969 La Tartaruga, Roma.

Mostre collettive:
In Italia e all'estero dal 1961.

Scene e costumi per « Bruto Secondo » di
V. Alfieri, Teatro Stabile di Torino 1969.

Francis Picabia: Senza titolo, 1917
(tempera e collage su cartone cm. 57 x 63)

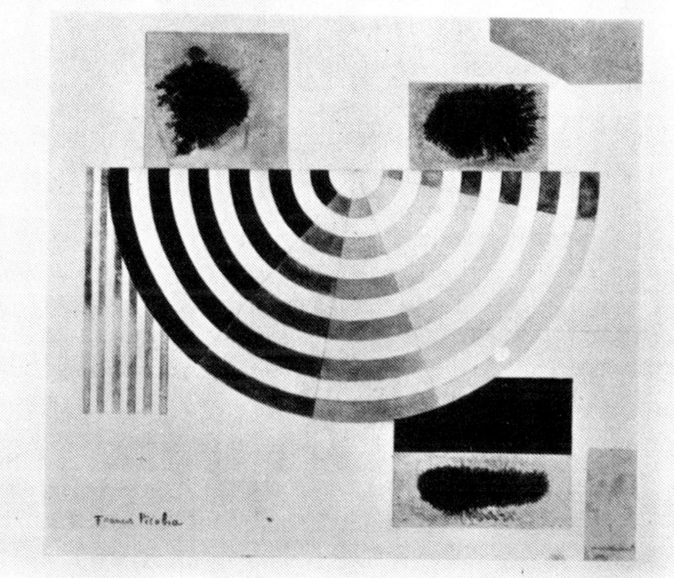

80   *Francis Picabia: Senza titolo 1917*

Ne deriva un'ulteriore impossibilità a definire un termine di riferimento tutte le volte che ricorre nel contesto arte sia con immagini sia con parole.

Si può quindi convenire con Paolini che l'identità può solo assumere, come in " 2 greys + 2 greens", 1955, di Josef Albers o in "Senza titolo", 1917, di Francis Picabia (ill. 80), un assetto assoluto che nulla sottrae al soggetto, poichè lo presenta nella sua originalità, senza predicati.

In un secondo contesto, quello del linguaggio scritto (93), non meno interessante per infinite quality of the phenomenon of seeing. Thus we have moved from the microscopic "I" through historical memory to the infinite multiplication and the finite definition of seeing. The four canvases "are only a vehicle to make one aware of many others, so as to abstract from the canvases their own physicality and use their presence as an opening onto the infinite horizon of seeing" (91). Paolini goes on to display the finitude which corresponds to this infinity in "Vedo" (ill. 78).

"Vedo" is a series of pencilled points on a

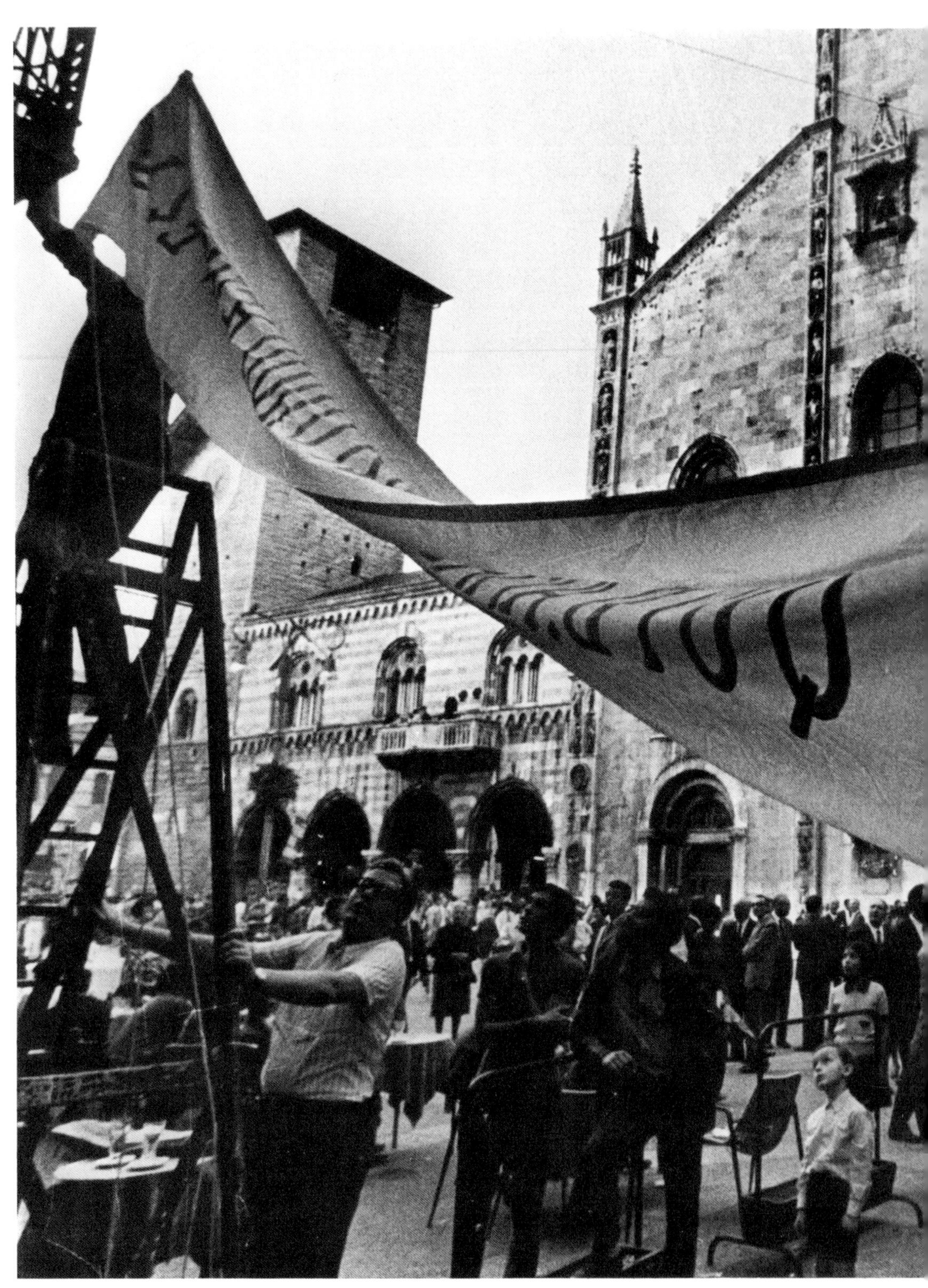

81 *Et quid amabo nisi quod aenigma est?* 1969

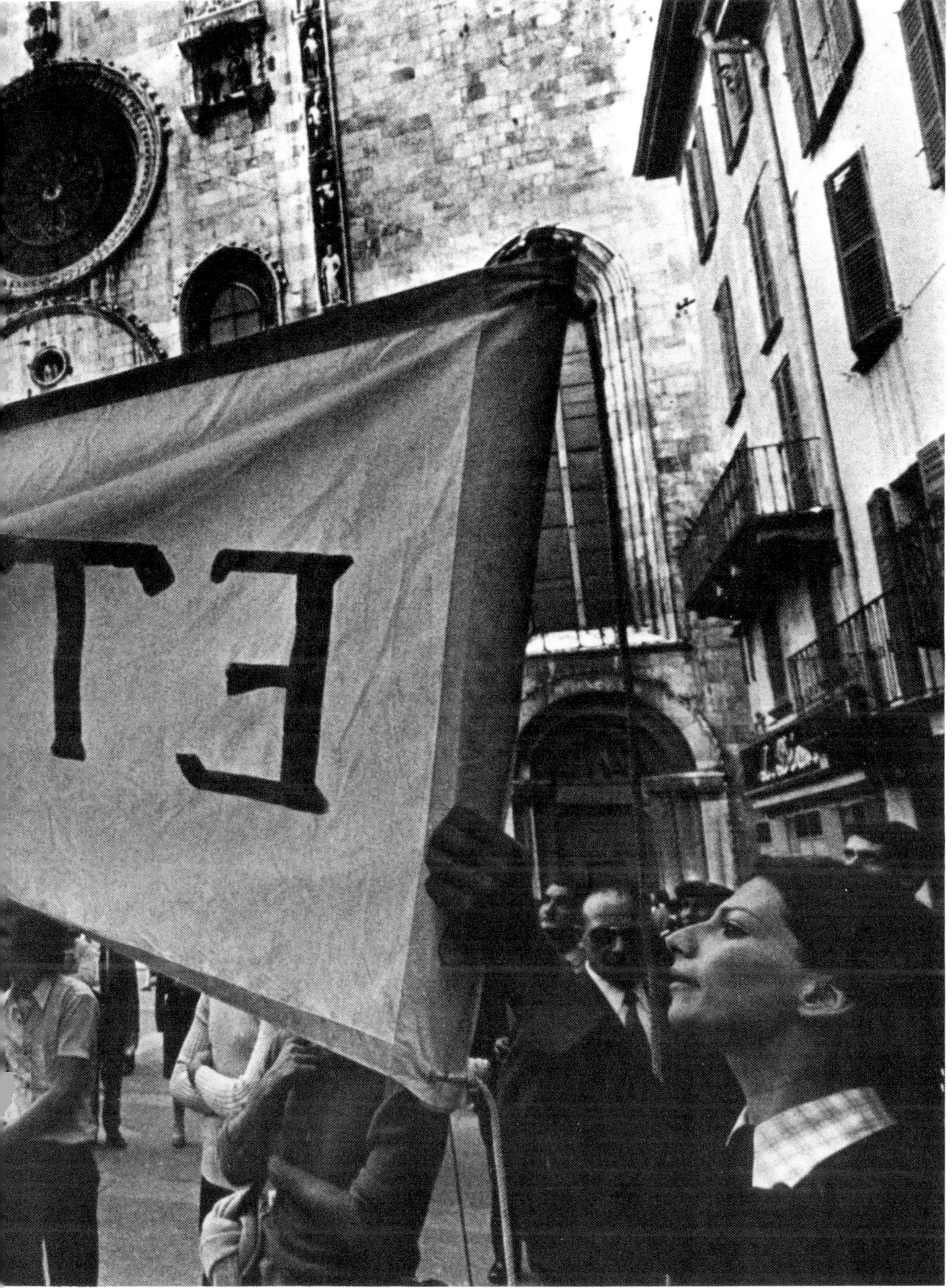

il procedimento in questione, Paolini, dopo
aver esposto, nello spazio della sua ricerca,
i lavori originali di Albers e di Picabia, presenta i testi originali di Giambattista Vico,
Maurice Merleau-Ponty e Jorge Louis Borges, il cui contenuto e significato riguarda la
certezza e il rigore ostinato dell'arte.
L'enigma dell'identità, ricordato nello stesso
anno da "Et quid amabo nisi quod aenigma
est?" (ill. 81) trascrizione del titolo di un
autoritratto di De Chirico, si definisce infine
nel 1970 a proposito del proprio lavoro, la
cui origine si identifica con "Disegno geometrico" del 1960.
L'identità di "Disegno geometrico", è nel
1970, indescrivibile, poichè il quadro, oltre
a se stesso, porta con sè situazioni, scene ed
immagini sfuggite alla sua iconografia. "Un
quadro" (ill. 82), quattordici tele fotografi-
che che riproducono, nelle stesse dimensioni,
"Disegno geometrico" del 1960, cerca una
identità che i titoli, sempre differenti per
ogni tela sembrano attribuirgli.
Lo scritto di Paolini, che accompagna il lavoro, afferma: "Un quadro, dipinto nel
1960, supera il senso residuo di questo scritto. Nessuno può descrivere un quadro. Due
quadri, talvolta, rivelano un pittore a se
stesso. Può, un quadro, descrivere un quadro? Se mi fosse possibile immaginare il futuro dell'arte, non riuscirei a distinguerlo dal
suo aspetto nel presente. Potrei credere, allora, di averlo già immaginato, ma l'ipotesi
sarebbe così avventata da convincermi di
coincidere con il passato. Se l'arte non ha
futuro, e non ha ovviamente passato, allora
non ha, nel presente, che l'illusione di questi due termini" (94).
"Il fatto che un nuovo elemento sembra
comparire", scrive Catalano, "quello del pla-
gio (le opere portano titoli e nomi di autori
del tutto inventati), in realtà conferma ulteriormente la vocazione di Paolini per il metodo della citazione: una citazione doppia
che attinge la propria fonte su se stessa" (95).
Dietro ogni tela fotografica compare infatti
una firma che corrisponde ad un autore
sempre diverso e immaginario, ed un titolo sempre differente ed esso pure immaginario. La scelta di autore e titolo non è
prevedibilmente fantasiosa, ma come sempre le sue relazioni ed allusioni riguardano
l'arte.

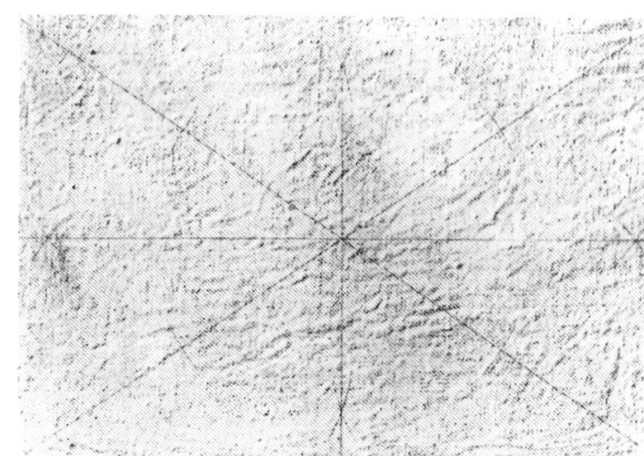

Edgar Bogojawlensky: Amore e Psiche

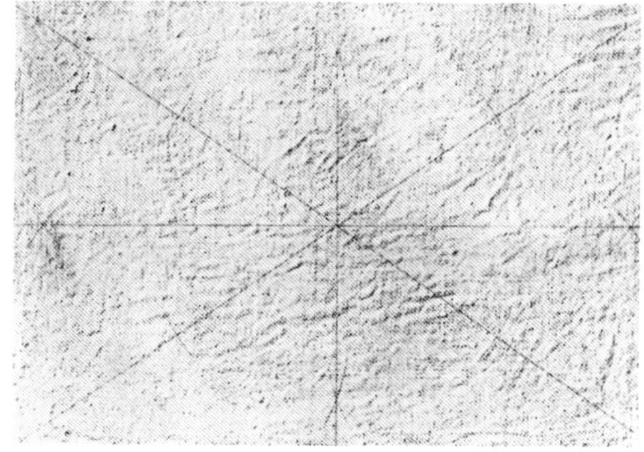

José Alfonso Berkeley: Apparizione

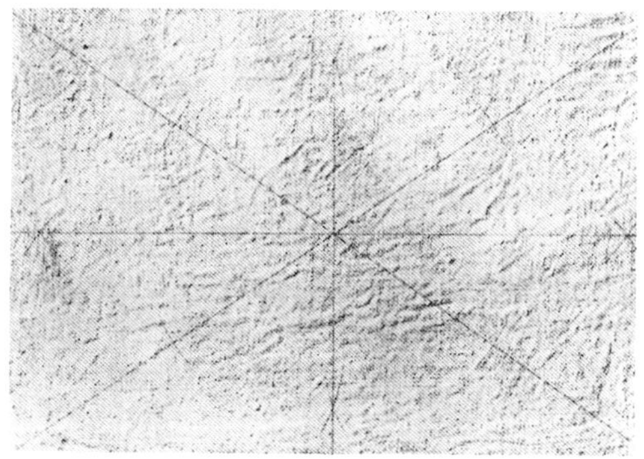

Ahmed Barka: Mercato tunisino

82 *Un quadro* 1970

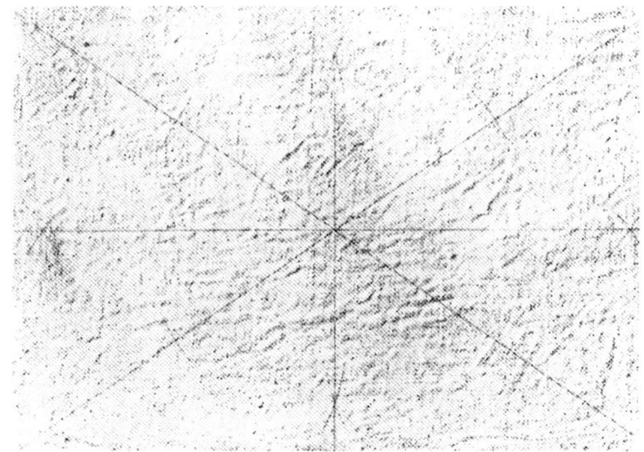

Mehemet Kalahari: Zorah

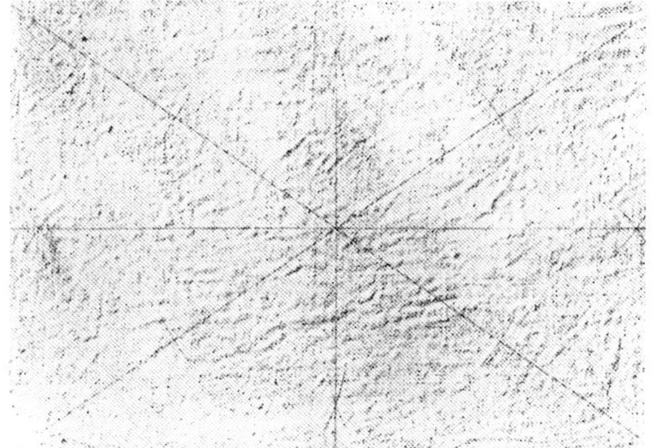

J. Louis Morel: Cigno trasformato in cigno

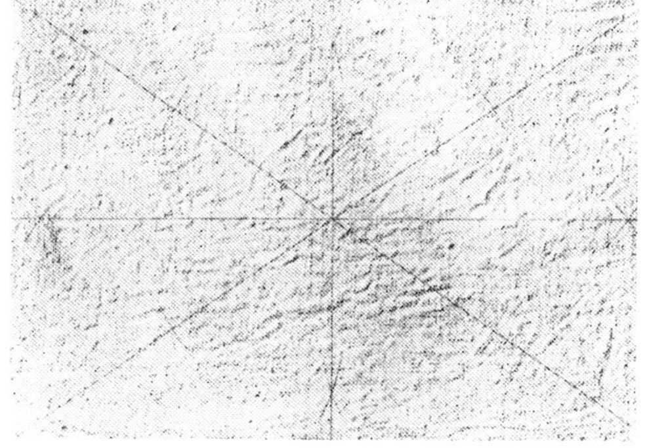

Arcadio Llorente: "Illusion perdue"

wall, corresponding to the visual field of the artist. Just as in "Quattro immagini uguali" infinity was expressed in terms of its own negative (the finitude of the images displayed) so in "Vedo" finitude is conveyed by the infinite quality of the screen of points, which contains. within itself all possible images.

Although Paolini intends no objectual dimension in his interpretation of seeing, the fact that this "translation" into concrete terms reduces the absolute abstraction of the phenomenon causes him, in "Elegia" (ill. 79) to show how impossible it is to preserve the integrity of seeing while expressing it as an object.

"Elegia" is meant to be the objectual transfiguration of the phenomenon of seeing, which rejects all attempts to express it in objectual terms. The work is a plaster cast of an eye and the "pupil" is a mirror, becoming, that is, the copy and the imitation of a phenomenon which stands outside it" (92). As is clear, the gradual and careful identification of the universal and individual, the concrete and abstract propositions of the artistic context does not avoid the danger of adding to the subject of analysis a sort of predicate — that is, what Paolini affirms on the various attributes of the concrete language of art.

Even if the predicate is essential to Paolini's work, it is still a variable which the subject itself, being absolute, can only reject: all subjects, initially at any rate, are their own predicates.

This means, of course, that it is quite impossible to define a reference every time it crops up in the context of art, whether with words or with images.

And one can thus agree with Paolini that identity (as in "2 greys + 2 greens", 1955, by Josef Albers, or in "Senza titolo", 1917, by Francis Picabia, ill. 80) can only take on an *absolute* identity which takes nothing away from the subject itself, since it presents the subject in its own original nature, without any predicate.

There is, of course, a second context which is especially interesting with regard to the procedure we are dealing with: that of written language (93). After displaying original works by Albers and Picabia, Paolini turns

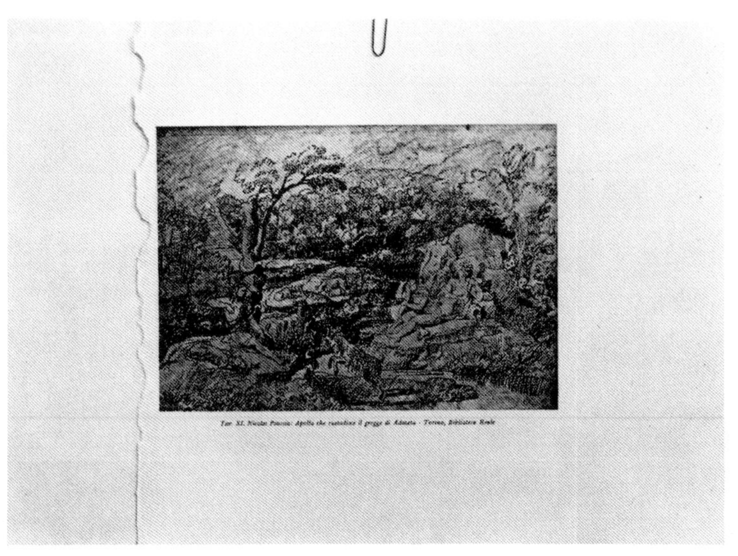

Tav. XI. Nicolas Poussin: Apollo che custodisce il gregge di Admeto - Torino, Biblioteca Reale

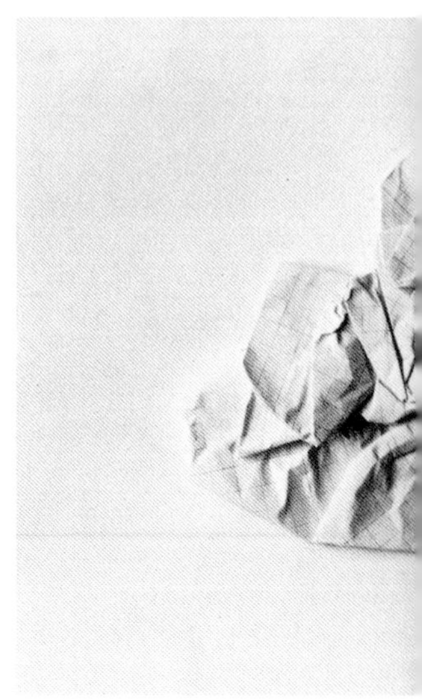

83 *Apollo e Dafne* 1971 (15 disegni)

Per esempio: al tipico nome tunisino Ahmed Barka corrisponde il titolo "Mercato tunisino", che si ricollega a un quadro di Kandinsky intitolato "Cavaliere azzurro in un mercato tunisino", come se il presunto Ahmed Barka riproducesse il contesto in cui Kandinsky vide il cavaliere azzurro, che doveva poi diventare il titolo del gruppo da lui fondato; come se dei testimoni misteriosi e sconosciuti intervenissero a ritrarre, cosa che non appare sul quadro, ma nel concetto, delle situazioni, delle scene, delle immagini che in un certo qual modo erano sfuggite all'iconografia conosciuta dell'arte.

Un altro esempio è "Cigno trasformato in cigno", che è il titolo di una novella mitologica del '600. "Il titolo suggerisce un paradosso della metamorfosi, ed è molto difficile attribuirgli un'immagine. Un altro si intitola 'Zorah' la ragazza che Matisse aveva dipinto nel famoso 'Trittico marocchino' ed il nome dell'autore è il nome di un deserto africano, Kalahari" (96).

Il richiamo, poi, al primo lavoro del 1960 non è casuale, ché, anzi, involge, dopo dieci anni lo spunto per ritornare a sottolineare l'esigenza gnoseologica sul contesto concreto dell'arte prospettata, immediatamente, come fulcro di tutta la ricerca, in "Disegno geometrico".

Ciò che si vuole sostenere in "Un quadro" è che la conoscenza analitica ha sempre a to original *texts* by Giambattista Vico, Maurice Merleau-Ponty and Jorge Luis Borges, all concerning the certainty and the rigour connected with art.

The enigma of identity, recalled in the same year with "Et quid amabo nisi quod aenigma est?" (ill. 81) (the title of a self-portrait by Giorgio De Chirico) returns again in 1970, this time referring to Paolini's own work, is no longer describable, in that the picture carries with it "situations, scenes and images" which are not iconographically part of it. "Un quadro" (ill. 82), fourteen photographic canvases which reproduce, actual size, the original "Disegno Geometrico", is a multiple search for an identity which appears to be offered by the titles — different for each of the canvases. Paolini's own statement accompanying this work affirms: "A picture, painted in 1960, still dominates anything I can say about it in words. Nobody can describe a picture. Two pictures, on occasion, can reveal a painter to himself. Can a picture describe a picture, then? If I were enabled to imagine the future of art, I could not distinguish it from how it looks at present. Thus I might believe that I had already imagined it, but the hypothesis would be such a reckless one that I would be convinced of coinciding with the past. If art has no future (and obviously it has

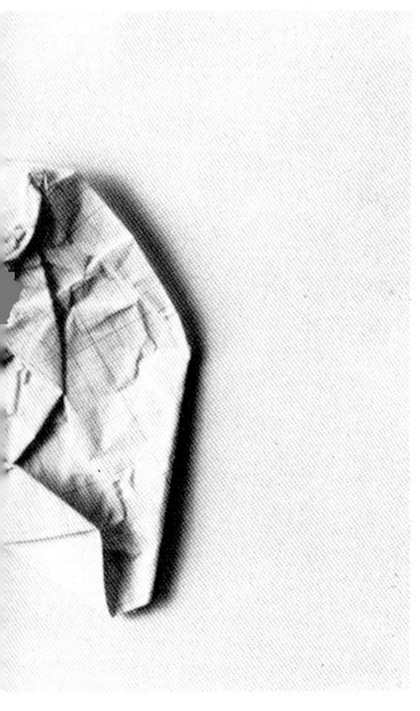

che fare con quell'enunciato indiscusso: tanto che in Paolini, come in Ad Reinhardt che concepisce l'arte basata su una sola idea da ripetere con variazioni minime, in quello spazio definito si applica un gesto sempre identico che rispetta scrupolosamente i propri limiti.

"Con 'Un quadro' ho voluto attribuire alla mia prima opera una certa universalità, fare affluire cioè a quel momento non solo tutto il mio lavoro successivo, ma anche una sorta di valore inconfutabile della stessa immagine" (97).

Al moltiplicarsi dell'identità dell'artefatto linguistico primario non può che corrispondere il moltiplicarsi dell'identità dell'autore o protagonista primario della ricerca.

L'autore, nella misura in cui produce una analisi a proposito dei fenomeni particolari del linguaggio, interpreta un soggetto, per cui il risultato del suo lavoro può essere "osservato" come teatro.

Una simile lettura dell'identità dell'autore appare in "Apoteosi di Omero" (ill. 84), che consiste in un testo, letto da due speakers, e di alcune fotografie di attori nell'interpretazione di altrettanti personaggi.

Il titolo ricorda l'interesse di Paolini, già apparso in "Poussin, che indica gli antichi come esempio fondamentale", per l' "Apoteosi di Omero" di Ingres (98).

Le fotografie sono esposte in uno spazio

no past) it follows that in the present it has only the illusion of these two spheres" (94). "The fact that a new element seems to make its appearance, that of imitation (the works bear titles and attributions which are completely invented) is actually a further proof of Paolini's vocation for quotation, a double-edged process which draws his own sources upon him". Thus Tullio Catalano (95).

And indeed, on the back of each of the photographic canvases are an imaginary title and author. Naturally, the names are never fortuitous, but always have some bearing on art.

Thus we have a typical Tunisian name, Ahmed Barka, with the title "Mercato tunisino" recalling a painting by Kandinsky "Blue rider in a Tunisian market" — as if the imaginary Ahmed Barka were to summon up the context in which Kandinsky saw his rider (who was to give his name to the entire Blaue Reiter school). As if there were some mysterious unknown witnesses intervening to depict (not in the picture, but in the context) certain situations, scenes, and images which in some way or other had escaped the *known iconography of art*.

Another example is "Cigno trasformato in cigno" which is the title of a seventeenth-century mythological tale, suggesting a pa-

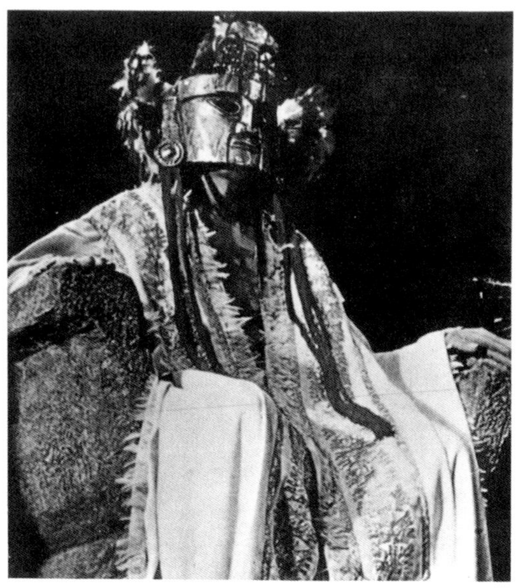

Atahualpa (Christopher Plummer)

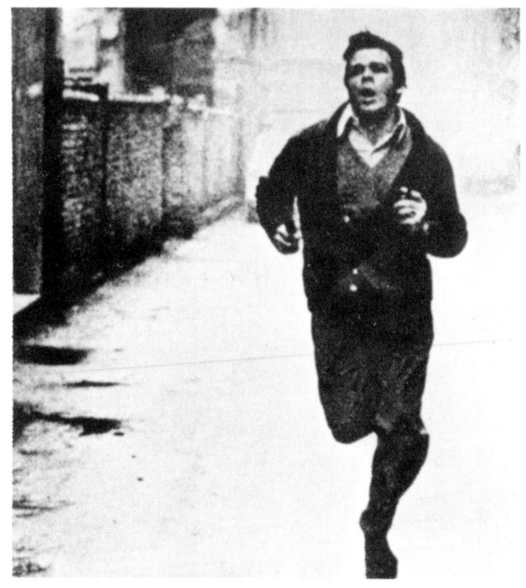

Paolo Casaroli (Renato Salvatori)

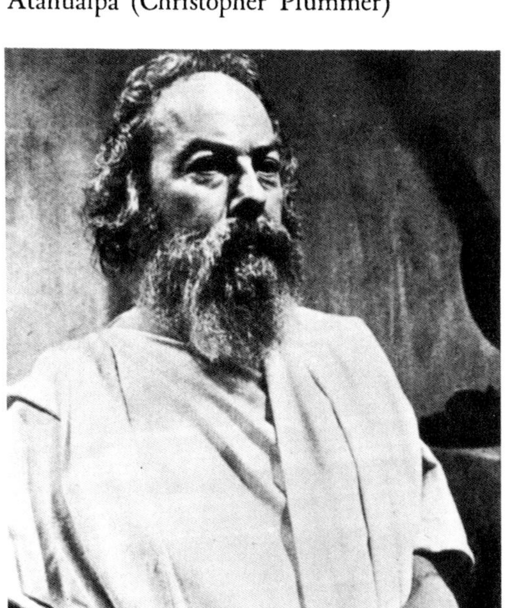

Socrate (Jean Sylver)

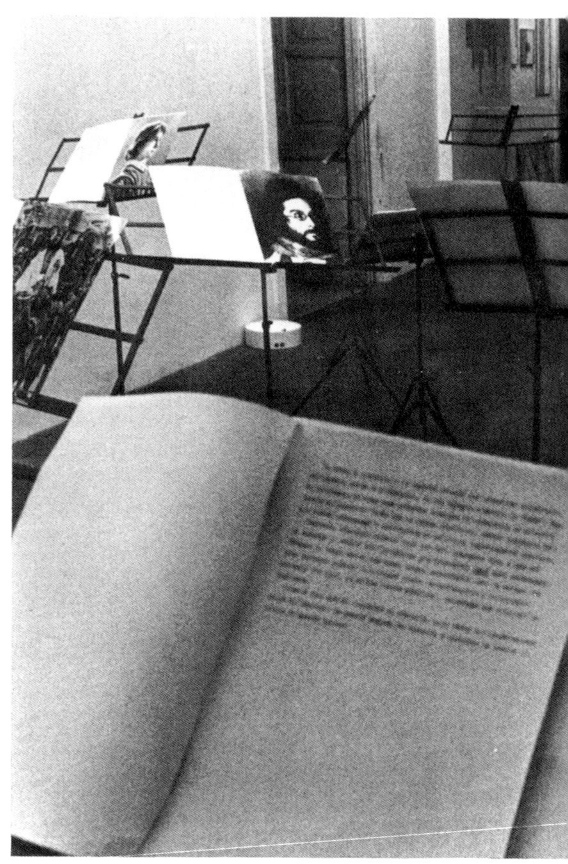

84 *Apoteosi di Omero* 1970-71

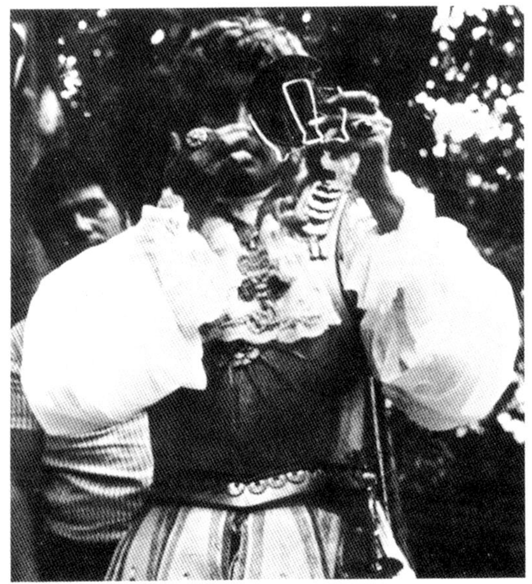

Alessandro Magno (Alfredo Bianchini)

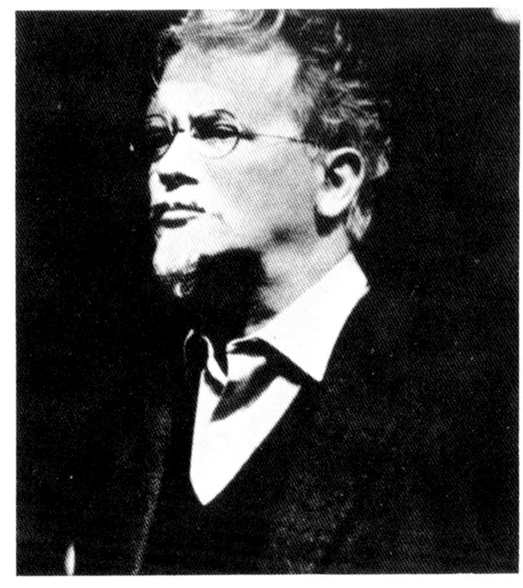

Leone Trotzkij (Richard Munch)

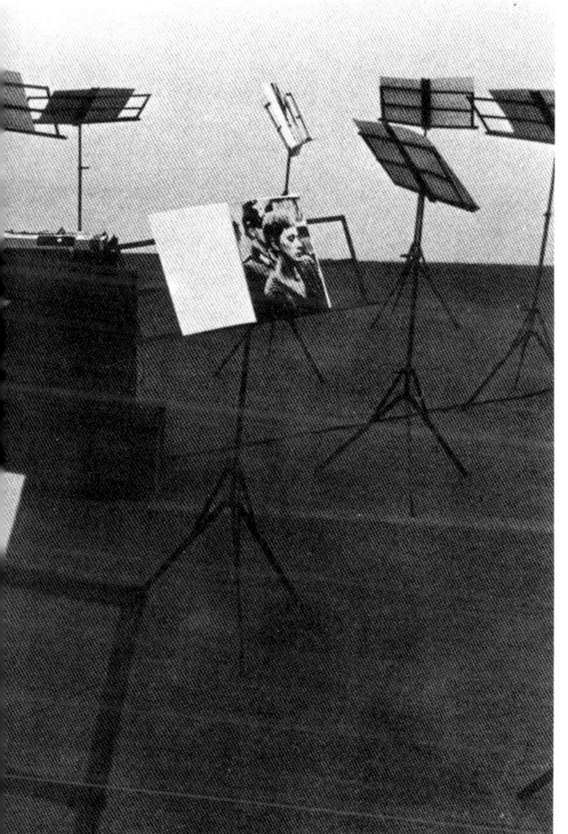

Giovanna d'Arco (Teresa Martin)

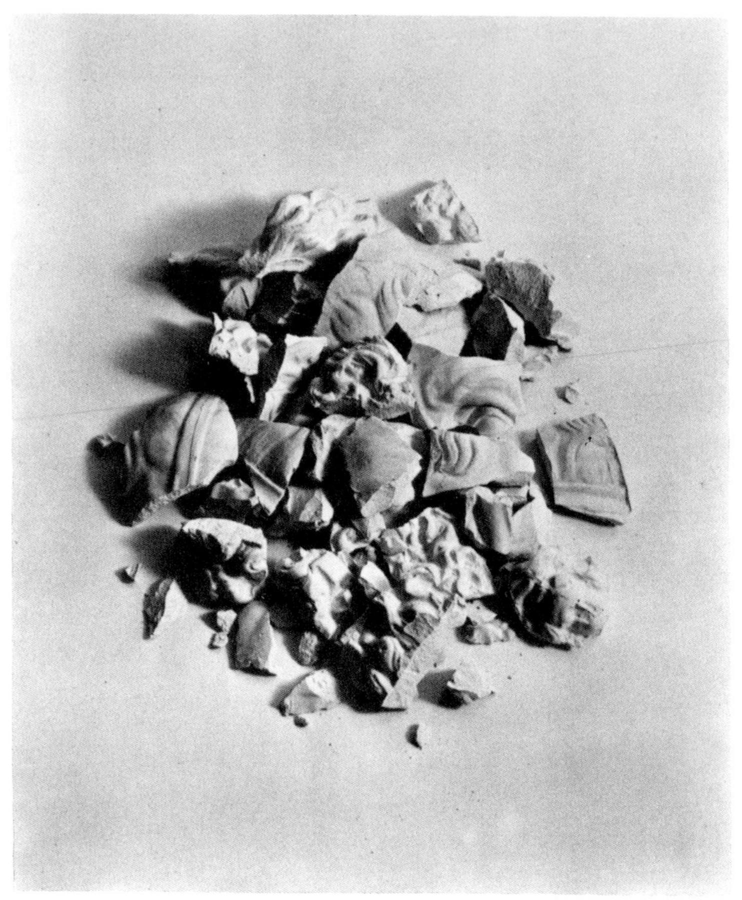

85 *Proteo* 1971

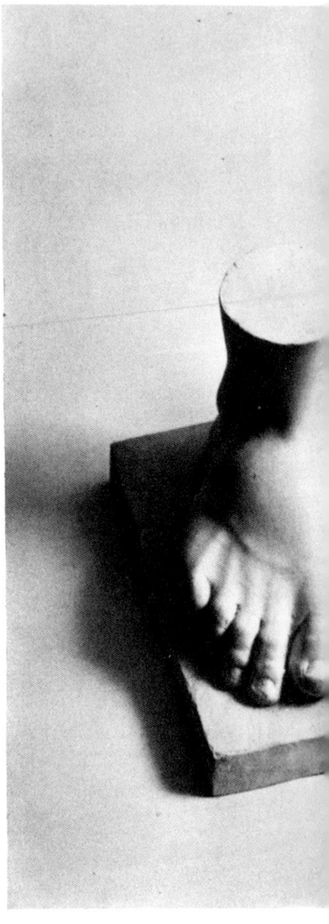

86 *Proteo (II)* 1971

raccolto e due speakers (un uomo e una donna, in frac e abito da sera) nell'ordine, e rispettivamente, leggono la nota di scena, in tre lingue, e di seguito l'elenco dei personaggi e degli interpreti.

"La scena è classica, o lo sarebbe se così non apparisse soprattutto all'occhio, avido e ottenebrato, di chi appunto classica la 'vede'. Non è, nondimeno, moderna come potrebbe simulare di intenderla un giudizio devoto al classico. Direi che la scena, piuttosto, sembra concepita dagli stessi personaggi e corrisponde ad un'ottica rigorosamente teatrale. Teatrale, classico, moderno sono tre dati incongrui fino a che non si conosca il valore dell'incognita: gli interpreti *sono* quei personaggi, fermano il tempo reale, non hanno luogo, sconvolgono — per un attimo che essi soltanto possono individuare (fuori

radoxical metamorphosis. Yet another is entittled "Zorah" (the girl painted by Matisse in his famous Moroccan tryptich) while the name of the painter is that of the African desert, Kalahari (96).

Naturally, the reminder of the first work is far from accidental: it takes us back to the fulcrum of all Paolini's research on the concrete context of art, for which "Disegno Geometrico" was a preliminary statement. What is emphasized in "Un quadro" is that the painter's analytical awareness continually comes back to that first statement: in Paolini, as in Ad Reinhardt, the idea is one, and it is repeated again and again with infinite but minimal variations. "In 'Un quadro' I wanted to lend my first work a certain degree of universality, to make it a centrepoint towards which all my later

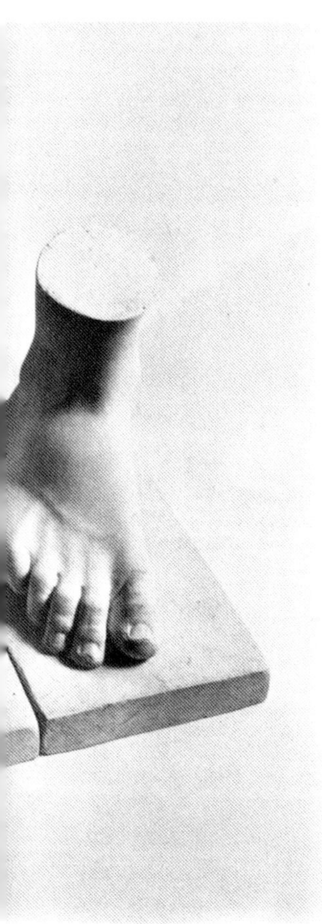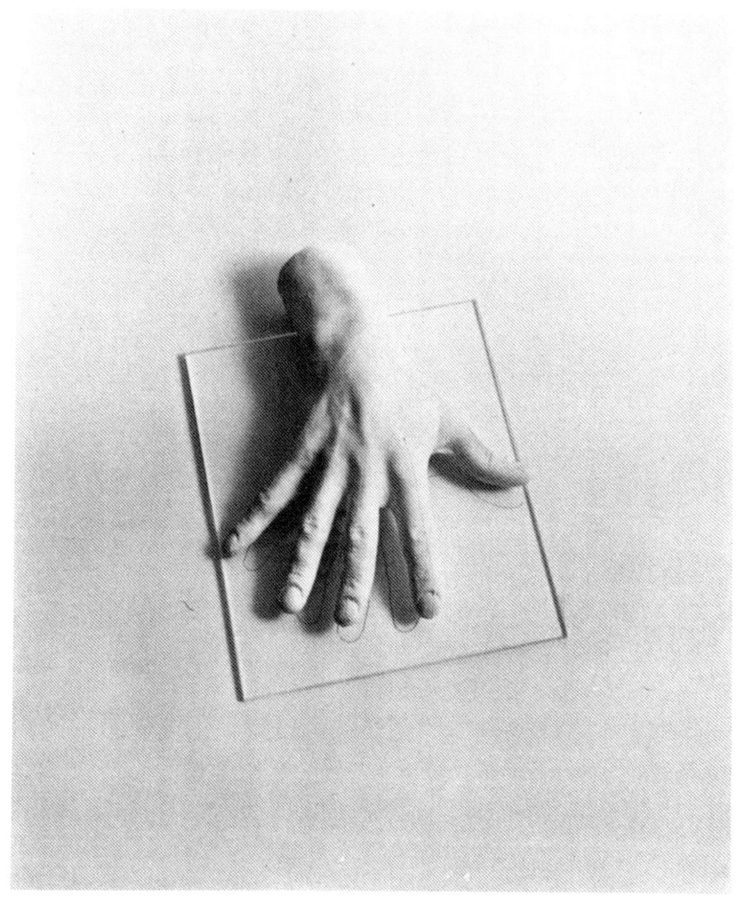

87 *Proteo (III)* 1971

dalla scena?) — i riferimenti abituali (le loro, le nostre stesse identità), celebrano una finzione abbagliante.
Prima e dopo questa illusione di eternità, poco resta all'osservazione, nulla all'analisi. In queste pagine, ho raccolto e ordinato le tracce visibili di queste ipotesi" (99).
Il testo, insieme alla documentazione fotografica, serve a questionare sulla possibilità o meno di sovrapporre qualsiasi predicato alla "scena". Il succedersi delle finzioni, da Raffaello a Ingres, da Ingres a Paolini, da Caligola a Carmelo Bene, sconvolge infatti ogni verità di identificazione di un protagonista con un altro. L'identificazione continuamente elusa nel moltiplicarsi degli interpreti rafforza ulteriormente il mistero dell'identità.
L' "Apoteosi di Omero" non è dunque una

work would be seen to flow — and not only that, but a sort of incontrovertible statement of the value of the same image" (97). Reasonably enough, this multiplication of the identity of the linguistic artefact leads to a parallel multiplication or proliferation of the identity of the artist.
One should note here that the artist, inasmuch as he is continually producing an analysis of the phenomena peculiar to language, is constantly *interpreting a subject* — which is the same as saying that his work can be "observed" as *theatre*. This explains the reading of the identity of the author which we find in "Apoteosi di Omero" (ill. 84) a work consisting of a text read by two speakers, plus a number of photographs of actors interpreting various characters. The title reminds us of Paolini's interest in In-

rappresentazione, nella sua laconica ed ine-
spressiva enunciazione di protagonisti dei
protagonisti : risulta invece un pensiero sulla
"rappresentazione": è "una domanda astratta sull'eventualità dell'identificazione" (100).
Nella ricerca di Paolini ogni conclusione raggiunta è considerata soggetto ad ulteriore determinazione in base alla sua sorte nella ricerca successiva. La stabilità delle identità
dell'artefatto, dell'autore e dello spettatore
è un limite ideale, in quanto è condizione
che deve essere progressivamente soddisfatta.
Il carattere condizionale (nel senso che è
soggetto a revisione nell'ulteriore indagine)
delle conclusioni sull'identità rende quest'ultima un'entità irraggiungibile e "mitica" in
"Proteo", il calco frantumato di una testa,
ricostruito "non per ricuperarne la fisionomia, ma la porzione di spazio che occupava
all'origine; in 'Proteo II', due calchi di piede
destro sono accostati in una simmetria no-
minale, non naturale; in 'Proteo III' il calco
di una mano sottende un foglio di carta su
cui è tracciato il profilo della mia mano" (101).
L'enunciato, in "Proteo", di una situazione
problematica, in termini di materiali classici
dell'arte, i calchi di gesso, riconosce che i
tratti dell'identità vivono su paradossi visuali.
In qualunque caso essi sono provvisori come dati evidenziali, perchè possono rivelarsi
ingannevoli nella loro corrispondenza spaziale, visuale e segnica.
Gli argomenti addotti mostrano incontesta-
bilmente che gli artefatti "puri" (dove "puro" significa completamente indipendente
dal rapporto con significazioni-contenuto, di
fatto e di concetto) non sono identificabili,
ma relativi all'illazione scelta.
Si ripropone così in un rimando continuo di
soluzioni, il problema dell'identità della scelta singolare e dell'infinitudine concreta della
ricerca.
"Giulio Paolini" (ill. 88) è il libro che rac-
coglie le firme e le date dei lavori, dal 1960
al 1971, e ripete dunque tutti i momenti precedenti dell'indagine sino al libro stesso.
Il volume è uguale, per carta e formato, a
"Ciò che non ha limiti e che per la sua
stessa natura non ammette limitazioni di
sorta" (ill. 74).
L'uso della calligrafia dà obiettività ai mo-

88   *Giulio Paolini* 1971

gres (which we already noted à propos of
"Poussin, che indica gli antichi come esempio fondamentale" - 98).
The photographs are displayed in a limited
space; and the two speakers (a man and a
woman, in evening dress) read the stage directions and the list of characters and their
interpreters, in three languages.
"The scene is classical, or would be so if
that were not the way in which it appears
above all to the eager but shadowed gaze
of precisely those who 'see' it as classical.
And yet, it is not modern, as a classically-
oriented judgment might claim. It would
be better to say that the scene seems rather
to have been conceived by the very personages which figure in it, in a rigorously
theatrical manner".
The terms "theatrical, classical, modern",

are three incongruous pieces of data so long as one remains unacquainted with the values of the unknown: for the interpreters *are* the personages they interpret: they stop real time; they have no place; and — for a brief moment which only they themselves can identify — they interrupt the usual reference (their own and our identity); they "celebrate" a fictional happening which somehow succeeds in dazzling us.

Before and after this illusory vision of eternity, little remains to be observed, and nothing at all to be analyzed. In these few pages, I have collected together and ordered the visible traces of this hypothesis" (99). Thus the text, together with the accompanying photographs, serves to pose a series of questions as to whether or not one can superimpose a predicate on the "scene". The sequence of fictions, from Raphael to Ingres, from Ingres to Paolini, disturbs the identifications of one protagonist with another — which gives greater force to the mystery of identity.

Thus the "Apoteosi di Omero" is not a theatrical representation, with its laconic, inexpressive enunciation of protagonists of protagonists: it is a sort of reflection on "representation", and "an abstract question as to whether identification is possible" (100). It should by now be clear that in Paolini's artistic progress every new conclusion is a starting point for further analysis. This conditional character — with reference to the problem of identity — is pointed out in another work, "Proteo", a shattered plaster cast of a head, reconstructed "so as to recreate it not as a physical or physiogical entity but rather as the portion of space it occupied before being shattered; in "Proteo II" two casts of a right foot are placed together in a nominal, but not natural, symmetry, while in "Proteo III" the cast of a hand subtends a sheet of paper on which I have drawn the outline of my own hand" (101).

In "Proteo" the enunciation of a problematical situation (in terms of classical artistic materials such as plaster casts) amounts to a recognition that the outline traces of identity live on visual paradoxes: furthermore, they are only provisional, for their co-respondence with reality, in space, may

menti singolari dei suoi lavori, riferiti qui solo dalle firme, l'ultima delle quali elude però la sua identificazione risultando al tempo stesso emblema di un lavoro del 1971 e segnatura del libro.

Infine "Early Dynastic" (ill. 89); quattro colonne uguali su cui posano altre quattro colonne, di metà dimensione, poste in punti equidistanti sulle diagonali dell'ambiente, "riflettono" sui muri perimetrali altrettante immagini di se stesse, segnate a matita.

Come nel discorso sviluppato in "Quattro immagini uguali" (ill. 77), "Early Dynastic" è l'indicazione simbolica della ripetizione infinita della ricerca. La scelta dell'immagine è, come sempre, preferenziale "Il neoclassico ha significato l'assenza di uno stile 'nuovo', ha riassunto un modo passato, abdicando alla forma nuova" (102).

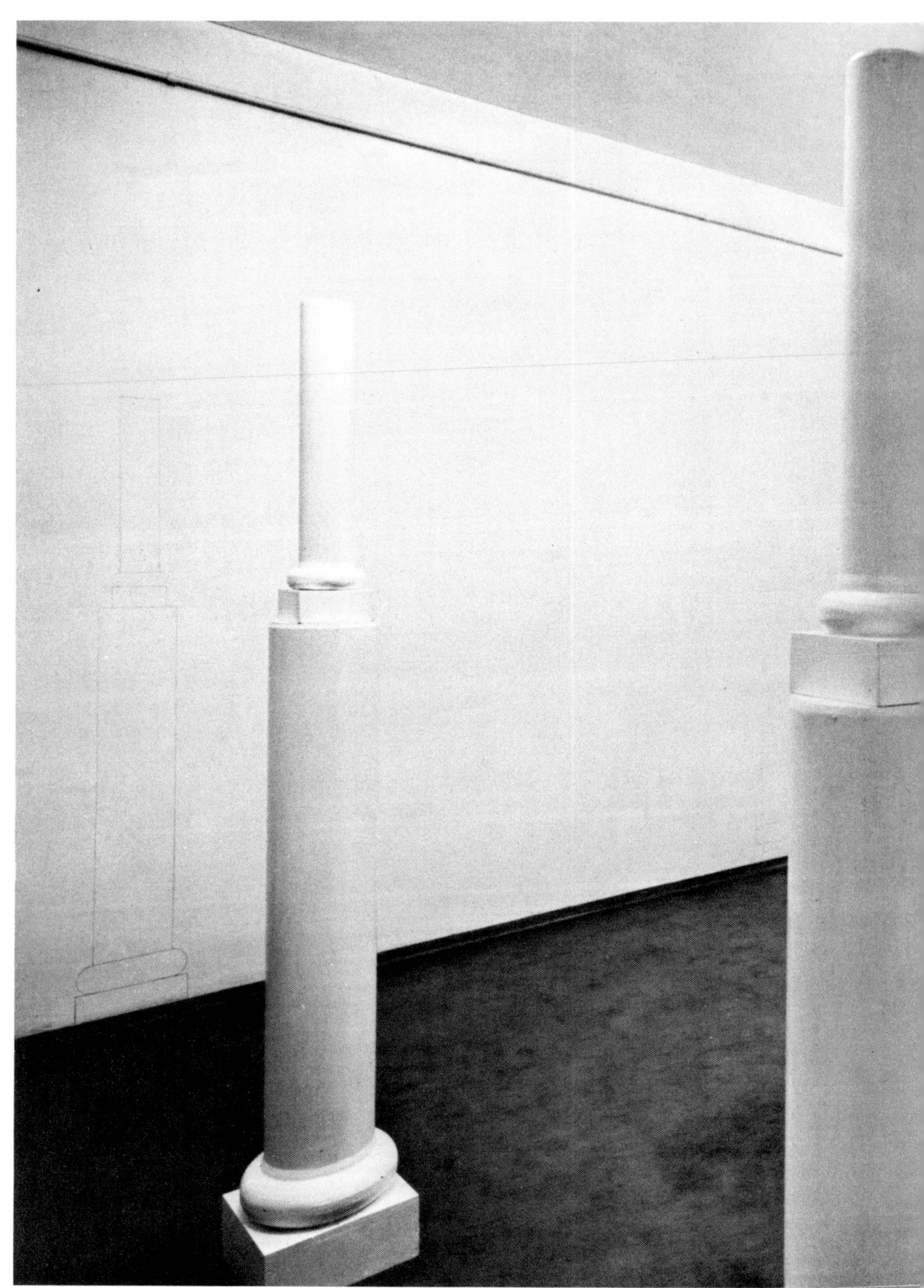

89   *Early Dynastic* 1971

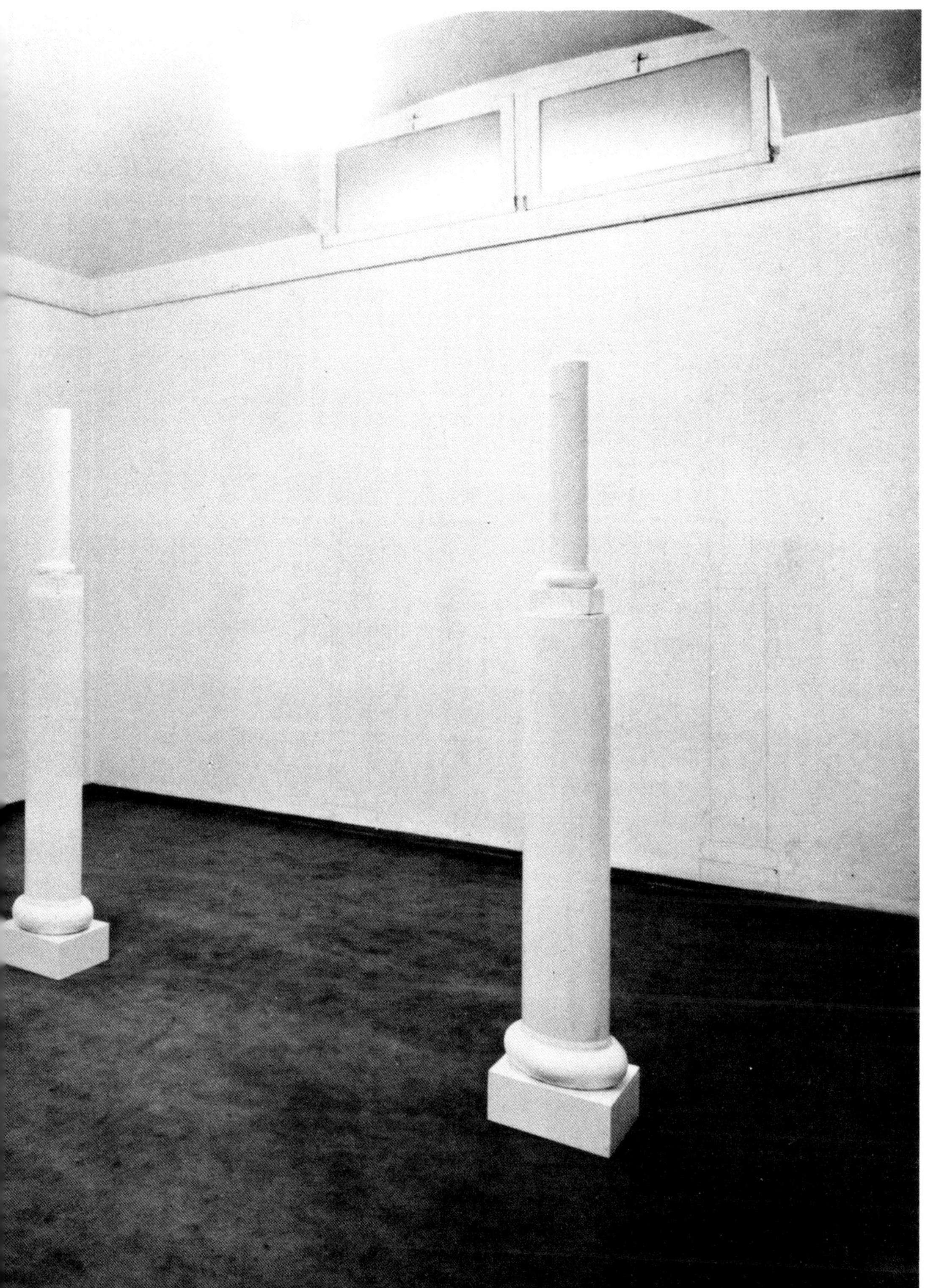

Un altro rimando alla focalizzazione delle conclusioni, il cui limite ideale si sposta sempre più verso infinito.

Item perspectiva

"Early Dynastic" raggiunge lo scopo di subordinare nuovamente soggetto ed oggetto al contesto infinito dell'arte, costante ed omogeneo, puramente concettuale, antinomico cioè al contesto concreto sinora analizzato. L'indagine ritorna quindi, dalla fine del 1971, ad ignorare il concetto di infinito o a considerare la capacità analitica legata a determinati limiti, dunque ad un ambito definito di intervento.

L'intervento "corretto" di Paolini è consequenzialmente relativo alla sua posizione di evitare, al tempo stesso, il concettualismo puro e l'empirismo naturalistico-esistenziale, e assume sempre un carattere di visione globale: attraverso la sua posizione sintetico-dialettica, raggiunge la consapevolezza del suo esserci come indagine del contesto "arte". Si spiega così la continua affermazione che la ricerca in arte, così come ha bisogno di un substrato concreto e materiale, non meno necessariamente deve possedere un'artisticità superiore (103).

In questo modo l'artefatto linguistico può essere sottratto all'interiore mondo rappresentativo del soggetto, per assegnargli un posto in un "contesto esteriore", solitamente definito, in guisa da stabilire una distanza che, contemporaneamente, obiettiva l'insieme degli artefatti ed impersona il soggetto.

La ricerca sul linguaggio può dunque scegliere come soggetto di conoscenza l'oggetto e il soggetto dell'indagine previamente svolta, basta che li consideri non come realtà psicologica, bensì come oggetto metaempirico o come "senso immanente" del fenomeno analitico.

La soluzione derivata da questa ottica, nei lavori esposti a New York, nel 1972, alla Sonnabend gallery, è che "finora era il linguaggio in se stesso a presumere l'immagine, ora è l'immagine (presunta) che tende ad illustrare l'enigma del linguaggio", per cui le opere sono, per Paolini, "il diaframma tra il mio lavoro ed il mio modo di vederlo" (104).

La riflessione ottica, prima svolta in profondità sulle formulazioni delle entità sem-

well turn out to be a confidence trick.

Paolini's work on this problem shows that "pure" artefacts (where "pure" means completely independent of the meaning/concept relationship) are not really identifiable at all. Thus we have a further stressing of the "infinitude" of solutions.

In 1971 Paolini produced another book, this time called "Giulio Paolini" (ill. 88), using the same paper and the same format as "Ciò che non ha limiti e che per la sua stessa natura non ammette limitazioni di sorta" (ill. 74), and which collects together all the signatures and dates of his works from 1960 to 1971 — repeating, that is, all the various moments of his research up to the time when the book was produced.

The use of handwriting gives a certain objective quality to the individual moments of the investigation, here referred to in terms of the signatures alone, the last of which eludes identification by acting as the emblem of a work executed in 1971, *and* the signature of the book itself.

A further work, "Early Dynastic" (ill. 89) comprises four columns on which stand four more columns exactly half as high as the first ones: they are placed equidistant from each other on the diagonals of the room, and "reflect" on the perimetral walls the same number of images of themselves, traced with a pencil.

This work takes us back to the argument of "Quattro immagini uguali" (ill. 77) in that it is a symbolical indication of the infinitude of Paolini's (or anybody's) research. The choice of image is, as always, a matter of preference: "the neoclassical, or absence of a 'new' style, sums up a past manner" (102). It is, then, a further reminder of the focusing of conclusions, whose ideal limit is ever closer to infinity.

Item perspectiva

"Early Dynastic" is a successful attempt to subordinate both subject and object to the infinite context of art, which is purely contextual, constant and homogeneous — antinomic, that is, to the concrete context which has been the object of analysis so far. From the end of 1971 Paolini returns to his former field and leaves aside the concept of the infinite, considering instead the analy-

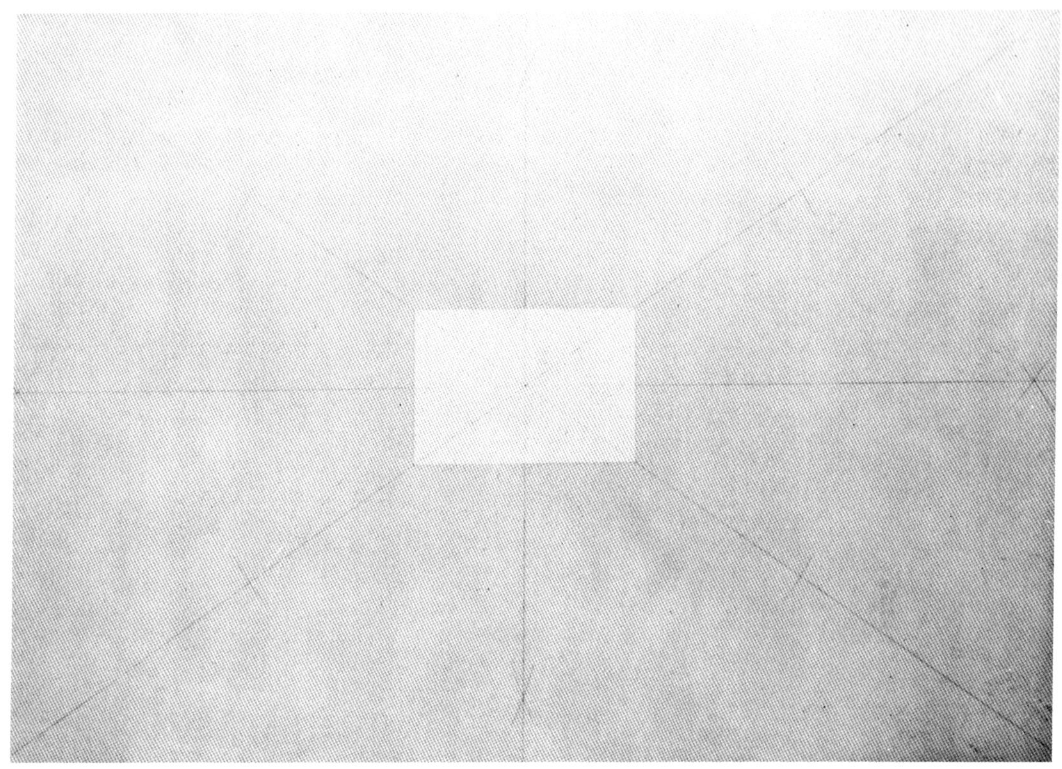

90 *"Disegno geometrico"* 1971

plici e complesse — dallo strumento all'immagine — del contesto "arte", è ora attuata "in superficie", involge l'indagine sui "precedenti" e prevede l'incontro enigmatico di tutte le polarità in un unico asse focale su cui, in prospettiva reale, si collocano tutti i lavori e Paolini stesso.

La convergenza sintetica di lavoro e protagonista, quali interpreti dell'enigma del linguaggio, distingue questi lavori, per il loro "vedere attraverso" (il significato del düreriano 'Item perspectiva') dai precedenti. Infatti "i diversi filoni, nei quadri precedenti, davano spunto a risultati come discussione o erano momenti da cui si poteva intravvedere un certo discorso. Il rimando, la sovrapposizione, nel tempo e nello spazio, delle immagini nei loro rapporti mentali con la visione erano lasciati in una prospettiva che toccava allo spettatore individuare. Alcuni miei quadri, dal 1967 al 1971, proponevano una prospettiva che era però assolutamente mentale e soltanto suggerita proprio dagli

tical capacity linked to *determined limits*. This limitation is related to Paolini's position — avoiding as he does both pure conceptualism and naturalistic - existential empiricism — of global vision, tending towards a full awareness of his being within the artistic context.

This explains his continued insistence that research in art, just as it must have a material and concrete substratum, no less necessarily needs a superior degree of artistic nature (103). Research on language can be directed at the subjects (objects) of previous research, provided that one considers them not as psychological reality but as a meta-empirical object, as an "immanent sense" of the analytical phenomenon.

It is the results of this approach which are displayed in the works shown in 1972 at the Sonnabend Gallery in New York. "Up to now is was language which of itself presumed the image; now it is the (presumed) image which tends to illustrate the enigma

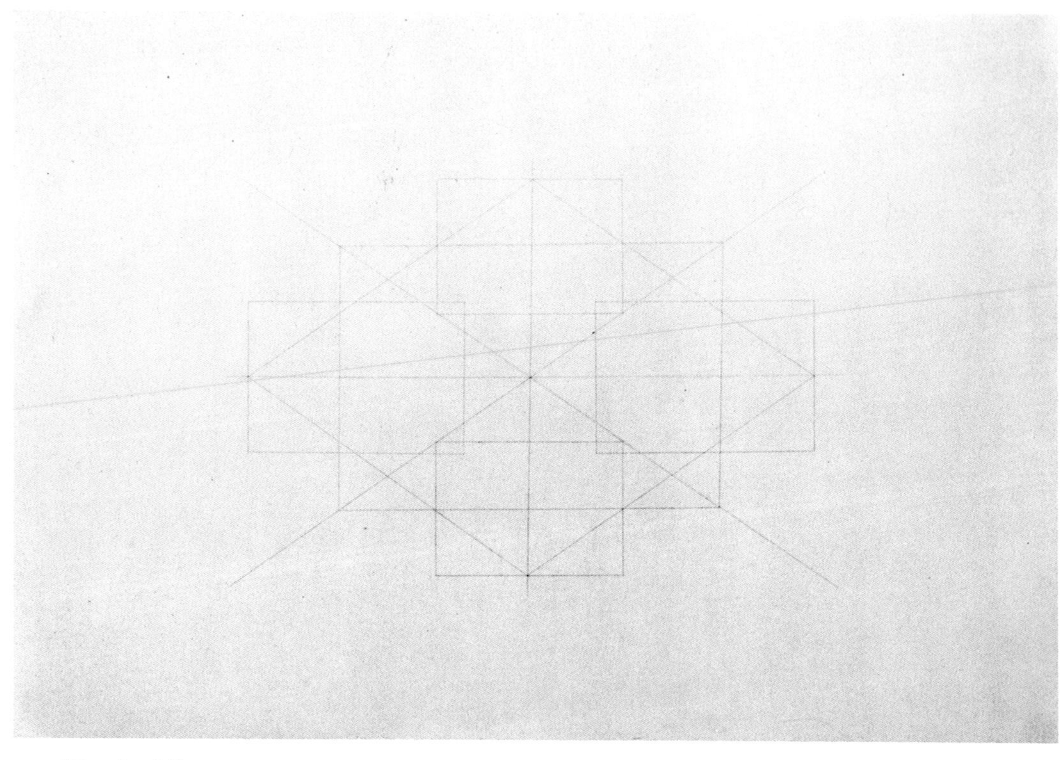

91   *Teoria delle apparenze* 1972

elementi stessi che la indicavano, ma non la esaurivano.

Nei nuovi lavori la prospettiva (di essi e della loro significazione) dovrebbe risultare come un'immagine conclusa, cioè elaborata e voluta, mentre precedentemente era soltanto intuita. Ed appunto, se allora potevamo chiamarla mentale, diventa ora un tracciato, una falsariga visiva, su cui si collocano i lavori precedenti" (105).

L'adozione di un canone strutturale, quale la visione "prospettica", elude il criterio subiettivo del protagonista e legittima esternamente, come oggettiva, la ricerca. L'esattezza formale ed obiettiva viene riferita ad un sistema di analisi rigoroso: "Le dimensioni di queste tele corrispondono alla estensione del rapporto proporzionale del mio primo quadro, sono cioè l'amplificazione (la premessa?) di 'Disegno geometrico' 1960" (106).

La garanzia di una costruzione di spazio assolutamente razionale, costante ed omogeneo, che nasce dal presupposto fondamentale, è innanzitutto "Disegno geometrico", 1971 (ill. 90), realizzato con la stessa tecnica

of language": thus, for Paolini, the works are "the diaphragm between my work and my way of considering it, now" (104).

The visual investigation — which formerly acted in depth upon the formulations, both complex and simple, of the context of art — is now directed at the surface, and concerns the preceding investigation itself. Hence the enigmatic encounter of all previous polarities in a single focal axis — along which all the works, and Paolini himself, come to rest. This synthetic convergence of the works and the protagonist — as interpreters of the enigma of language — is what distinguishes these new works with their "seeing *through*" (the meaning of Dürer's "item perspectiva") the previous works. Indeed, in the earlier pictures, "the various threads, the various arguments, could be taken as elements in a discourse. But the relating of one to another, in space and time, called for a perspective which it was up to the spectator's to supply. A number of my pictures, from 1967 to 1971, proposed a perspective which was entirely mental and was merely *sugge-*

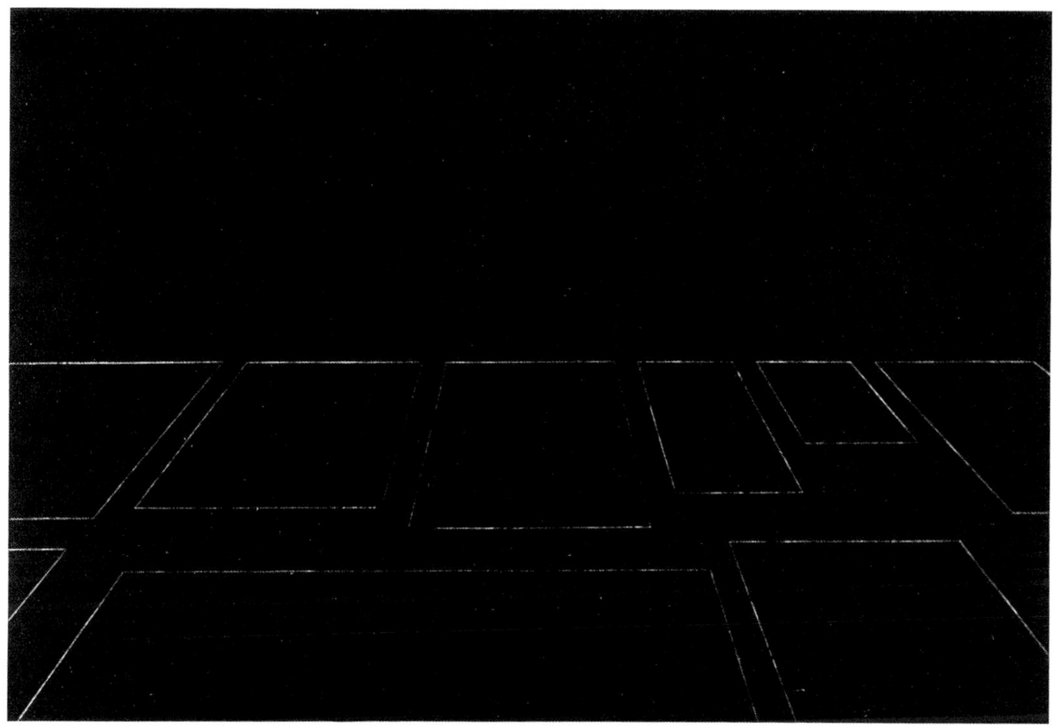

92 *Nove quadri datati dal 1967 al 1971 visti in prospettiva* 1972

a inchiostro, mediante tiralinee e compasso, di "Disegno geometrico", 1960.

Lo sviluppo centripeto e centrifugo della costruzione manifesta la raffigurazione della identità della ricerca dal 1960 al 1971. Lo spazio ed il tempo si trasformano in un'entità che nega la differenza tra davanti e dietro e tra passato e presente, per risolvere tutte le parti e i contenuti in un unico "quantum continuum".

La cristallizzazione e l'isolamento delle premesse, poste in stato di contiguità quasi simmetrica, funziona come continuo termine di confronto dell'indagine susseguente: l'apertura sullo "spazio" precedente configura l'assetto dei lavori, la cui determinatezza è plasmata su "Disegno geometrico" 1971. Sulla sua sistematicità costruttiva proliferano infatti le altre superfici, allusive per quanto vaghe, alla temporalità e alla spazialità della ricerca.

La loro proliferazione non avviene evidentemente a caso, ma su presupposti razionali concretamente focalizzati in "Teoria delle apparenze" (ill. 91), dove i lavori si ridu-

sted by the elements involved, which indeed indicated it, but never for a moment exhausted it.

In these new works the perspective (their own, and that of their significance) should emerge as a definitive image, willed as such and conclusive in itself; whereas previous to them it was up to the intuition. *Then* one could call it "mental"; but *now* it becomes a visible outline or guideline along which all my previous pictures fit" (105).

In these paintings the formal and objective exactitude is the perfect vehicle for an extremely rigorous type of analysis, as Paolini's first painting "Disegno Geometrico" announced in the year 1960. "The dimensions of these pictures are proportional to those of my first picture, that is to say they are the amplification of (the premise to?) 'Disegno Geometrico' " (106).

This rational construction in space is seen above all in "Disegno Geometrico" 1971 (ill. 90) executed with the same technique as its namesake of 1960.

The centripetal and centrifugal development

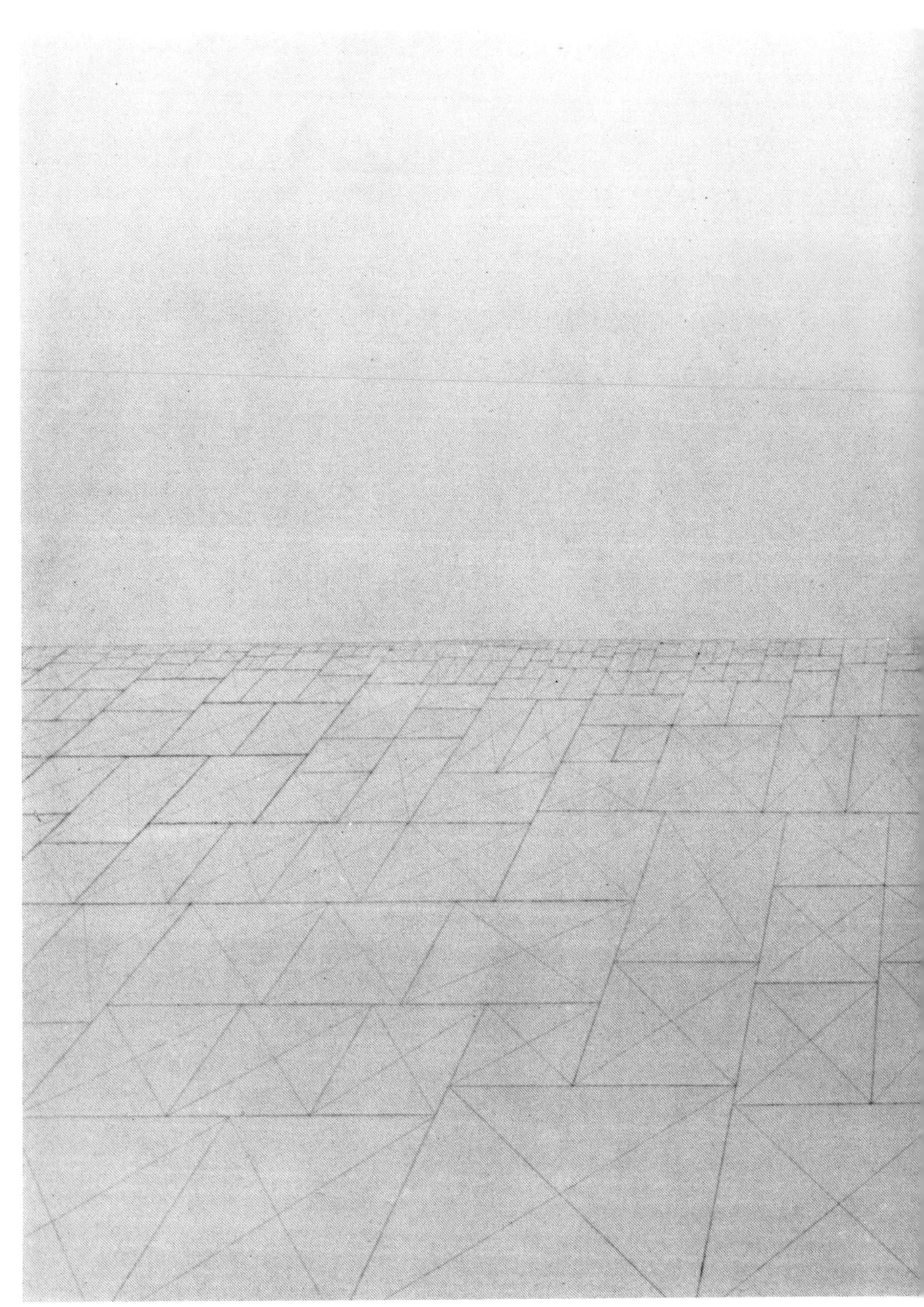

93   *La visione è simmetrica?* 1972

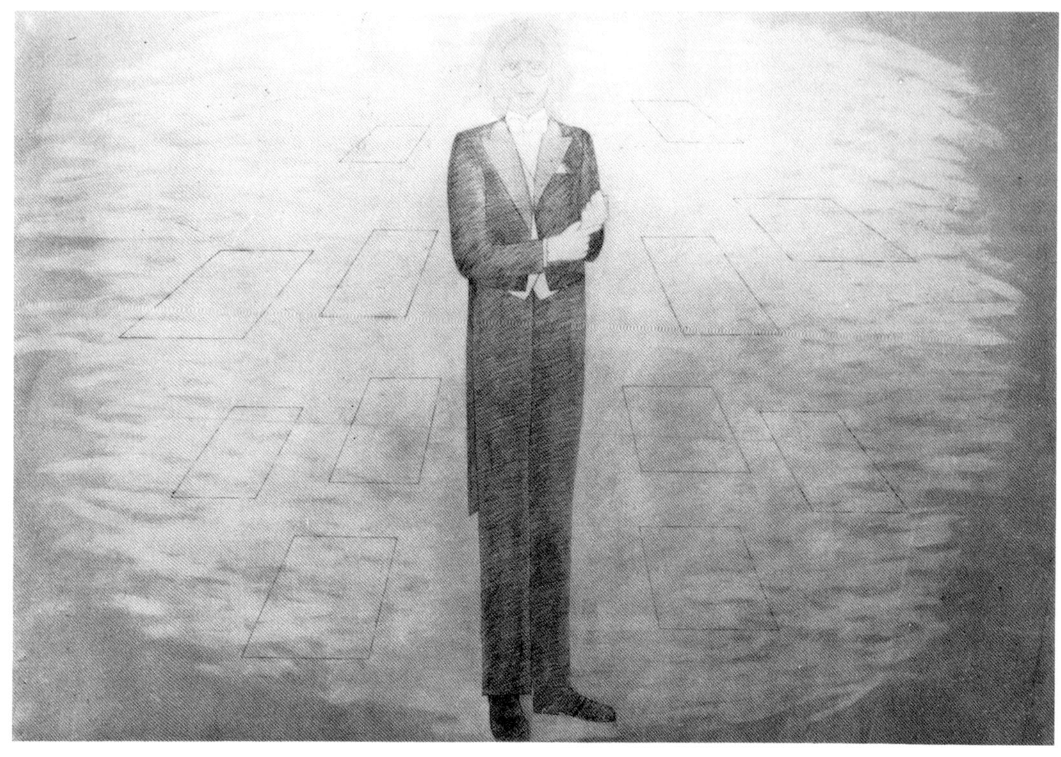

94 *Autoritratto col busto di Eraclito e altre opere* 1971-72

cono a schemi sovrapposti e simmetrici, sulle diagonali, e diventano successioni di altri lavori. Il vincolo con la premessa attesta l'evoluzione linguistica e consolida l'identificazione del linguaggio, come work in progress. L'emancipazione della struttura spaziale, che li sottende, è estremamente significativa dell'arte di Paolini, in quanto rimanda sempre alle coordinate di base e riconcentra l'indagine sulla natura essenziale dell'arte. Il riproporsi continuo della presa di coscienza del punto nodale, simbolo concreto dell'affermazione analitica, applica l'immagine di "Disegno geometrico" su tutte le linee di profondità della ricerca.

L'orizzonte complessivo delle quali risulta così composto da un insieme, genericamente riconoscibile, di punti nodali che convergono verso l'infinito del contesto "arte", in "La visione è simmetrica?" (ill. 93).

Il lavoro elude la sua stessa domanda, poichè "l'immagine è implicita al quadro, la percezione parallela all'immagine, il tempo estraneo alla percezione" (107). L'affermazione di Paolini, in merito alla questione "la

of this picture shows clearly the way in which Paolini's research has proceeded from 1960 to 1971. Space and time are here transformed into an entity which denies the difference between before and behind, between past and present, summing up all the parts and all the contents in a single "quantum continuum". A further aspect is shown in "Teoria delle apparenze" (ill. 91) where the various works are reduced to designs superimposed on the diagonals, and which become, in turn, other works. The spatial concept is obviously highly significant in Paolini's work in general: he invariably sends one back to the basic coordinates in order to concentrate the discourse on the essential nature of art. Thus "Disegno Geometrico" is a kind of matrix superimposed on and arising out of all the other works.

And indeed, in "La visione è simmetrica?" (ill. 93) one can see how the horizons of all these pictures consist of a complex of nodal points which converge upon the infinity of the artistic context. This work, in fact, eludes its own question, in that "the image is

95 *Indice delle opere inscritto in un motivo decorativo* 1972

visione è simmetrica?", esclude la triade autore - artefatto - spettatore e dà al lavoro una
ragione di esistenza fuori dalle significazioni
specifiche del linguaggio.
"La visione è simmetrica?" rafforza quindi
l'enigma del linguaggio e legittima l'insosti-
tuibilità dell'indagine, il cui orizzonte continua ad essere, in generale, infinito, e in
particolare per Paolini, sull'asse mediano di
"Disegno geometrico".
Questi lavori, nel ritenere la qualità originale del 1960 necessario fondamento per determinare una specifica generalità dell'insieme della ricerca, sono dotati del carattere
di "emblema". L'emblema adottato non è
la trascrizione di un insieme generale, già
tale nella produzione dal 1960 al 1971, ma
è l'utilizzazione di quest'ultima allo scopo
di "vedere attraverso" (item perspectiva)
tutta la ricerca. La componente emblematica è così una condizione necessaria all'indagine, anzichè essere l'espressione linguistica di qualcosa di già noto che necessita di
simboli soltanto ai fini dell'opportuna ram-
memorazione e comunicazione, sempre in

implicit in the picture, perception is parallel
to the image, and time is outside perception" (107). This statement of Paolini's
excludes the author-artefact-spectator triad
and lends the work a *raison d'être* beyond
specific explanations of language.
Thus "La visione è simmetrica?" serves to
reinforce the enigma of language and to em-
phasize the basic quality of the investigation,
whose horizon itself continues, in general,
to be infinite, and in particular, for Paolini,
to lie along the median axis of "Disegno
Geometrico". This accounts for the "emblematic" character of the new works;
as it accounts for the use of linguistic
artefacts with material implications (pencil, paint, canvas, picture) and the use
of emblems (the picture, the square of the
picture) all capable of giving a degree of
concreteness to Paolini's research into language from the start in 1960.
The "premises" of language have to be re-
spected in that the awareness of them sup-
plies both a direction and a kind of test.
They are formulations of the way of treating

96 *Appunti per la descrizione di un quadro datato 1972*

accordo quindi con il "concettualismo concreto" di Paolini che logicamente considera la dimensione concettuale come dimensione oggettiva, enunciabile soltanto mediante emblemi materiali.

Si spiega così l'uso dell'artefatto linguistico con implicazioni materiali (matita, colore, tela, quadro) e l'uso degli emblemi (il quadro, il riquadro del quadro), capaci di dare concretezza alla ricerca del concetto di linguaggio, come si è venuto sviluppando dal polo fondamentale del 1960.

Le "premesse" del linguaggio devono essere rispettate in quanto la loro conoscenza fornisce un principio di direzione e di prova. Sono formulazioni del modo di trattare il contesto arte, che hanno determinato, per il passato, conclusioni "corrette", assunte ora a regolare l'ulteriore indagine, finchè non vengano scoperti possibili elementi di dubbio. Essendo operativamente "a priori" rispetto all'ulteriore indagine, la trattazione del linguaggio non può evaderle.

Ma tra le premesse del linguaggio non si può negare la presenza dell'autore, la cui

the artistic context, which (for the past) have determined "correct" conclusions which now call for further investigation, so that no loopholes are left anywhere. But among these premises of language one cannot leave out the author himself, whose emblematic image (in "Autoritratto col busto di Eraclito e altre opere", ill. 94) casts a shadow over the entire corpus of linguistic artefacts.

The work shows the formal and impersonal figure of Paolini himself, surrounded by squares which tend towards a distant point placed beyond and above the figure.

Thus the self-portrait is no longer determined from the point of view of the author or of the artefact or of the spectator (as in previous versions) but by a focal point which lies outside them and inside the work — in such a way that, given its position, the author, the artefact, and the spectators can themselves all move in perspective.

This global version of the triad of linguistic communication is stressed by the title itself, recalling as it does a work executed in 1963 ("Senza titolo") which carried, on the back,

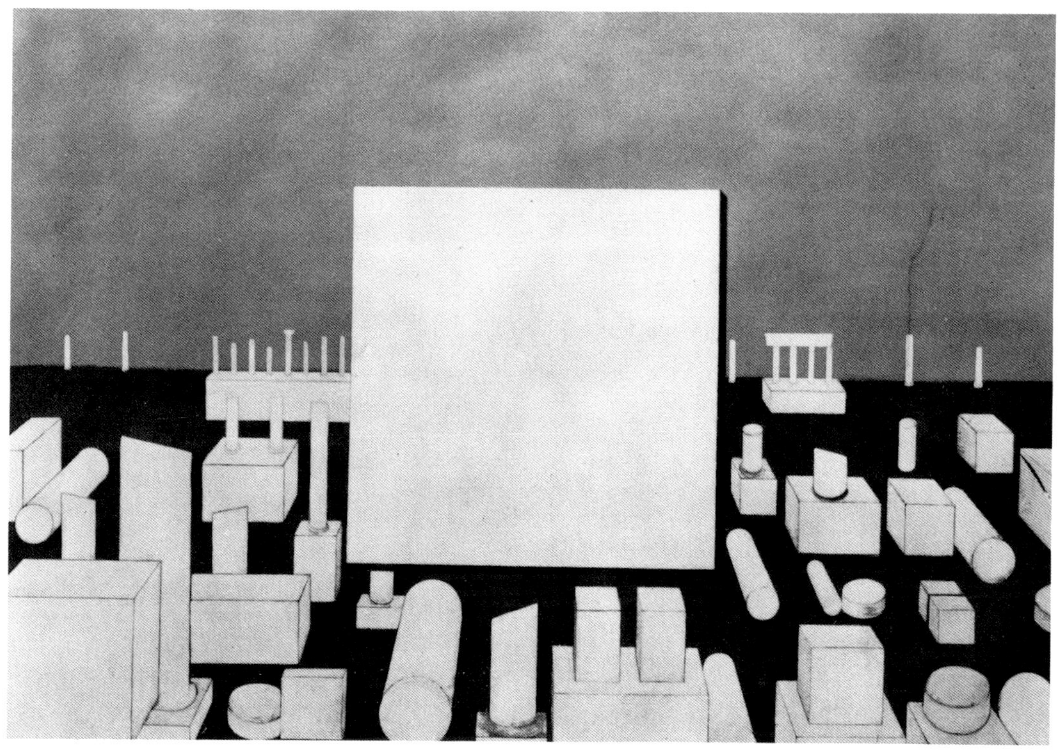

97 *"Senza titolo" (1965) su sfondo di rovine classiche* 1972

immagine emblematica adombra, in "Autoritratto col busto di Eraclito ed altre opere" (ill. 94), il corpus degli artefatti linguistici. Il lavoro presenta l'immagine, formale ed impersonale, di Paolini attorniato da riquadri che tendono verso un punto di fuga, prospetticamente posto sopra l'immagine dell'autore.

L'autoritratto è dunque determinato non più dal punto di vista dell'autore o dell'artefatto o dello spettatore, come negli autoritratti precedenti, ma da un punto focale esterno ad essi, ed interno all'opera, in modo che, data la sua posizione, si possano porre in prospettiva autore, artefatti e spettatori.

Questa enunciazione globale della triade della comunicazione linguistica è amplificata dal titolo, che ricorda un lavoro del 1963, "Senza titolo", che riportava sul retro l'immagine del busto di Eraclito, e sottolinea il principio eracliteo del divenire incessante delle cose, in questo ambito identificabili con gli artefatti della ricerca.

Tutto ciò finisce col suggerire un vero e proprio indice degli artefatti, diretto a racco-

a picture of a bust of Heraclitus; and furthermore, it is an example of the Heraclitean principle of the incessant *becomingness* of things, which in this case can be identified with the artefacts involved in the research. All this suggests a real indexing of the artefacts, a procedure which would gather together and express not only the sequence of emblematical explanations of the method (ills. 90, 91) and of the field of operation (ills. 93, 94) but the sequence, in general, of the entire range of the artefacts which lie at the base of the explanations.

And indeed, in "Indice delle opere inscritto in un motivo decorativo" (ill. 95) the interlacing of the artefacts takes on a merely illustrative, non-linguistic aspect (108).

The eye of the author and the spectator, after the bald statement of the index itself, is concentrated on the works, which are arranged emblematically along axes of flight into the infinite.

Thus "Senza titolo su sfondo di rovine classiche" (ill. 97) shows the two superimposed white canvases ("Senza titolo", 1965) in an

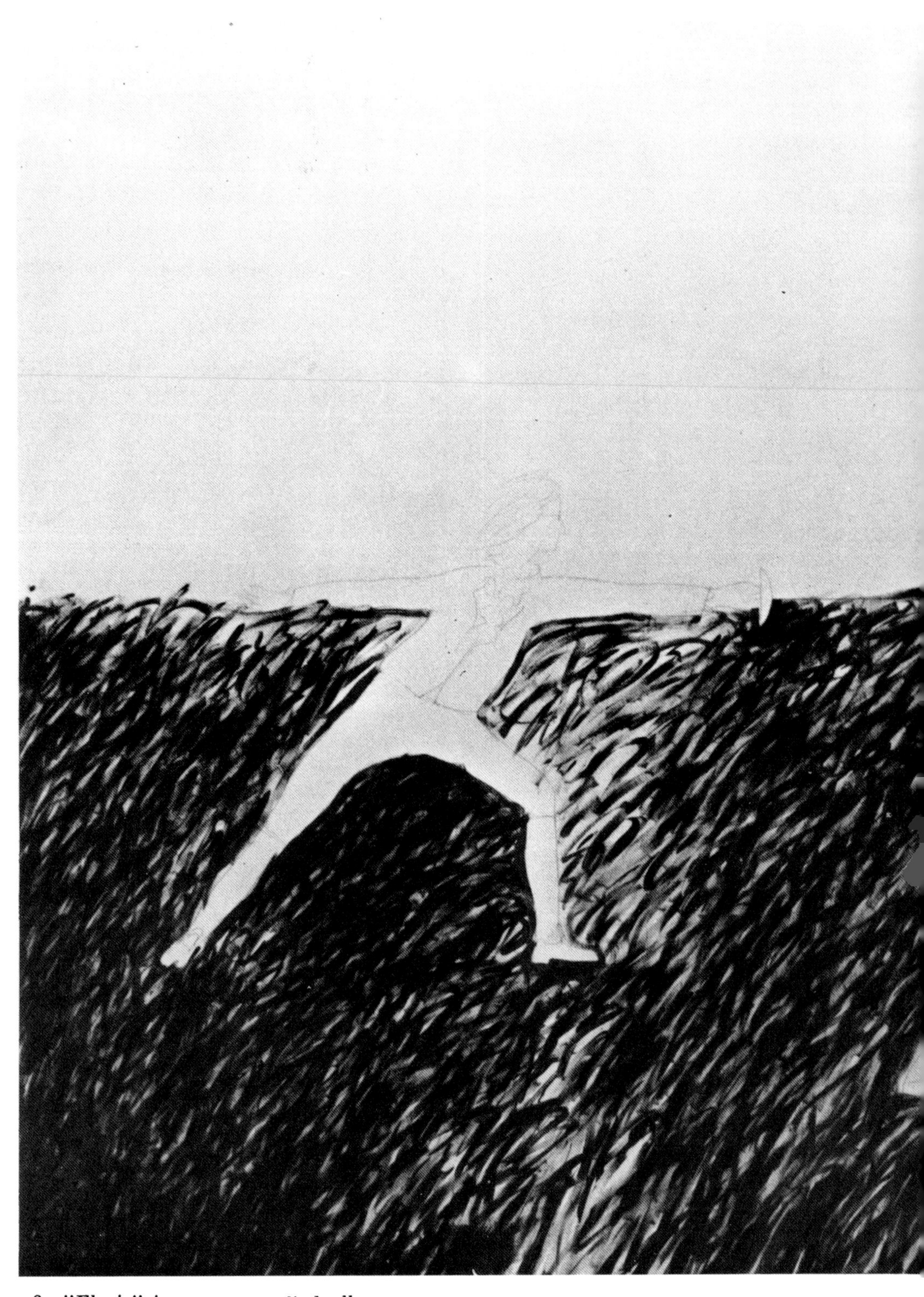

98 *"Elegia" in una scena di duello* 1972

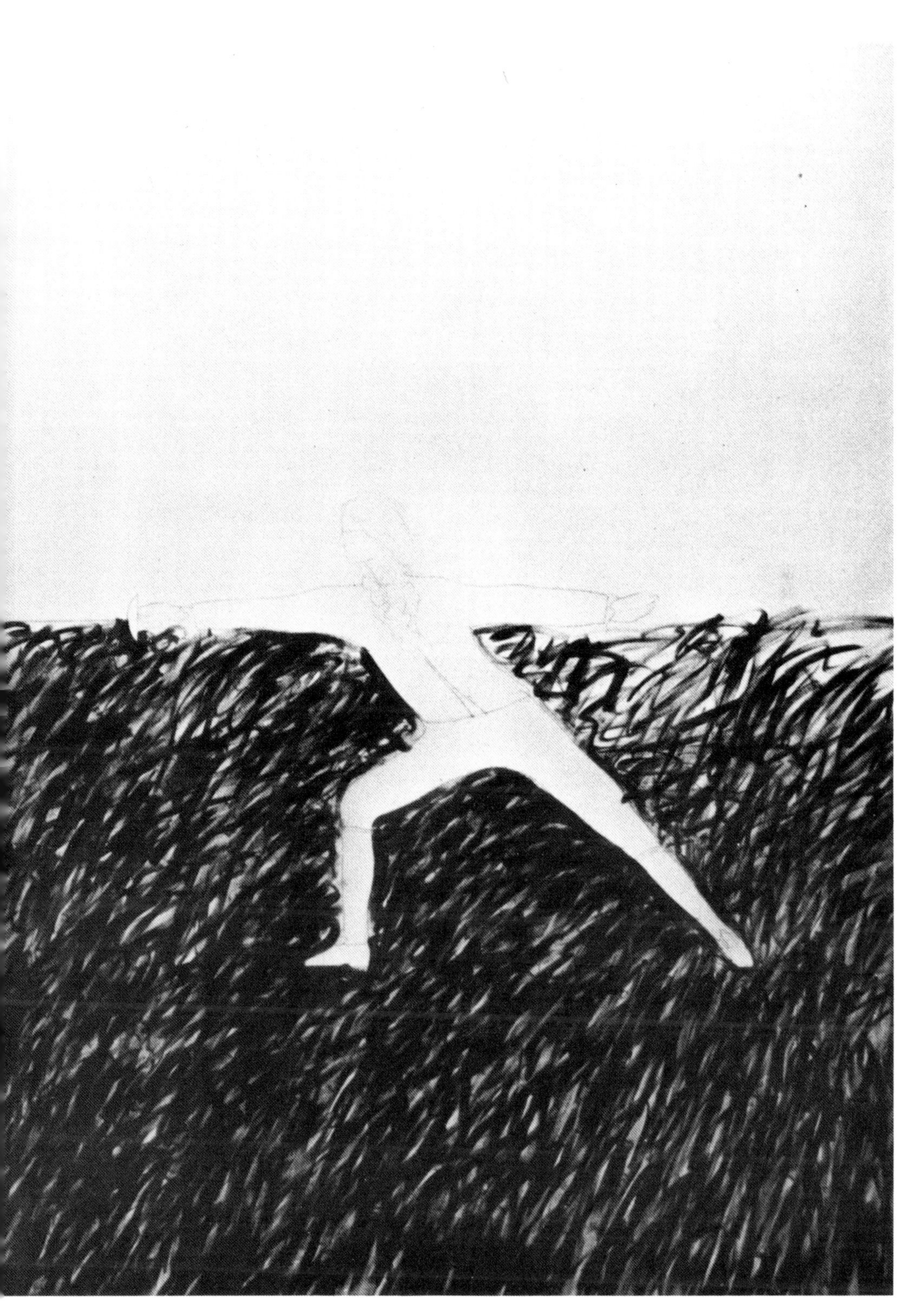

gliere non solo il susseguirsi delle spiegazioni emblematiche del metodo (ill. 90, 91) o del campo operativo (ill. 93, 94), ma il susseguirsi, in generale, di tutti gli artefatti che stanno alla base delle spiegazioni.

L'intrecciarsi dei quali, in "Indice delle opere inscritto in un motivo decorativo" (ill. 95), assume un aspetto illustrativo e non funzionale, proprio per la sua ragione espositiva (108).

La continuità dell'osservazione, dopo aver enunciato l'indice, si concentra sui lavori in particolare, rivisti sempre emblematicamente, secondo una prospettiva che li collochi su assi di fuga infiniti.

Così "Senza titolo su sfondo di rovine classiche" (ill. 97) rappresenta le due tele bianche sovrapposte ("Senza titolo", 1965) in maniera illusionistica su un orizzonte che suggerisce la distanza del tempo.

La scenografia classica si rifà al neoclassicismo, affine alla posizione di Paolini (cfr. nota 102) e al Canaletto di "Capriccio con rovine classiche".

Quest'ultimo richiamo ad un pittore, la cui tecnica del vedere ha dato una spinta radicale alla visione razionalistica e concettuale dell'arte, in opposizione all'esuberanza vitalistica del '600, riduce a verità storica l'analisi stessa di Paolini, collocandolo analogicamente nella medesima posizione, nei confronti delle correnti naturalistico-esistenziali di oggi.

La visione prospettica accerta e verifica ulteriormente i dati, poichè li "vede attraverso" un diaframma razionale, ma rimane pur sempre apparente ed illusoria, come già "Elegia" (ill. 79) aveva dimostrato.

Ne deriva la ricorrente coscienza dell'impossibilità a definire il linguaggio, attraverso il proprio sdoppiamento analitico, per cui "Elegia" ritorna, in "Elegia in una scena di duello" (ill. 98), a testimoniare con la sua finzione un'ulteriore scena illusoria e fantastica della ricerca: Paolini di fronte a Paolini, un doppio che riconosce il dualismo dell'analisi, la cui conclusione e determinazione coincide, come le due spade, con la linea dell'orizzonte, all'infinito.

(Settembre 1972)

illusionary manner, against a horizon which suggests the *distance* of time.

The classical scenery is a harking back to neo-classicism, which is close to Paolini's own position (see note 102): and in particular it refers to Canaletto's "Capriccio con rovine classiche". This reference to Canaletto, a painter whose technique of vision gave a radical thrust to the rationalistic and conceptual approach to art, as opposed to the vitalistic exuberance of the Seicento, gives us a historical slant on Paolini's own type of analysis, placing him in an analogous position with regard to the naturatistic and existential currents of today.

The perspective vision certifies and verifies the data still further, in that they are "seen through" a rational diaphragm while remaining an illusory appearance (as "Elegia" ill. 79, has already shown).

This brings us back to the recurrent awareness of the impossibility of defining language — through a sort of de-duplication of oneself in the analysis — so that the painting "Elegia" returns in "Elegia in una scena di duello" (ill. 98) to testify to the fictional and illusory nature of the research: for here Paolini faces Paolini, a "doppelgänger" who recognizes the dualism of the analysis whose conclusion coincides (like the two foils) with the infinite line of the horizon.

(September 1972)

Note

(1) Il silenzio sul loro lavoro non è casuale. Viene ripetuta nei loro confronti l'operazione di "soffocamento" che ha relegato Ad Reinhardt e le sue teorie antiformaliste nel silenzio a favore delle vicende espressionistiche e pop. Fa meraviglia invece constatare che anche la critica più concettualista continua ad ignorare Paolini e Flynt, non rendendosi conto che il passaggio, evidentemente troppo netto e poco graduale, tra Reinhardt e i concettualisti puri, deve ammettere personalità storicamente fondamentali per uno sviluppo dell'arte come arte.

(2) Almeno per Paolini che viene a conoscenza degli scritti di Reinhardt solo con la diffusione in Europa di *Twelve Rules for a New Academy,* in "Flash art", n. 38, Milano 1972.

(3) H. Flynt, *Concept Art,* in "An Antology", New York, 1963.

(4) H. Flynt, *op. cit.*

(5) E. Migliorini, *Conceptual art,* Fiorino edizioni, Firenze, 1972.

(6) A. Reinhardt, *The Next Revolution in Art,* in "Art International", n. 10, december, 1962.

(7) G. Paolini, intervista con C. Lonzi, in *Autoritratto,* De Donato, Bari, 1969, pag. 69.

(8) A. Reinhardt, *Twelve Rules for a New Academy,* in "Art News", New York, may 1957.

(9) G. Paolini, *op. cit.,* pag. 100.

(10) G. Paolini, *op. cit.,* pag. 69.

(11) A. Reinhardt, *Twelve Rules for a New Academy,* in "Art News", New York, may 1957.

(12) A. Reinhardt, *op. cit.*

(13) G. Paolini, intervista con G. Celant, 1972, inedito.

(14) A. Reinhardt, *op. cit.*

(15) G. Paolini, intervista con C. Lonzi, in *Autoritratto,* De Donato, Bari, 1969, pag. 378.

(16) A. Reinhardt, *op. cit.*

(17) G. Paolini, *op. cit.,* pagg. 16-17.

(18) G. Paolini, *op. cit.,* pag. 100.

(19) A. Reinhardt, *op. cit.*

(20) G. Paolini, *op. cit.,* pag. 100.

(21) Ad Reinhardt, 1962, citato da Lucy Lippard.

(22) M. Volpi Orlandini, *Fabro, Paolini, Kounellis,* in catalogo "Qui arte contemporanea", Roma, aprile, 1968.

(23) G. Paolini, *Note di lavoro,* inedito.

(24) G. Paolini, intervista con G. Celant, 1972, inedito.

(25) G. Paolini, *op. cit.*

(26) G. Paolini, *op. cit.*

(27) G. Paolini, *op. cit.*

(28) G. Paolini, *op. cit.* "Mi interessava che la lettera A venisse a posarsi su una superficie tipicamente pittorica, proprio per significare che la stessa superficie aveva 'già' una sua vita".

(29) L'uso di strumenti di precisione, quali tiralinee, riga e inchiostro, nella stesura della lettera, rivela la sua totale avversione a qualsiasi calligrafismo e pittoricismo.

(30) Riprendo qui alcune idee esposte nel mio saggio su *Jannis Kounellis,* in "Domus", Milano, ottobre, 1972.

Notes

(1) Indeed, the general silence on the subject of their works is by no means incidental. What we are up against here is a repetition of the attempt to smother Ad Reinhardt and his anti-formalist theories in order to give greater prominence to expressionist and pop trends. Even more astonishing is the way in which even the most conceptualist critics continue to affect ignorance of Paolini and Flynt: they appear unable to see that the shift from Reinhardt to the pure conceptualists is too sharp a changeover to be true.

(2) At least as far as Paolini is concerned. He did not know of Reinhardt's writings until they began to circulate in Europe in *Twelve Rules for a New Academy* in "Flash Art" 38, Milan, 1972.

(3) H. Flynt, *Concept Art,* in "An Anthology", New York, 1972.

(4) H. Flynt, *op. cit.*

(5) E. Migliorini, *Conceptual art,* Fiorino edizioni, Florence, 1972.

(6) A. Reinhardt, *The Next Revolution in Art,* in "Art International", 10, December, 1962.

(7) G. Paolini, interview with C. Lonzi, in *Autoritratto,* De Donato, Bari, 1969, p. 69.

(8) A. Reinhardt, *Twelve Rules for a New Academy,* in "Art News", New York, May, 1957.

(9) G. Paolini, *op. cit.,* p. 100.

(10) G. Paolini, *op. cit.,* p. 69.

(11) A. Reinhardt, *Twelve Rules for a New Academy,* in "Art News", New York, May, 1957.

(12) A. Reinhardt, *op. cit.*

(13) G. Paolini, interview with G. Celant, 1972, unpublished.

(14) A. Reinhardt, *op. cit.*

(15) G. Paolini, interview with C. Lonzi, in *Autoritratto,* De Donato, Bari, 1969.

(16) A. Reinhardt, *op. cit.*

(17) G. Paolini, *op. cit.,* pp. 16-17.

(18) G. Paolini, *op. cit.* p. 100.

(19) A. Reinhardt, *op. cit.*

(20) G. Paolini, *op. cit.,* p. 100.

(21) A. Reinhardt 1962, quoted by Lucy Lippard.

(22) M. Volpi Orlandini, *Fabro, Paolini, Kounellis,* in the catalogue for "Qui arte contemporanea", Rome, April, 1968.

(23) G. Paolini, *Note di lavoro,* unpublished.

(24) G. Paolini, interview with G. Celant, 1972, unpublished.

(25) G. Paolini, *op. cit.*

(26) G. Paolini, *op. cit.*

(27) G. Paolini, *op. cit.*

(28) G. Paolini, *op. cit.* "What interested me was that the letter A should alight upon a typically pictorial surface: as if to imply that the surface 'already' had a life of its own".

(29) The use of precision instruments such as the ruler, the Indian ink, and so on, shows Paolini's total aversion to any form of pictorialism or calligraphy.

(30) I am here repeating certain ideas I developed in my article on *Jannis Kounellis,* in "Domus", Milan, October, 1972.

(31) G. Paolini, *op. cit.*
(32) G. Paolini, *op. cit.*
(33) G. Paolini, *op. cit.*
(34) Che il lavoro di Jim Dine, nell'ambito della pop-art, possieda delle caratteristiche concettuali, tanto da poterlo riferire ai lavori di Kosuth degli anni 1965-1966, è dimostrato dalla presentazione, nelle sue opere, delle successive fasi dell'oggetto, come oggetto, immagine e parola. Evidentemente il personalissimo umore di Dine procura all'opera un esito "espressivo" tale però da farlo regredire ad opera di registrazione, tipica dei pop-artists. A prova di quanto suaccennato basti pensare che Dine, per 'oscure' ragioni oggi rivedibili sotto un'angolazione concettuale, non è stato mai considerato un pop puro e la sua posizione critica è rimasta a tutt'oggi imprecisata.
(35) G. Paolini, *op. cit.*
(36) G. Paolini, *op. cit.*
(37) S. Le Witt, *Paragraphs on Conceptual Art,* in "Artforum", New York, June, 1967.
(38) G. Paolini, *op. cit.*
(39) G. Paolini, *op. cit.*
(40) G. Paolini, *op. cit.*
(41) G. Paolini, *op. cit.*
(42) G. Paolini, *op. cit.*
(43) G. Paolini, *op. cit.*
(44) G. Paolini, intervista con C. Lonzi, in *Autoritratto,* De Donato, Bari, 1969, pag. 367.
(45) G. Paolini, intervista con G. Celant, 1972, inedito.
(46) G. Paolini, *op. cit.*
(47) G. Paolini, *Orizzontale,* descrizione tecnica, 1963.
(48) G. Paolini, intervista con G. Celant, 1972, inedito.
(49) G. Paolini, *op. cit.*
(50) G. Paolini, *op. cit.* Mi sembra oramai superfluo sottolineare la differenza tra "Ipotesi per una mostra" e "Il vuoto" di Klein, del 1958. Sia sufficiente ricordare che l'intenzione di Klein era di presentare uno spazio impregnato di sensibilità pittorica allo stato di materia primaria, per comprenderne il misticismo estetico, totalmente antitetico al rigore analitico di Paolini.
(51) G. Paolini, *op. cit.*
(52) Esiste anche un'altra serie di "disegni": all'interno di medesimi fogli, firmati e datati, ripiegati in quattro, sono posti oggetti e materiali come un foglio di carta quadrettata, una matita, una fotografia, una riproduzione e così via (ill. 32).
(53) G. Paolini, *op. cit.*
(54) G. Paolini, *op. cit.*
(55) G. Paolini, *op. cit.*
(56) Lo scritto introduttivo della Lonzi alla mostra rimane ancora oggi un passaggio fondamentale per una lettura corretta in senso analitico del lavoro di Paolini, per cui ritengo giusto riportarne i passi salienti: "Nella misura in cui valuta l'indefinito campo di libertà che si estende oggi di fronte al pittore, o proprio nel senso di agire 'oltre' la dimensione del quadro, Paolini prova il bisogno di attenersi ad essa per mettere in evidenza la struttura dell'operazione dalla quale si costituisce l'attività del dipingere. Essere pittore, per Paolini, significa indagare i possibili rapporti fra sè e il quadro, riaffrontare il problema di un'attività come

(31) G. Paolini, *op. cit.*
(32) G. Paolini, *op. cit.*
(33) G. Paolini, *op. cit.*
(34) The conceptual character of some of the work of Jim Dine, working in pop art, is borne out by his presentation of the successive phases of the object as object, image, and word— to such an extent that it is far from fanciful to connect this work with that of Kosuth in 1965-1966. Obviously the extremely personal approach of Dine gives the work an "expressive" finish, and makes it retreat into the "recording" style typical of pop artists. But the conceptual tendency is strong enough; and as much is proved by the fact that Dine, for reasons which have often seemed obscure, has never been considered as a "pure" pop artist: even today his critical position is undefined.
(35) G. Paolini, *op. cit.*
(36) G. Paolini, *op. cit.*
(37) S. Le Witt, *Paragraphs on Conceptual Art,* in "Artforum", New York, June, 1967.
(38) G. Paolini, *op. cit.*
(39) G. Paolini, *op. cit.*
(40) G. Paolini, *op. cit.*
(41) G. Paolini, *op. cit.*
(42) G. Paolini, *op. cit.*
(43) G. Paolini, *op. cit.*
(44) G. Paolini, interview with C. Lonzi, in *Autoritratto,* De Donato, Bari, 1969, p. 367.
(45) G. Paolini, interview with G. Celant, 1972, unpublished.
(46) G. Paolini, *op. cit.*
(47) G. Paolini, *Orizzontale,* technical description, 1963.
(48) G. Paolini, interview with G. Celant, 1972, unpublished.
(49) G. Paolini, *op. cit.*
(50) G. Paolini, *op. cit.* It seems superfluous to point out the difference between "Ipotesi per una mostra" and Klein's "Il vuoto" (dating from 1958). Suffice it to mention that Klein's intention was to present a space saturated with pictorial sensibility as raw material, in order to include its esthetic mysticism: the complete opposite to Paolini's rigorous analytical approach.
(51) G. Paolini, *op. cit.*
(52) There is another series of "drawings": a number of similar sheets of white paper, dated and signed, holding an equal number of objects and materials like a sheet of graph paper, a pencil, a photograph, a reproduction, and so forth (ill. 32).
(53) G. Paolini, *op. cit.*
(54) G. Paolini, *op. cit.*
(55) G. Paolini, *op. cit.*
(56) Carla Lonzi's introduction to the exhibition is still of fundamental importance for a correct analytical reading of Paolini's work. It is well worth reproducing the salient passages here: "To the extent that he evaluates the infinite field of liberty which stretches before the painters of today — and especially insofar as he acts "beyond" the dimension of the picture itself — Paolini feels the need to stick to this dimension in order to give due weight to the *structure* of the activity of painting. For Paolini, being a painter means indicating the possible relationships between him and the picture, tackling the problem of artistic activity in terms

spinta fondamentale dell'attività stessa nel momento stesso in cui viene concepita. Nel suo lavoro Paolini manifesta un'attitudine dell'intelligenza creativa che non si esercita nell'elaborare immagini o forme plastiche, ma nel mettere a nudo i moventi e i modi che sono alla base del fatto artistico. Lo svolgersi dell'opera appare così dettato da scatti di lucidità intellettuale che si articolano senza materializzarsi in un modulo operativo, ossia senza lasciarsi alle spalle, come dato acquisito le ragioni attraverso le quali si giustifica il meccanismo del dipingere... Abituati a identificare il quadro come contenitore di segni rischiamo di non riconoscerlo quando esso si presenta quale elemento di fondazione dei segni nella sua pura virtualità. È a questa virtualità che si applica la fantasia di Paolini attraverso la luminosità non meglio specificata delle sue tele e gli spazi non verificabili delle sue superfici...".

(57) G. Paolini, *op. cit.* Questa dichiarazione allontana ogni rapporto, seppur apparente, con il misticismo strutturalistico e tecnologico della minimal art, il cui interesse è assolutamente propositivo, in senso formale e materiale.

(58) G. Paolini, *op. cit.*

(59) G. Paolini, *op. cit.*

(60) L'accenno alla lucida meditazione di Robbe-Grillet richiama l'aspetto fenomenologico della sua narrativa, che respinge, come l'opera di Paolini, l'interpretazione intersoggettiva per affidarsi alla pura descrizione. Come ha scritto Barilli, in merito a Robbe-Grillet, "l'operazione di descrivere costituisce la principale via d'accesso a una ricognizione del mondo molto prossima allo stato ontologico". Uno stato che l'école du regard, con Robbe-Grillet, Butor, Godard (il cui uso, in 'Alphaville", del negativo, come presa di coscienza dello specifico linguistico si ritrova in 'Capitemi!'), ricerca attraverso il vedere, neutro e alieno, equivalente all'atto constativo di Paolini. C'è però una differenza sostanziale che divide il suo lavoro dall'analisi vérité di Robbe-Grillet e Godard, la sua descrizione non assume mai manifestazioni narrative riguardanti il mondo esterno degli oggetti, ma accetta soltanto l'analisi degli attributi linguistici, interni, del contesto arte.

(61) "La parola e l'immagine possono essere, tutti e due, la tecnica e il significato del quadro. Non c'è unità, identità possibile, se esistono due elementi paralleli. Ho cercato di fare in modo che la parola diventasse immagine di se stessa". G. Paolini, intervista con C. Lonzi, in *Autoritratto*, De Donato editore, Bari, 1969, pag. 193.

(62) La presentazione concreta e non semantico-filosofica del concetto distingue definitivamente, nell'ambito dell'analisi del linguaggio dell'arte, il lavoro di Paolini dai concettualisti puri, che usano le parole solo come significato, avulsa qualsiasi entità iconica implicita.

(63) G. Paolini, intervista con C. Lonzi, *Autoritratto*, De Donato editore, Bari, 1969, pp. 304-305.

(64) Notizia su Averroè, da un'enciclopedia.

(65) È chiaro che "materiale" è usato come termine critico, di comodo, a rigor d'analisi tutti gli artefatti, anche linguistici, sono materiali e viceversa.

of the activity itself, viewed at the very moment in which it is conceived. Paolini's creative intelligence is not exercised on the elaboration of images and plastic forms, but on revealing the motives and methods behind the artistic fact. Thus his activity in the works appears as the result of "flashes" of intellectual lucidity which are expressed articulately without ever materializing in a concrete operational form. Somehow Paolini never leaves aside the actual reasons which justify the mechanism of his painting... We are so accustomed to identifying a painting as a *container* of signs that we run the risk of failing to recognize it as a painting if it is offered to us as a mere *"suggestor"* of signs.

(57) G. Paolini, *op. cit.* This declaration scotches the apparent connections with the structural and technological mysticism of minimal art, whose interests are totally positive, in both the formal and the material sense.

(58) G. Paolini, *op. cit.*

(59) G. Paolini, *op. cit.*

(60) The mention of Robbe-Grillet's lucid meditation recalls the phenomenological aspect of his narriative — rejecting, like Paolini, the inter-subjective type of interpretation in order to rely on pure description. As Barilli has written of Robbe-Grillet, "the descriptive operation is the main access to a recognition of the world which is very close to the ontological state". This, indeed, is the state which the *école du regard* seeks in and through *seeing,* both neutral and "alien".

(61) "The word and the image can, both of them, be the technique and the meaning of the picture. There is no unity, no identity, if the two elements exist parallel to one another. I have tried to ensure that the word became the image of itself". G. Paolini, in *Autoritratto,* De Donato editore, Bari, 1969, p. 193.

(62) This concrete (not semantic or philosophical) presentation of the concept is what distinguishes Paolini's work on the language of art from that of the pure conceptualists — who use words only for their meanings.

(63) G. Paolini, interview with C. Lonzi, in *Autoritratto,* De Donato editore, Bari, 1969, pp. 304-305.

(64) From an encyclopedia article on Averroës.

(65) Clearly, the word "material" is used for critical convenience. In the strict sense all artefacts, including linguistic ones, are material.

(66) G. Paolini, *Il quadro di sempre,* September 1963, from *Una lettera sul tempo* in a catalogue issued by Galleria Notizie, Turin, April, 1968.

(67) The use of quotations, both visual and conceptual, is a recurrent feature of Paolini's work from 1967 onwards, and shows the increasing extent to which the author and his activity have become abstracted.

(68) From *Discorsi ed elogi* by P. Giordani (1774-1848), in "Enciclopedia Bompiani", Milan, 1959. Paolini has corrected the quotation which originally ran *in the spirit of the reader.* The quotations to which Paolini often turns are but another confirmation of his tendency towards the philosophical and empirical approach to the language of art.

(69) G. Paolini, *Una lettera sul tempo* in a cata-

(66) G. Paolini, *Il quadro di sempre,* settembre, 1963, da *Una lettera sul tempo,* in catalogo Galleria Notizie, Torino, aprile, 1968.
(67) L'uso di citazioni, visuali e concettuali, ricorre molto spesso dal 1967 nel lavoro di Paolini, a significare un ulteriore processo di astrazione dell'autore e del suo intervento.
(68) Da *Discorsi ed elogi* di P. Giordani (1774-1848), in "Enciclopedia Bompiani, Milano, 1959. Paolini corregge la citazione che concludeva con *nell'animo del lettore.* Le citazioni a cui Paolini precipuamente rivolge l'attenzione confermano ulteriormente la sua tendenza di autore all'approccio filosofico ed empirico al linguaggio dell'arte.
(69) G. Paolini, *Una lettera sul tempo,* in catalogo Galleria Notizie, Torino, aprile, 1968.
(70) G. Paolini, *op. cit.*
(71) La consequenzialità della scelta è data dall'interesse di Paolini per autori la cui opera è sempre ispirata a principi intellettuali concreti. La predilezione per questi artisti, legati da una trama sottile alla medesima attitudine mentale, tesa all'analisi delle cose, fa comprendere la ragione della citazione. La sequenza storica passa infatti dall'intelletto "sottile" di Beato Angelico alla visione globale della storia e della natura di Lorenzo Lotto, dal classicismo giansenista di Poussin all'esattezza "fotografica" di documentazione di Veermer, per terminare alla cruda storicità del lavoro di David, che non commenta mai il fatto, ma lo espone.
(72) T. Trini, *Primo appunto sul tempo,* in catalogo "Arte e Critica '70", Modena, 1970.
(73) G. Paolini, intervista con G. Celant, 1972, inedito.
(74) C. Brandi, *Le due vie,* Laterza, Bari, 1966, pag, 142.
(75) G. Paolini, intervista con C. Lonzi, in *Autoritratto,* De Donato, Bari, 1969, pag. 79.
(76) C. Lonzi, *Mostre a Milano,* in "L'approdo letterario", n. 46, Milano, marzo, 1969.
(77) M. Volpi Orlandini, *Giovane che guarda Lorenzo Lotto,* in catalogo "Arte e Critica '70", Modena, 1970.
(78) E. Migliorini, *op. cit.,* pag. 77.
(79) G. Paolini, intervista con C. Lonzi, in *Autoritratto,* De Donato, Bari, 1969, pp. 23, 24.
(80) G. Paolini, intervista con G. Celant, 1972, inedito.
(81) G. Paolini, *Note di lavoro,* inedito.
(82) G. Paolini, intervista con G. Celant, 1972, inedito.
(83) G. Paolini, *op. cit.*
(84) G. Paolini, (trascrizione da M. Foucault, *Le parole e le cose,* Rizzoli, Milano, 1967) *L'ultimo quadro di Velazquez,* in catalogo Galleria De Nieubourg, Milano, febbraio, 1969.
(85) G. Paolini, *L'invenzione di Ingres,* in catalogo galleria De Nieubourg, Milano, febbraio, 1969.
(86) Le descrizioni dei lavori sono tratte da: G. Paolini, *2121969,* galleria De Nieubourg, Milano, febbraio, 1969.
(87) C. Lonzi, *Mostre a Milano,* in "L'approdo letterario", n. 46, Milano, marzo, 1969.
(88) G. Paolini, intervista con G. Celant, 1972, inedito.
(89) G. Paolini, intervista con C. Lonzi, in *Autoritratto,* De Donato, Bari, 1969, pag. 201.

logue published by the Galleria Notizie, Turin, April, 1968.
(70) G. Paolini, *op. cit.*
(71) The interesting thing about this choice is that these are all painters whose works are inspired by concrete intellectual principles. Note how the historical sequence passes from the subtle intellect of Fra Angelico to the global vision of history and nature which characterizes the work of Lorenzo Lotto; the Jansenist classicism of Poussin; the photographic exactness of Vermeer, and lastly the crudely historical quality of David — who never comments upon facts, but merely shows them.
(72) T. Trini, *Primo appunto sul tempo,* in the catalogue "Arte e Critica 70", Modena, 1970.
(73) G. Paolini, interview with G. Celant, 1972, unpublished.
(74) G. Brandi, *Le due vie,* Laterza, Bari, 1966, p. 142.
(75) G. Paolini, interview with C. Lonzi, in *Autoritratto,* De Donato, Bari, 1969, p. 79.
(76) C. Lonzi, *Mostre a Milano,* in "L'Approdo letterario" 46, Milan, March, 1969.
(77) M. Volpi Orlandini, *Giovane che guarda Lorenzo Lotto* in the "Arte e Critica 70" catalogue, Modena, 1970.
(78) E. Migliorini, *op. cit.,* p. 77.
(79) G. Paolini, interview with C. Lonzi, in *Autoritratto,* De Donato, Bari, 1969, pp. 23, 24.
(80) G. Paolini, interview with G. Celant, 1972, unpublished.
(81) G. Paolini, *Note di lavoro,* unpublished.
(8) G. Paolini, interview with G. Celant, 1972, unpublished.
(83) G. Paolini, *op. cit.*
(84) G. Paolini (after M. Foucault), *L'ultimo quadro di Velazquez,* in the catalogue of the De Nieubourg Gallery, Milan, February, 1969.
(85) G. Paolini, *L'invenzione di Ingres* in the catalogue of the De Nieubourg Gallery, Milan, February, 1969.
(86) The descriptions of the works are taken from: G. Paolini, *2121969,* De Nieubourg Gallery, Milan, February, 1969.
(87) C. Lonzi, *Mostre a Milano,* in "L'Approdo letterario" 46, Milan, March, 1969.
(88) G. Paolini, interview with G. Celant, 1972, unpublished.
(89) G. Paolini, interview with C. Lonzi, in *Autoritratto,* De Donato, Bari, 1969, p. 201.
(90) "I cannot state firmly that my research is dedicated to the true (the visible) — any more, perhaps, than that abstract art was born in 1810 of Ingres' "mistakes". Two days at Montauban were an invitation to take possession of the discovery: after which one minute is sufficient to extend (or reduce) it into the endless flux of the emotions. The only history of the works on display is absolute devotion to the (ancient) pheomenon of seeing". G. Paolini, from "Vedo", catalogue of the Gallery "Qui Arte Contemporanea", Rome, and "Notizie", Turin, 1970.
(91) G. Paolini, interview with G. Celant, unpublished.
(92) G. Paolini, *op. cit.*
(93) In "Gennaio 1970", a catalogue published by

(90) "Non posso affermare che la mostra è dedicata al vero (al visibile) così come, forse, non si può affermare che l'arte astratta è nata, nel 1810, con gli "errori" di Ingres. Due giorni a Montauban invitano a possedere la scoperta; un minuto, in seguito, basta ad estenderla (e a ridurla) al flusso inesauribile delle emozioni. Unica storia di queste opere è l'assoluta dedizione al fenomeno, antico, di vedere". G. Paolini, da *Vedo*, catalogo della galleria Qui arte contemporanea, Roma, e galleria Notizie, Torino, 1970.
(91) G. Paolini, intervista con G. Celant, 1972, inedito.
(92) G. Paolini, *op. cit.*
(93) In *Gennaio 70* catalogo Ente Bolognese Manifestazioni Artistiche, Museo Civico, Bologna, gennaio, 1970.
(94) G. Paolini, *Un quadro,* in catalogo Galleria dell'Ariete, Milano, gennaio, 1971.
(95) T. Catalano, *Giulio Paolini,* in "Nac", n. 5, Milano, maggio, 1971.
(96) G. Paolini, intervista con G. Celant, 1972, inedito.
(97) G. Paolini, *op. cit.*
(98) La continua attenzione di Paolini a Ingres è stata già precedentemente sottolineata, ritengo utile però riportare in merito a questo autore la dichiarazione di Paolini stesso: "Ho creduto di intravvedere, nelle sue opere, un'applicazione, una dedizione cieca, nel senso di assolutamente mentale, alla pittura in se stessa. Si ha quasi l'impressione che Ingres, se dipinge una figura umana, non ne tracci prima l'insieme, ma ne segua passo passo le zone, come cura astratta dell'intervento e non come discorso in evoluzione" (intervista con G. Celant, 1972, inedito). Riguardo invece all'interesse di Paolini per Poussin esiste un ulteriore esempio, quindici disegni intitolati "Apollo e Dafne" (ill. 83), un insieme articolato che deriva dalla riproduzione di uno degli studi preparatori per il quadro, incompiuto, "Apollo e Dafne", di Nicolas Poussin (Museo del Louvre). In merito a questo corpus di disegni, Mirella Bandini ha steso una lettura, lineare, che esaurisce ogni ulteriore analisi: "Paolini non a caso ha scelto come oggetto della sua indagine critica lo studio preparatorio dell'ultima opera di Poussin, concentrazione e summa delle esperienze pittoriche e intellettuali di un artista classicheggiante, che attribuiva alla forma artistica non un carattere di fine, ma di mezzo e, secondo il Bellori, 'cercava di suscitare meraviglia con la sua opera, per l'eccellenza della maniera'. Fra il lavoro di Paolini e quello di Poussin l'unico riferimento invariato è la dimensione del foglio, rigorosamente rispettata: cm. 29 x 42,3. Su di esso Paolini sovrappone un foglio di carta millimetrata di identiche misure: su questa misurazione di spazio reale interviene tracciando variamente segni che partono dalle maglie spaziali, o incroci di linee come se vi potesse nascere un altro spazio, o ancora, appallottolandolo, il foglio prende possesso tattile del formato virtuale del disegno. Le azioni successive sul foglio — presentato ora bianco, come assenza di segni, o diviso in quattro parti uguali, o vergato da frasi su Apollo 'come arciere, come capo delle muse, come dio del Sole, e ancora come l'ideale della bellezza', o su Dafne 'questa metamorfosi è tra l'altro soggetto di una pittura murale della casa dei Vettii

the Ente Bolognese Manifestazioni Artistiche, Museo Civico, Bologna, January, 1970.
(94) G. Paolini, *Un quadro,* in the catalogue of the Galleria dell'Ariete, Milan, January, 1971.
(95) T. Catalano, *Giulio Paolini,* in "Nac", No. 5, Milan, May, 1971.
(96) G. Paolini, interview with G. Celant, 1972, unpublished.
(97) G. Paolini, *op. cit.*
(98) Here is what Paolini himself has to say about Ingres: "I felt I could make out, in his works, a kind of blind (that is, exclusively mental) dedication to painting itself. One almost has the impression that Ingres, in painting a human figure, did not draw its outline first, but rather delineated its various zones". (From an interview with G. Celant, 1972, unpublished).
As far as Paolini's interest in Poussin is concerned, there is a further piece of evidence — fifteen drawings, entitled "Apollo e Dafne" (ill. 83), an articulated group of works derived from a reproduction of one of the preparatory studies for the unfinished painting which hangs in the Louvre in Paris. On the subject of these drawings by Paolini, the critic Mirella Bandini has said, in a linear and rigorous analysis which is complete in itself: "It is not an accident that Paolini has chosen to investigate the studies for Poussin's last work, the concentrated summing up of the intellectual and pictorial experience of a "classicist" who conceived of art not in terms of ends but of means, and, as Bellori has put it, "tried to excite amazement for the excellence of the *execution*". The only element which remains unchanged from Poussin to Paolini is the size of the sheets, which is exactly the same: 29 cm x 42.3 cm. On these sheets Paolini carries out a number of different operations. On one, he places a sheet of graph paper of exactly the same dimensions, drawing lines along the existing meshes; another he actually crushes so as to make it take possession of the shape of the drawing; another he leaves completely white, yet another he divides into four parts, and on yet another he writes phrases on Daphne or on Apollo "as bowman, as chief of the Muses, as Sun-god, or as ideal beauty". These varied operations are all based on the *physical action* of Paolini's pencil in contact with the paper.
The last of the drawings carries Paolini's own signature, as a verbalized sign of the superimposition/identification process of pictorial origins (from 'Nac', Nos. 6-7, Milan, June-July 1971).
(99) G. Paolini, *Apoteosi di Omero,* in "Data", No. 2, Milan, 1972.
(100) G. Paolini, interview with G. Celant, 1972, unpublished.
(101) G. Paolini, *op. cit.*
(102) G. Paolini, interview with M. Bandini, in "Prospects", No. 1, Milan, March, 1972.
(103) This theme has already been mentioned in an earlier chapter, "Art-as-object and art-as-art" (p. 10).
(104) G. Paolini, *Is the vision symmetrical?,* 1972, unpublished.
(105) G. Paolini, interview with M. Bandini, in "Prospects", No. 1, Milan, March, 1972.
(106) G. Paolini, *Is the vision symmetrical?,* 1972, unpublished.

a Pompei' — vertono su tracce a matita, da intendersi non in senso segnico, ma come presa di contatto fisico mediante la grafia sulla carta stessa. La verbalizzazione di questa sovrapposizione-identificazione di genesi pittorica si conclude nell'ultimo foglio esposto: la firma di Giulio Paolini" (da "Nac", n. 6-7, Milano, giugno-luglio, 1971).
(99) G. Paolini, *Apoteosi di Omero,* in "Data", n. 2, Milano, 1972.
(100) G. Paolini, intervista con G. Celant, 1972, inedito.
(101) G. Paolini, *op. cit.*
(102) G. Paolini, intervista con M. Bandini, in "Prospects", n. 1, Milano, marzo, 1972.
(103) Il tema dell'artisticità superiore è stato già accennato nel capitolo "Arte come oggetto e arte come arte", pag. 10.
(104) G. Paolini, *La visione è simmetrica?,* 1972, inedito.
(105) G. Paolini, intervista con M. Bandini, in "Prospects", n. 1, Milano, marzo, 1972.
(106) G. Paolini, *La visione è simmetrica?,* 1972, inedito.
(107) G. Paolini, *op. cit.*
(108) La ragione tautologica è enunciata invece in "Appunti per la descrizione di un quadro datato 1972" dove il lavoro presenta se stesso attraverso la raccolta emblematica degli appunti che l'hanno concettualmente originato.

(107) G. Paolini, *op. cit.*
(108) The reason is shown in "Appunti per la descrizione di un quadro datato 1972" where the work presents itself through a collection of the notes which (conceptually) preceded it.

1 *Disegno geometrico* 1960, cm. 40 x 60, 15.6" x 23.5", coll. Simonis, Torino
2 *Disegno di una lettera* 1960, cm. 40 x 30, 15.6" x 11.7", coll. Pistoi, Torino
3 *Senza titolo* 1960, cm. 35 x 43, 13.6" x 17"
4 *Senza titolo* 1961, cm. 21 x 21, 8.2" x 8.2"
5 *Senza titolo* 1961, cm. 120 x 150, 47.2" x 59", coll. priv., Milano
6 *Senza titolo* 1961, cm. 25 x 20, 9.7 x 8", studio C, Brescia
7 *Senza titolo* 1961, cm. 40 x 27, 15.6" x 10.5", Lisson gallery, London
8 *Senza titolo* 1962, cm. 50 x 60, 19.5" x 23.5", coll. Cochrane, Torino
9 *Senza titolo* 1962, cm. 35 x 28, 13.6" x 11, coll. priv., Milano
10 *Senza titolo* 1962, cm. 40 x 40, 15.6" x 15.6"
11 *Senza titolo (Plakat Carton)* 1962, cm. 30 x 30, 11.7" x 11.7", coll. priv., Torino
12 *Senza titolo* 1962, cm. 44,5 x 23, 17.4" x 9"
13 *Senza titolo* 1962, cm. 40 x 80, 15.6" x 31.4", coll. priv., Milano
14 *M. Tullio Cicerone* 1962-63, cm. 40 x 40, 15.6" x 15.6"
15 *Senza titolo* 1962, cm. 50 x 50, 19.5" x 19.5", coll. priv., Torino
16 *Senza titolo* 1962, cm. 120 x 90, 47.2" x 35.3"
17 *Senza titolo* 1963, cm. 45 x 35, 17.6" x 13.6", gall. Toselli, Milano
18 *Lido d'Albaro* 1963, cm. 34,5 x 30, 13.4" x 11.7", coll. Pistoi, Torino
19 *Note di un pittore* 1963, cm. 27,5 x 21, 10.6" x 8.2"
20 *E* 1963, cm. 26 x 19, 10.2" x 7.4"
21 *Un'offerta speciale* 1963, cm. 61 x 51, 24" x 20", coll. Ulrich, Milano
22 *La B* 1963, cm. 60 x 60, 23.5" x 23.5", coll. priv., Torino
23 *Senza titolo* 1963, cm. 40 x 40, 15.6" x 15.6"
24 *Presunto ritratto di Pirro* 1963, cm. 22 x 22, 8.5" x 8.5", coll. Cochrane, Torino (id., retro)
25 *Pic nic* 1963 (particolare), cm. 50 x 50, 19.5" x 19.5", coll. priv., Milano
26 *Dear Visitor* 1963, cm. 80 x 60, 31.4" x 23.5", gall. Notizie, Torino (id., retro)
27 *Orizzontale* 1963 (prospetto e assonometria)
28 *Ipotesi per una mostra* 1963 (progetto)
29 *Senza titolo* 1964, cm. 200 x 150, 78.6" x 59"
30 *Senza titolo* 1964, cm. 200 x 150, 78.6" x 59", gall. La Salita, Roma
31 *Senza titolo* 1964, cm. 260 x 130, 102" x 51"
32 Disegni 1964
33 *Disegno (L. 1000)* 1964
34 *Duepiudue* 1965, cm. 200 x 150, 78.6" x 59"
35 *174* 1965, cm. 150 x 120, 59" x 47.2", Gall. civica d'arte moderna, Torino
36 *2200/H* 1965, cm. 125 x 90, 49.2" x 35.3", coll. Simonis, Torino
37 *Eterna* 1965, cm. 70 x 80, 27.4" x 31.4", coll. Grosso, Torino
38 *Monogramma* 1965, cm. 172 x 58, 67.6" x 22.7", coll. priv., Genova
39 *Senza titolo (un quadro)* 1965, cm. 100 x 100, 39.3" x 39.3", coll. Weber, New York
40 *Hi-Fi* 1965 (particolare), cm. 238 x 230, 93" x 90", coll. Ulrich, Milano
41 *1421965* 1965, cm. 200 x 150, 78.6" x 59", coll. Simonis, Torino
42 *Delfo* 1965, cm. 180 x 95, 71" x 37.3", coll. Spada, Brescia
43 *Diaframma 8* 1965, cm. 80 x 90, 31.4" x 35.3", coll. Cochrane, Torino
44 *Iper (aM.D.)* 1965, cm. 148 x 77, 58.2" x 30.2"
45 *Buenos Aires (sineddoche)* 1965, diam. cm. 100, 39.3"
46 *Ut-op* 1966, cm. 160 x 160 x 160, 63" x 63" x 63", gall. Notizie, Torino
47 *Versailles* 1966, cm. 140 x 260, 55" x 102", coll. Pero, Torino
48 *Capitemi!* 1966, cm. 90 x 90 x 90, 35.3" x 35.3" x 35.3", coll. Simonis, Torino
49 *Anna-logia* 1967, cm. 150 x 150, 59" x 59", coll. Pero, Torino

50 *D867* 1967, cm. 80 x 90, 31.4" x 35.3", coll. Cochrane, Torino
51 *Ritratto di Anna P. a quattro anni* 1967,   cm. 40 x 40, 15.6" x 15.6"
52 *Alain Robbe-Grillet* 1967, cm. 35 x 45, 13.6" x 17.6", coll. Verdun, Torino
53 *Ex acto* 1967, cm. 140 x 122, 55" x 48", coll. Verdun, Torino
54 *Una poesia* 1967, cm. 25 x 20, 9.5" x 8"
55 *Lo spazio* 1967 (assonometria)
56 *Qui* 1967, diam. cm. 34, 13.3", gall. Stein, Torino
57 *Astrolabe* 1967, coll. Grosso, Torino
58 *Astrolabe (II)* 1967, cm. 9 x 4,5 x 4,5, 3.4" x 1.6" x 1.6"
59 *Averroè* 1967, alt. cm. 180, 71"
60 *Giovane che guarda Lorenzo Lotto* 1967, cm. 30 x 24, 11.7" x 9.4", coll. Forchino, Torino
61 Vista dello studio
62 *Delfo (II)* 1968, cm. 180 x 95, 71" x 37.3", coll. Verdun, Torino
63 *Primo appunto sul tempo* 1968 (particolare), cm. 200 x 200, 78.6" x 78.6", gall. Sperone, Torino
64 *Nel mezzo del dipinto Flora sparge i fiori, mentre Narciso si specchia in un'anfora d'acqua tenuta dalla ninfa Eco* 1968, cm. 150 x 128, 59" x 50.3", coll. priv., Milano
65 *Autoritratto* 1968, cm. 160 x 125, 63" x 49.2", coll. Campi, Torino
66 *Autoritratto* 1968, cm. 98 x 74, 38.5" x 29.1", coll. Baldassarre, Bari
67 *L'ultimo quadro di Diego Velazquez* 1968, cm. 93 x 62, 36.5" x 24.3", coll. Cavellini, Brescia
68 *L'invenzione di Ingres* 1968, cm. 42 x 32, 16.4" x 12.5", coll. Einaudi, Torino
69 *Saffo* 1968, cm. 145 x 120, 57" x 47.2", gall. dell'Ariete, Milano
70 *Lo studio* 1968, cm. 210 x 210, 82.6" x 82.6", coll. Tettamanti, Milano
71 *Poussin, che indica gli antichi come esempio fondamentale* 1968, cm. 40 x 25, 15.6" x 9.7", coll. priv., Roma
72 *Raphael Urbinas MDIIII* 1968, cm. 4,8 x 3,4, 1.7" x 1.3", gall. Arte Borgogna, Milano
73 *2121969* 1968-69, cm. 120 x 90, 47.2" x 35.3", coll. Franchetti, Roma
74 *Ciò che non ha limiti e che per la sua stessa natura non ammette limitazioni di sorta* 1968, cm. 24,5 x 18, 8.5" x 7"
75 *Io* 1969, cm. 1,5 x 1,5, 0.4" x 0.4", gall. Sperone, Torino
76 *Mlle du Val d'Ognes* 1969, cm. 118 x 96, 46.4" x 37.6", gall. Notizie, Torino
77 *Quattro immagini uguali* 1969
78 *Vedo (la decifrazione del mio campo visivo)* 1969, cm. 225 x 375, 88.6" x 147"
79 *Elegia* 1969, cm. 15 x 15 x 11, 6" x 6" x 4.3"
80 *Francis Picabia: Senza titolo 1917* (riproduzione in catalogo dell'opera esposta in occasione della mostra "Gennaio '70", Museo Civico, Bologna, 1970)
81 *Et quid amabo nisi quod aenigma est?* 1969, cm. 67 x 425, 26.3" x 166", gall. Toselli, Milano
82 *Un quadro* 1970
    Edgar Bogojawlensky: Amore e Psiche
    José Alfonso Berkeley: Apparizione
    Ahmed Barka: Mercato tunisino
    Mehemet Kalahari: Zorah
    J. Louis Morel: Cigno trasformato in cigno
    Arcadio Llorente: "Illusion perdue"
83 *Apollo e Dafne* 1971 (15 disegni), cm. 29 x 42,3, 11.3" x 16.5", coll. priv., Torino
84 *Apoteosi di Omero* 1970-71
    Atahualpa (Christopher Plummer)
    Paolo Casaroli (Renato Salvatori)
    Alessandro Magno (Alfredo Bianchini)
    Leone Trotzkij (Richard Munch)
    Socrate (Jean Sylver)

Giovanna d'Arco (Teresa Martin)
85 *Proteo* 1971, cm. 30 x 30 x 10, 11.7" x 11.7" x 4"
86 *Proteo (II)* 1971, cm. 30 x 30 x 20, 11.7" x 11.7" x 8"
87 *Proteo (III)* 1971, cm. 22 x 28 x 10, 8.5" x 11" x 4"
88 *Giulio Paolini* 1971, cm. 24,5 x 18, 9.5" x 7"
89 *Early Dynastic* 1971, alt. cm. 180, 71"
90 *"Disegno geometrico"* 1971, cm. 200 x 300, 78.6" x 118"
91 *Teoria delle apparenze* 1972, cm. 200 x 300, 78.6" x 118"
92 *Nove quadri datati dal 1967 al 1971 visti in prospettiva* 1972, cm. 120 x 180, 47.2" x 71",
    Sonnabend gallery, New York-Paris
93 *La visione è simmetrica?* 1972, cm. 200 x 300, 78.6" x 118"
94 *Autoritratto col busto di Eraclito e altre opere* 1971-72, cm. 200 x 300, 78.6" x 118"
95 *Indice delle opere inscritto in un motivo decorativo* 1972, cm. 200 x 300, 78.6" x 118"
96 *Appunti per la descrizione di un quadro datato 1972* 1972, cm. 200 x 300, 78.6" x 118"
97 *"Senza titolo" (1965) su sfondo di rovine classiche* 1972, cm. 200 x 300, 78.6" x 118"
98 *"Elegia" in una scena di duello* 1972, cm. 200 x 300, 78.6" x 118"

Bio-bibliografia / Bio-bibliography

Giulio Paolini (Genova 5.11.1940) risiede a Torino.
Ha collaborato, per le scene e i costumi, a *Bruto II* (Teatro Stabile di Torino, 1969), *Manfred*
(Auditorium della Rai, Torino, 1970), *Colloquio con Malcolm X* (Teatro dell'Opera, Genova,
1970), alle versioni televisive del *Don Chisciotte* e dell'*Alessandro nell'Indie* (1970), *Atene
anno zero* (Teatro Stabile di Torino, 1970), *Laborintus II* (Teatro dell'Opera, Genova, 1971)

Mostre personali / One-man shows

1964 Galleria La Salita, Roma 31.10.
1965 Galleria Notizie, Torino 11.11. (Testo: C. Lonzi)
1966 Galleria dell'Ariete, Milano 15.4. (Testo: C. Lonzi)
1967 Sala delle Colonne, Teatro Stabile di Torino, 2.3.
      Una poesia, Libreria Stampatori, Torino 2.3.-9.3.
      Galleria del Leone, Venezia 7.8. (Testo: G. Celant)
      Galleria Christian Stein, Torino
1968 Libreria dell'Oca, Roma 22.2.
      Galleria Notizie, Torino 10.4.-2.5. (Testo: G. Paolini)
1969 *2121969,* Galleria De Nieubourg, Milano 21.2. (Testo: G. Paolini)
      Una copia della luce, Studio La Tartaruga, Roma
      Galleria del Leone, Venezia 3.9.
1970 *Vedo,* Qui arte contemporanea, Roma 20.1.-7.2. Galleria Notizie, Torino 18.2.-20.3.
      (Testi: G. Paolini, M. Volpi Orlandini)
1971 *Un quadro,* Galleria dell'Ariete, Milano 14.1. Galleria La Salita, Roma 2.3. Galleria
      Notizie, Torino 9.6. (Testo: G. Paolini)
      "Apollo e Dafne", Libreria Stampatori, Torino 5.5. Studio C, Brescia 17.6.
      Galerie Paul Maenz, Köln 3.12.-22.12.
      "Apoteosi di Omero", Festival internazionale di teatro sperimentale, Beograd 10.9.
      VII Biennale de Paris, 24.9. Incontri internazionali d'arte, Roma 7.12. Galleria Bono-
      mo, Bari 10.2.1972. Modern Art Agency, Napoli 17.5.1972. (Testo: G. Paolini)
1972 Galleria Notizie, Torino 26.1.
      Sonnabend Gallery, New York
1973 Royal College of Art, London

1961   *XII Premio Lissone* (Testi: G. C. Argan, U. Apollonio, P. Restany)
1964   *IX Premio Castello Svevo*, Termoli (Testi: G. C. Argan, M. Calvesi, G. Gatt, I. Tomassoni)
     Galleria La Salita, Roma 19.12-5.1.1965
1965   Galleria Il Punto, Torino 6.3.-17.3.
     Galleria Notizie, Torino 28.5.-15.6.
1966   Galleria Schwarz, Milano
     Premio San Fedele, Milano
     Aspetti dell'avanguardia in Italia, Galleria Notizie, Torino 4.10.
     Situazioni '66, Galleria del Deposito, Genova 20.12.
1967   *Tendenze oggi in Italia*, Palermo
     Museo sperimentale d'arte contemporanea, Galleria civica d'arte moderna, Torino (Testi: E. Battisti, G. Celant, L. Mallè, A. Passoni)
     Collage 1, Istituto di Storia dell'Arte, Università di Genova
     Arte povera, Galleria La Bertesca, Genova 4.10. (Testo: G. Celant)
1968   Galleria De' Foscherari, Bologna 24.2.-15.3. (Testi: G. Celant, R. Barilli, P. Bonfiglioli)
     Centro arte viva Feltrinelli, Trieste
     Fabro, Paolini, Kounellis, Qui arte contemporanea, Roma 24.4. (Testo: M. Volpi Orlandini)
     Teatro delle mostre, Galleria La Tartaruga, Roma 6.5-31.5. (Testi: M. Calvesi, A. Bonito Oliva)
     Centro Nuova presenza, Palermo 24.5.-8.6. (Testi: A. Bonito Oliva, F. Carbone)
     VI Premio Masaccio, S. Giovanni Valdarno 23.6.-24.7. (Testi: Autori vari, Giulio Paolini)
     International Exhibition of Drawings, Mayaguez, Puerto Rico.
     Il percorso, Studio Arco d'Alibert Roma
     RA 3, Amalfi 4.10.-6.10. (Testi: Autori vari)
     Situazione '68, Firenze
     Revort 2, VI Settimana internazionale di Palermo, 27.12.-31.12.
1969   *Festival international de peinture*, Cagnes-sur-Mer (Testo: P. Bucarelli)
     Fondazione Michetti, Francavilla al Mare (Testi: G. De Marchis, M. Volpi Orlandini)
     Campo urbano, Como 21.9. (A cura di L. Caramel, U. Mulas, B. Munari. Testi: Autori vari, L. Caramel, G. Paolini)
     VI Biennale de Paris, Musée d'art moderne 2.10.-2.11. (Testo: P. Bucarelli)
     Rassegna biennale delle gallerie di tendenza, Modena 4.10-27.11. (Testi: Autori vari)
     Galleria Toselli, Milano
1970   *III Biennale internazionale della giovane pittura*, Museo civico, Bologna 31.1.-28.2. (Testi: R. Barilli, M. Calvesi, T. Trini)
     "*Processi di pensiero visualizzati*", Kunstmuseum, Luzern 31.5.-5.7. (Testo: J. C. Ammann)
     Conceptual art, arte povera, land art, Galleria civica d'arte moderna, Torino 12.6.-12.7. (A cura di G. Celant. Testi: G. Celant, L. Lippard, L. Mallè, A. Passoni)
     XXXV Biennale internazionale d'arte, Venezia 24.6.-25.10. (Testi: Autori vari, Giulio Paolini)
     Information, Museum of Modern Art, New York 2.7.-20.9. (Testo: K. L. McShine)
     Due decenni di eventi artistici in Italia: 1950-70, Palazzo Pretorio, Prato (Testi: G. De Marchis, S. Pinto)
     Arte e critica '70, Sala di cultura, Modena (Testi: G. De Marchis, N. Ponente, T. Trini, M. Volpi Orlandini)

18 m3 x 23 artisti, Palazzo comunale, Acireale 3.10.-30.10. (Testi: L. Vinca Masini,
A. Passoni)
Vitalità del negativo, Palazzo delle esposizioni, Roma (A cura di A. Bonito Oliva.
Testi: Autori vari)
1971   *Formulation,* Addison Gallery, Phillips Academy, Andover Massachusetts
Understatement, Qui arte contemporanea, Roma 27.1.-10.2. (Testo: M. Volpi Orlandini)
Elf Italiener Heute, Museum am Ostwall, Dortmund 28.2.-18.4. (Testi: G. Dorfles,
E. Thiemann)
Situation concepts, Galerie im Taxis Palais, Innsbruck, Galerie Nachst S. Stephan,
Wien 15.3.-10.4. (Testo: R. Comi)
Arte povera, Kunstverein, München. (Testo: G. Celant)
Nuovi termini di riferimento per il linguaggio artistico, Galleria d'arte moderna,
Palazzo Pitti, Firenze 27.6.-31.12. (Testo: S. Pinto)
New italian art: 1953-71, Walker Art Gallery, Liverpool 22.7.-11.9. (Testo: G.
Carandente)
Galleria Bonomo, Bari 11.12.
1972   Multicenter, Milano
Disegni, Galleria Schema, Firenze 30.3.
Galleria Françoise Lambert, Milano 6.4.
De Europa, John Weber Gallery, New York 29.4.-24.5.
420 West Broadway, XV Festival dei due mondi, Spoleto 23.6.-9.7. (Testo: B. Rose)
Sonnabend Gallery, New York
XXIII Mostra d'arte contemporanea, Torre Pellice (Testo: G. Romano)
1958-1972, Studio C, Brescia (Testo: T. Catalano)
Documenta 5, Kassel 30.6.-8.10. (Testi: H. Szeemann, autori vari)
Art — Project, Amsterdam. MTL, Bruxelles

Scritti e interviste di Giulio Paolini / Giulio Paolini: writings and interviews

Intervista di M. Pistoi, in "Marcatrè", n. 19/22, Roma, 1966
Intervista, in "Centroarte", n. 1, Torino, 1967
Il quadro di sempre, in "B't", n. 5, Milano, 1967
Una lettera sul tempo, in cat. galleria Notizie, Torino, aprile, 1968
Happening, in "Qui arte contemporanea", n. 5, Roma, 1969
Note per le scene e i costumi del "Bruto II", in "Qui arte contemporanea", n. 6, Roma 1969
Interviste di C. Lonzi, in "Autoritratto", De Donato ed., Bari, 1969
"Et quid amabo nisi quod aenigma est?", in cat. Campo urbano, Como, 1969
Intervista, in "Bolaffi arte", n. 1, Torino, 1970
"Intenzioni" su Don Chisciotte, in "Rivista Rai", Torino, luglio, 1970
Vedo, in cat. galleria Notizie, Torino, febbraio, 1970, e cat. XXXV Biennale int. d'arte,
Venezia, 1970
Un quadro, in "Data", n. 2 Milano, 1972
"Apoteosi di Omero", in "Data", n. 2 Milano, 1972
Intervista di K. Staeck, in "Befragung der Documenta", Steidl ed., Göttingen, 1972
Intervista di M. Volpi Orlandini, in "Futuribili", n. 42/43, Roma, 1972
Intervista di M. Bandini, in "Prospects", n. 1, Milano, 1972
La visione è simmetrica?, in "Giulio Paolini", Sonnabend Press, New York-Paris, 1972
Intervista di G. Celant, in "Giulio Paolini", Sonnabend Press, New York-Paris, 1972

Libri / Books

M. Calvesi, *Teatro delle Mostre,* Lerici ed., Roma, 1968
U. Kultermann, *Nuove forme della pittura,* Feltrinelli ed., Milano, 1969

G. Celant, *Arte povera*, Mazzotta ed., Milano, 1969
C. Lonzi, *Autoritratto*, De Donato ed., Bari, 1969
G. Celant, *Arte povera più azioni povere*, Rumma ed., Salerno, 1969
Autori vari, *Arte e critica '70*, Comune di Modena, 1970
G. de Vries, *Jahresbericht 1971*, P. Maenz ed., Köln, 1971
G. Celant, *Piero Manzoni*, Sonnabend Press, New York-Paris, 1972
L. Mattei, *Venezia: la Biennale di mezzo*, Privitera ed., Roma, 1972
A. Bonito Oliva, *Il territorio magico*, Centro Di ed., Firenze, 1972
G. Celant, *Book as Artwork*, Nigel Greenwood Inc., London, 1972
N. Orengo, *Una poesia di Giulio Paolini*, Ant ed., Novara, 1972
G. Celant, *Giulio Paolini*, Sonnabend Press, New York-Paris, 1972

Periodici e cataloghi / Periodicals and catalogues

F. Rosso, *Pittori d'avanguardia a Torino*, in "Le arti", Milano, giugno, 1965
C. Lonzi, *Giulio Paolini*, in cat. galleria Notizie, Torino, novembre, 1965
P. Fossati, *Giulio Paolini*, in "L'Unità", Torino, 1 dicembre, 1965
C. Lonzi, *Giulio Paolini*, in cat. galleria dell'Ariete, Milano, aprile, 1966
G. Celant, *Giulio Paolini*, in "Marcatrè", n. 30/33, Roma, 1967
C. Lonzi, *Giulio Paolini*, in "Marcatrè", n. 30/33, Roma, 1967
E. R., *Autori d'avanguardia e pubblico refrattario*, in "Gazzetta del Popolo", Torino,
    4 marzo 1967
G. Celant, *Giulio Paolini*, in "Forma nueva", n. 14, Madrid, 1967
P. Fossati, *Paolini alla Stampatori*, in "L'Unità", Torino, 8 marzo 1967
G. Celant, *Situazione 67*, in cat. Museo sperimentale d'arte contemporanea, Torino, 1967
A. Passoni, *In ore di disagio una aperta fiducia nel mondo della tecnologia*, in cat. Museo
    sperimentale d'arte contemporanea, Torino, 1967
G. Celant, *Giulio Paolini*, in cat. galleria del Leone, Venezia, agosto, 1967
G. Celant, *Arte povera*, in "Flash art", n. 5, Roma, 1967
P. Fossati, *Il vocabolario della pittura*, in "L'Unità", Torino, 22 novembre 1967
C. Lonzi, *Giulio Paolini*, in "Catalogo Bolaffi d'arte moderna", Torino, 1968
P. Fossati, *Giulio Paolini*, in "Catalogo Bolaffi d'arte moderna", Torino, 1968
M. Volpi Orlandini, *Arte americana e arte italiana*, in "Flash art", n. 7, Roma, 1968
T. Trini, *Mostre a Torino*, in "Domus", n. 462, Milano, 1968
M. Volpi Orlandini, *Fabro, Paolini, Kounellis*, in cat. Qui arte contemporanea, Roma,
    aprile, 1968
G. De Marchis, *Fabro, Paolini, Kounellis*, in "L'Espresso", n. 20, Roma, 1968
G. De Marchis, *Giulio Paolini*, in "L'Espresso", n. 13, Roma, 1968
T. Trini, *Le notti della Tartaruga*, in "Domus", n. 465, Milano, 1968
Autori vari, *La povertà dell'arte*, in "Quaderni De' Foscherari", n. 1, Bologna, 1968
G. Celant, *Arte povera*, in cat. galleria De' Foscherari, Bologna, 1968
L. Vergine, *Torino '68: nevrosi e sublimazione*, in "Metro", n. 14, Venezia, 1968
G. Celant, *Scultura 1967*, in "Centroarte", n. 2, Torino, 1968
A. Bonito Oliva, *Il Teatro delle Mostre* in "Sipario", n. 267, Milano, 1968
N. Orengo, *Omaggio a Paolini*, in "Uomini eIdee", n. 18, Napoli, 1968
G. Dorfles, *Revort 2*, in "Collage", n. 8, Palermo, 1968
L. Vergine, *L'annata artistica*, in "Almanacco Letterario Bompiani", Milano, 1968
A. Boatto, *Poetiche europee dell'oggettualità*, in "L'arte moderna", n. 113, Fr. Fabbri ed.,
    Milano, 1969
M. Calvesi, *Quattro italiani a Parigi*, in "L'Espresso", n. 42, Roma, 1969
G. De Marchis, *La Biennale dei quasi giovani*, in "L'Espresso", n. 44, Roma, 1969
C. Lonzi, *Mostre a Milano*, in "L'Approdo letterario", n. 46, Roma, 1969
G. De Marchis, *I Biennale delle gallerie di tendenza*, in "L'Espresso", n. 46, Roma, 1969

T. Trini, *Nuovo alfabeto per corpo e materia*, in "Domus", n. 470, Milano, 1969

G. Schonenberger, *Paolini e l'invito della Libertà di Rousseau*, in "Il Dramma", n. 7, Roma, 1969

T. Catalano, *Qui arte contemporanea*, in "AL2", n. 3, Roma, 1969

G. R. Morteo, *Discussioni preliminari*, in "Quaderni del Teatro Stabile di Torino", n. 14, Torino, 1969

P. Fossati, *Giulio Paolini*, in "Quindici", n. 19, Roma, 1969

T. Catalano, *Giulio Paolini 1960-1968: il sillogismo dell'immagine*, in "Flash art", n. 12, Roma, 1969

A. Blandi, *Bruto II di Alfieri*, in "La Stampa", Torino, 18 marzo 1969

G. M. Guglielmino, *Alfieri in cornice come "pezzo" del passato*, in "Gazzetta del Popolo", Torino, 18 marzo 1969

E. Fadini, *Alfieri come "archeologia"*, in "L'Unità", Torino, 19 marzo 1969

L. Vergine, *Le ceneri calde*, in "Almanacco Letterario Bompiani", Milano, 1969

M. Volpi Orlandini, *Giulio Paolini*, in cat. galleria Notizie, Torino, febbraio, 1970

T. Trini, *Mostre in Italia: il circuito è ancora chiuso*, in "Domus", n. 484, Milano, 1970

T. Catalano, *Giulio Paolini*, in "Flash art", n. 16, Roma, 1970

L. Sinisgalli, *Come si fabbrica un buon pittore*, in "Tempo", n. 10, Roma, 1970

G. De Marchis, *Giulio Paolini*, in "L'Espresso", n. 5, Roma, 1970

T. Trini, *Mostre a Torino*, in "Domus", n. 486, Milano, 1970

M. Bandini, *Giulio Paolini*, in "Nac", n. 33, Milano, 1970

P. Fossati, *Opere di Paolini*, in "L'Unità", Torino, 18 marzo 1970

T. Trini, *Contro il mal di Biennale*, in "Domus", n. 487, Milano, 1970

M. Volpi Orlandini, *Giulio Paolini*, in "Opus international", Paris, avril, 1970

G. De Marchis, *Due decenni di eventi artistici e di obiezioni pubbliche in Italia*, in cat. Museo di Prato, ottobre, 1970

S. Pinto, *Due decenni di eventi artistici in Italia*, in cat. Museo di Prato, ottobre, 1970

T. Trini, *Die Totale Information*, in "Domus", n. 489, Milano, 1970

G. Boursier, *Gli architetti del piombo*, in "Rivista Rai", Torino, luglio, 1970

G. Brizio, *La grafica pubblicitaria*, in "Rivista Rai", Torino, luglio, 1970

R. Guasco, *Anche l'arte è un prodotto di consumo*, in "Rivista Rai", Torino, luglio, 1970

T. Catalano, *La sesta Biennale di Parigi*, in "Gala", n. 40, Milano, 1970

L. Vinca Masini, *Dall'environment all'interior-design*, in cat. 18 m3x23 artisti, Acireale, 1970

G. De Marchis, *Vent'anni di arte nuova*, in "L'Espresso", n. 46, Roma, 1970

L. Tundo, *La XXXV Biennale di Venezia*, in "Arte e Poesia", n. 8, Roma, 1970

G. De Marchis, *Le novità che piacciono ai critici*, in "L'Espresso", n. 50, Roma, 1970

G. Celant, *La Biennale di Venezia: un'ora per vederla, un'ora per dimenticarla*, in "Casabella", n. 350, Milano, 1970

A. Blandi, *L'anno zero di Atene e della nostra società*, in "La Stampa", Torino, 20 ottobre 1970

P. Perona, *Anno zero, 8 1/2*, in "Stampa Sera", Torino, 20 ottobre 1970

G. Boursier, *Libertà e tirannide nell'antica Grecia*, in "Gazzetta del Popolo", Torino, 20 ottobre 1970

N. Ferrero, *Riapre i battenti lo Stabile torinese*, in "L'Unità", Torino, 20 ottobre 1970

L. Vergine, *L'arte avviene nello spazio di tutti?*, in "Almanacco Letterario Bompiani", Milano, 1970

M. Volpi Orlandini, *Understatement*, in cat. Qui arte contemporanea, Roma, 1971

T. Trini, *Note sul Neoconcettuale*, in "Domus", n. 495, Milano, 1971

M. Bandini, *Giulio Paolini*, in "Nac", n. 6/7, Milano, 1971

G. Celant, *Book as Artwork 1960-1970*, in "Data", n. 1, Milano, 1971

T. Catalano, *Giulio Paolini*, in "Nac", n. 5, Milano, 1971

G. Brizio, *Giulio Paolini ovvero "Quam raptim ad sublimia"*, in "Graphicus", n. 10, Torino, 1971

G. Dorfles, *Elf Italiener Heute,* in cat. Museum am Ostwall, Dortmund, 1971
G. Carandente, *La scelta dei critici,* in "Bolaffi arte", n. 9, Torino, 1971
R. Guasco, *Una collezione d'attualità,* in "Bolaffi arte", n. 9, Torino, 1971
G. De Marchis, *Giulio Paolini,* in "L'Espresso", n. 17, Roma, 1971
G. Carandente, *New Italian Art 1953-71,* in cat. Walker Art Gallery, Liverpool, 1971
I. Tomassoni, *Dall'oggetto al concetto, elogio della tautologia,* in "Flash art", n. 28/29, Mi-
    lano, 1971
M. Bandini, *Giulio Paolini,* in "Nac", n. 3, Milano, 1972
P. Chiapatti, *Opere di Paolini,* in "L'Unità", Torino, 2 febbraio 1972
L. Spagnoli, *Morte allegra a Venezia,* in "Il Mondo", Roma, 23 giugno 1972
B. Rose, *420 West Broadway,* in cat. XV Festival dei due mondi, Spoleto, 1972
L. Spagnoli, *L'eunuco di Kassel,* in "Il Mondo", Roma, 21 luglio 1972
G. Romano, *Con il conforto della ragione,* in cat. XXIII Mostra d'arte contemporanea, Torre
    Pellice, 1972
M. Volpi Orlandini, *Paolini: "nuova confutazione del tempo",* in "Qui arte contemporanea",
    n. 8, Roma, 1972

Indice / **Contents**

(Testo italiano) (English text)